005 ⅄ CAFE DOLCI_2004 ⅄ L'EAU DE L...

LE DRAGON_2004 ⅄ THE STATE OF THE

2003 ⅄ POLITIQUE D'INTÉRIEUR_2002

NG WITH NIXON_2002 ⅄ QWERTY_2002 ⅄ L'INVENTION

FRANCISCO I-IV_2002 ⅄ SIX DRAWERS, FOUR SPOONS_

01 ⅄ PALABRES_2001 ⅄ LA SALLE DES NŒUDS_1999-

ONTAGNES BRUSQUES_2000 ⅄ LA PEUR DE L'EAU_2000

⅄ QUELQUES ÉCARTS DE LA VOIX DE LAETITIA_2000

IN PHOENIX, ARIZONA_1999 ⅄ LE CRACHECOPHAGE_

APHANDRES_1999 ⅄ UNDER THE INFLUENCE_1999 ⅄

ST 2_1998 ⅄ LES MÉTÉORES_1998 ⅄ VINGT MOMENTS

ES_1998 ⅄ COMPOST_1997 ⅄ ZEIT UND WETTER_1997

ECETTES DE PERFORMANCE À FAIRE SOI-MÊME_1997 ⅄

LTURE_1996 ⅄ VERMEER_1996 ⅄ COLVILLE_1996 ⅄

DE DIAGONALE_1996 ⅄ LA VILLE AUTOCRATE_1996

E_1996 ⅄ ART AGAINST TEMPERANCE_1995 ⅄ LE

AL RADIO_1995 ⅄ PENTIUM VS KASPAROV_1995 ⅄

IRE_1994 ⅄ HINTERLAND_1994 ⅄ LES RÉSEAUX 6:

_1993 ⅄ LES RÉSEAUX 4: LES ABATTOIRS_1993 ⅄

93 ⅄ BALLON TESTING_ 1993 ⅄ BRUIT TTV_1992

UNTITLED_1992 ⅄ OUI/NON_ 1992 ⅄ MOULIN À

991 ⅄ FOLIE/CULTURE_1991 ⅄ ENVIRON 8 000

URE_1990 ⅄ STAT LIVE MONITEUR_1988 ⅄ BONJOUR

AVED_1987 ⅄ CHRISTI CRUCIFIX ULTIMA VERBA_1986

EXPOSITION_

Louise Déry

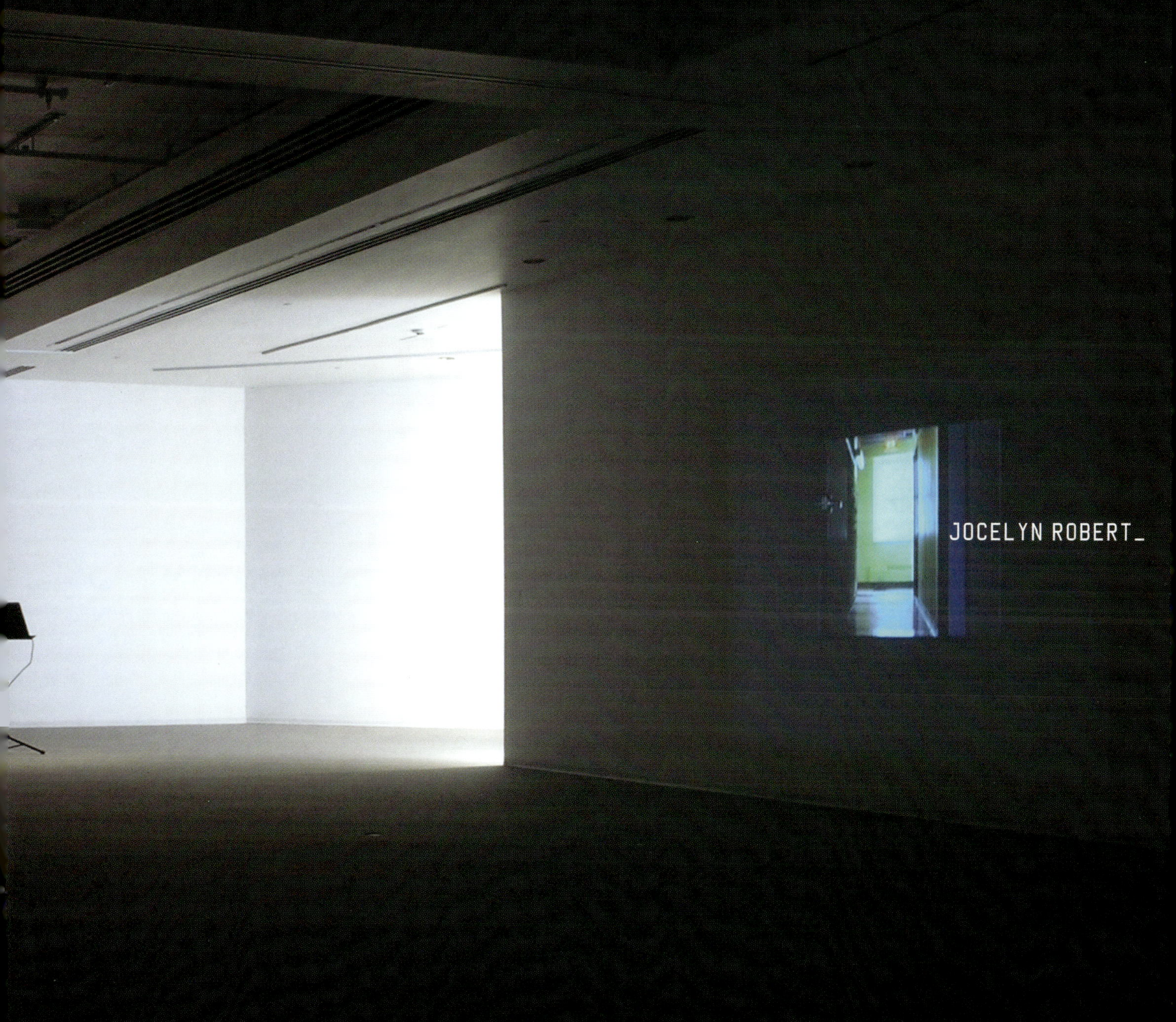

JOCELYN ROBERT_

L'inclinaison du regard
The Inclination of the Gaze

Galerie de l'UQAM
Montréal

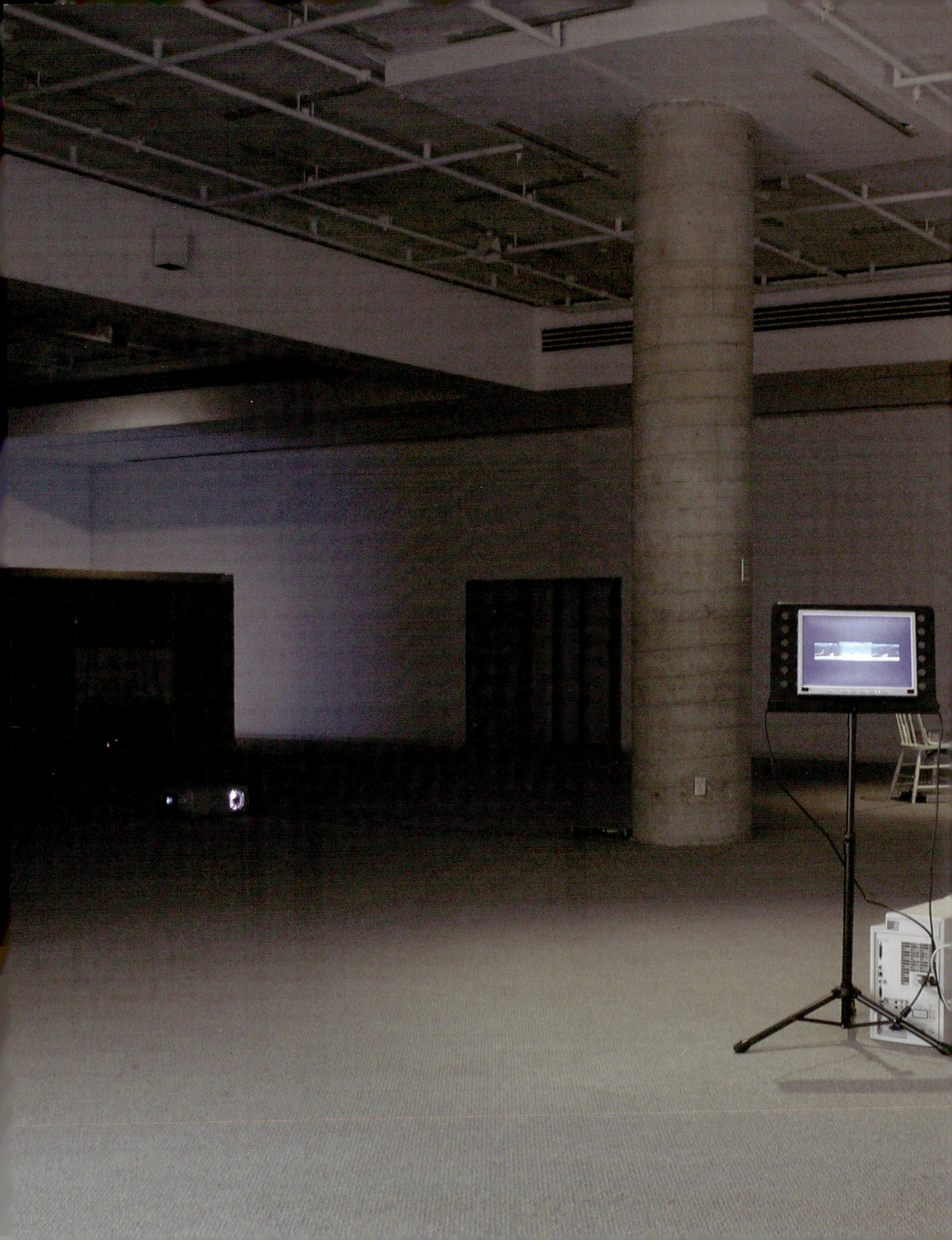

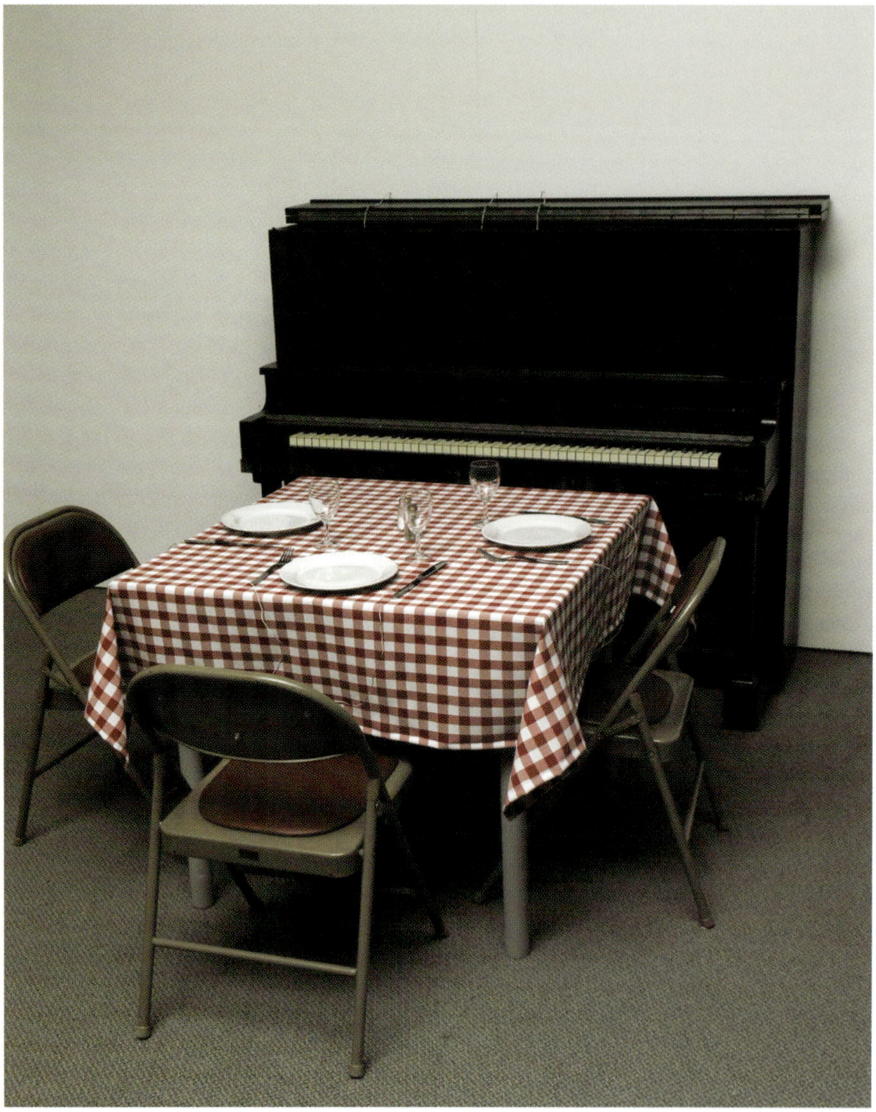

I Had a Canary, but It's Not Dead Yet

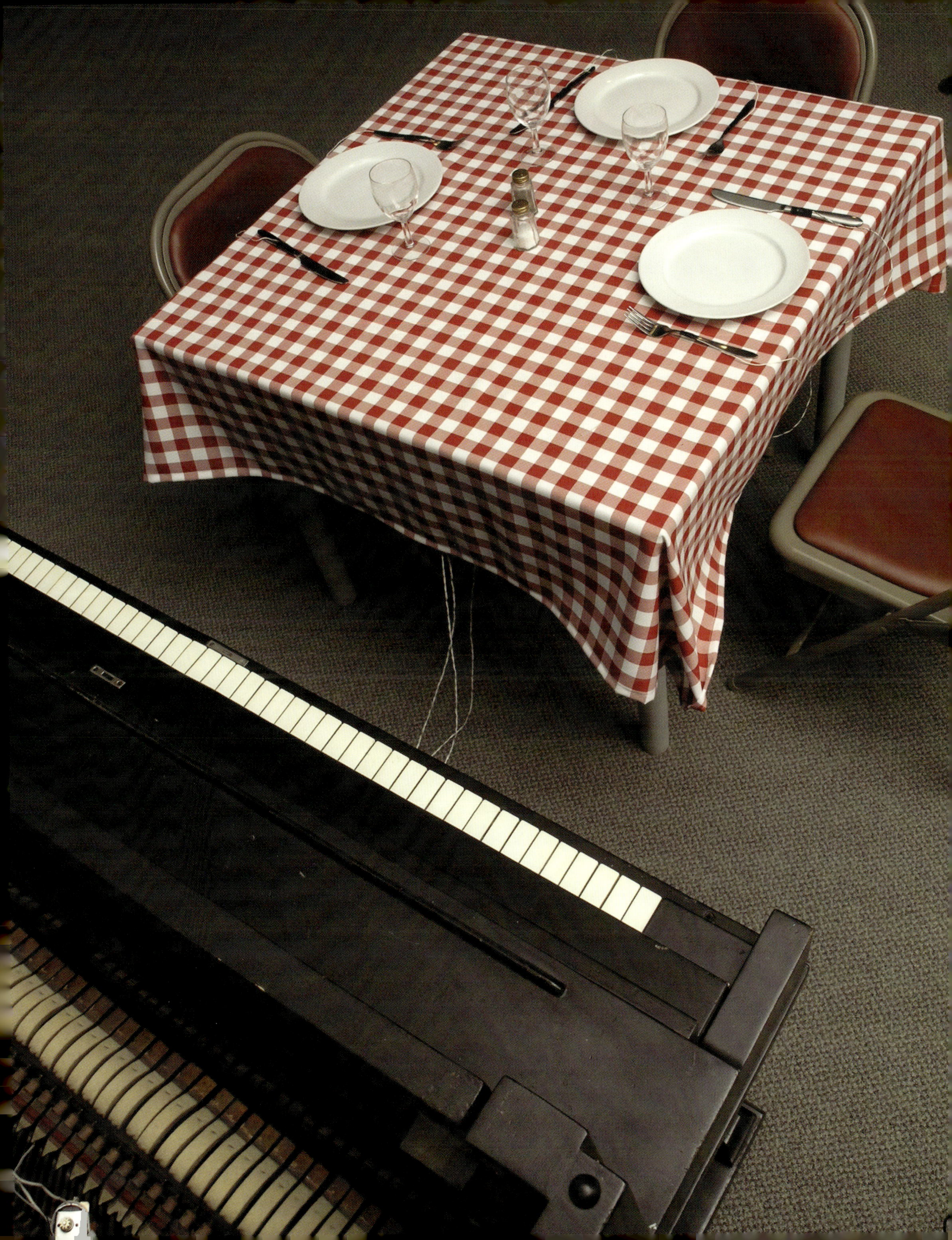

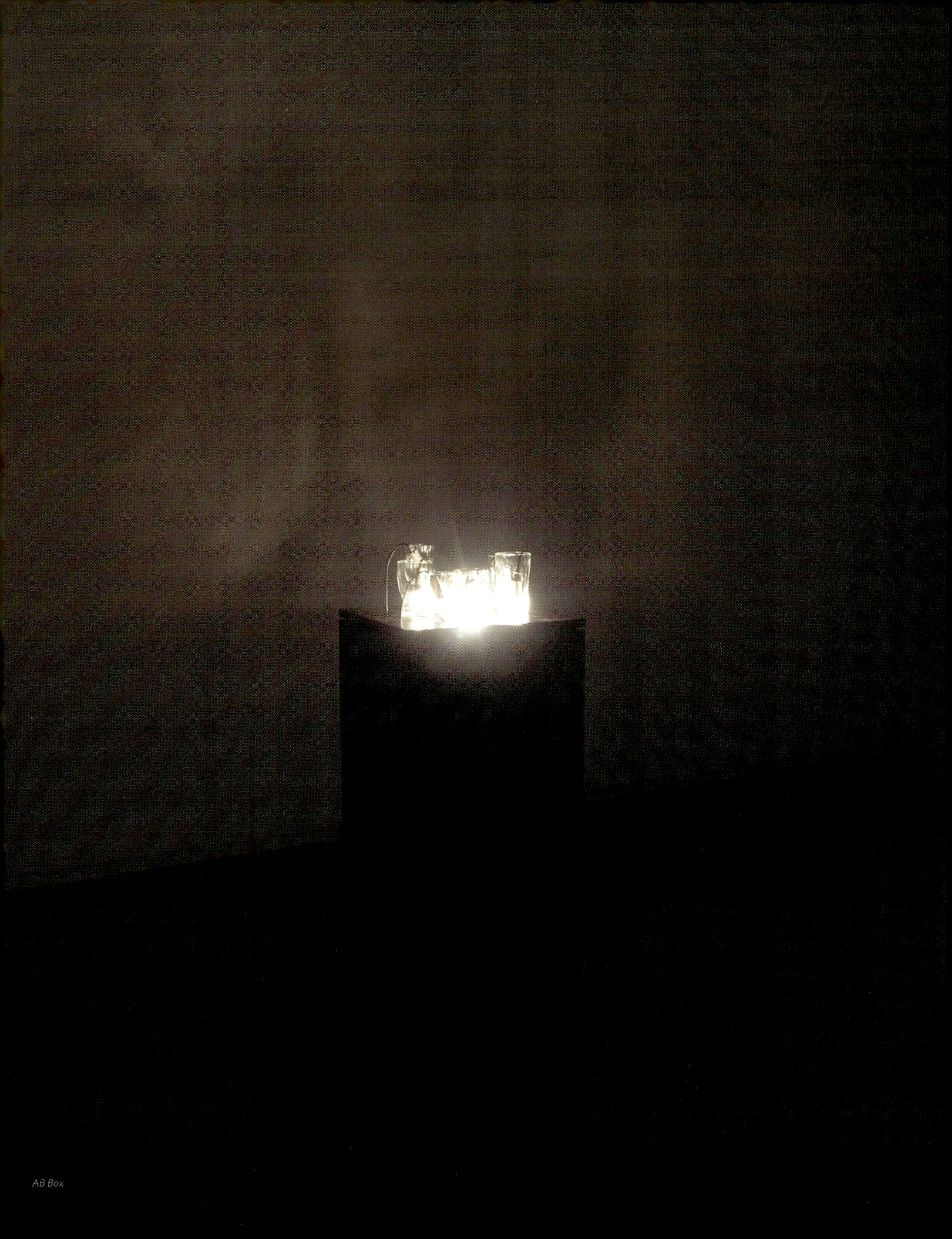

AB Box

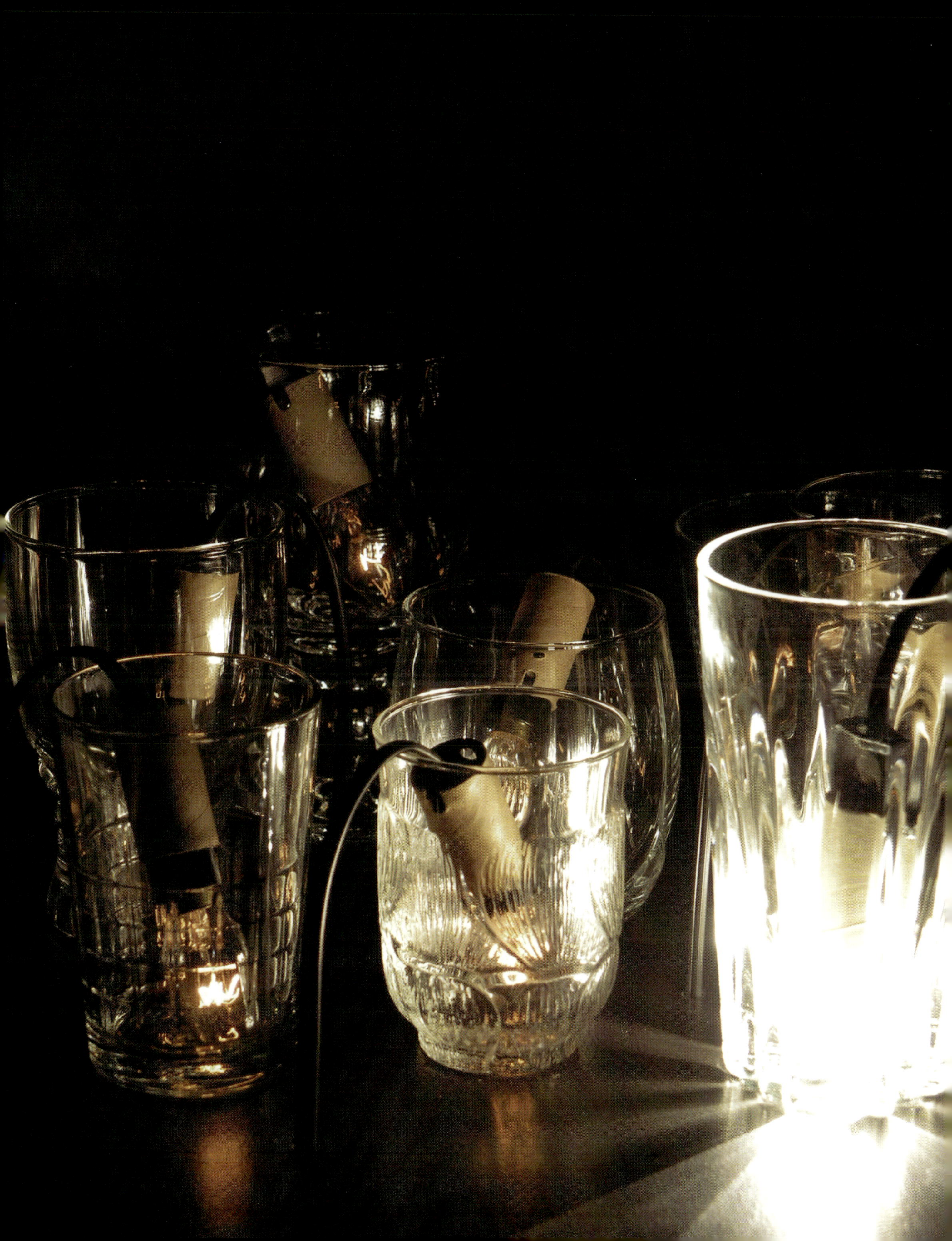

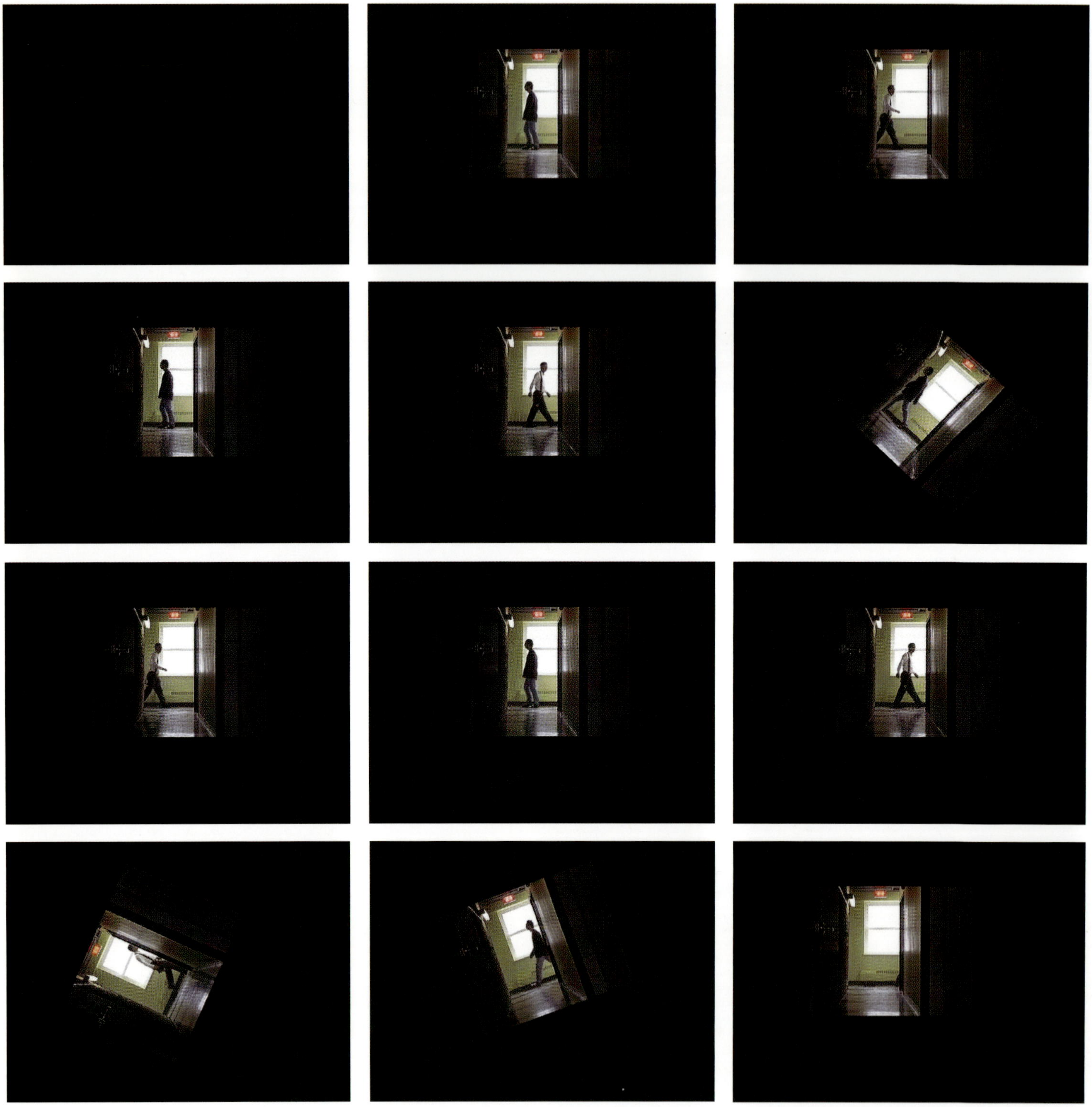

Vermeer

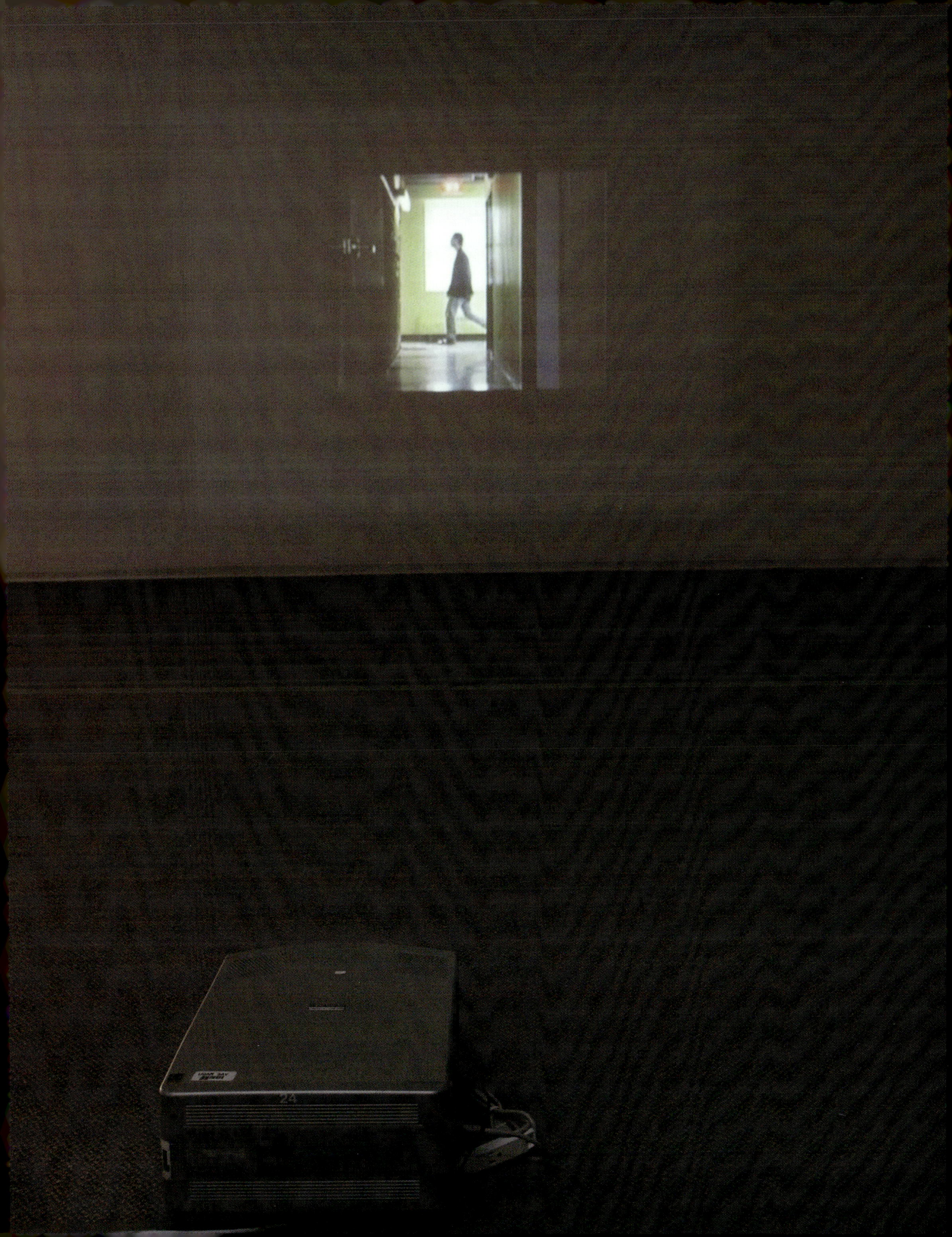
24

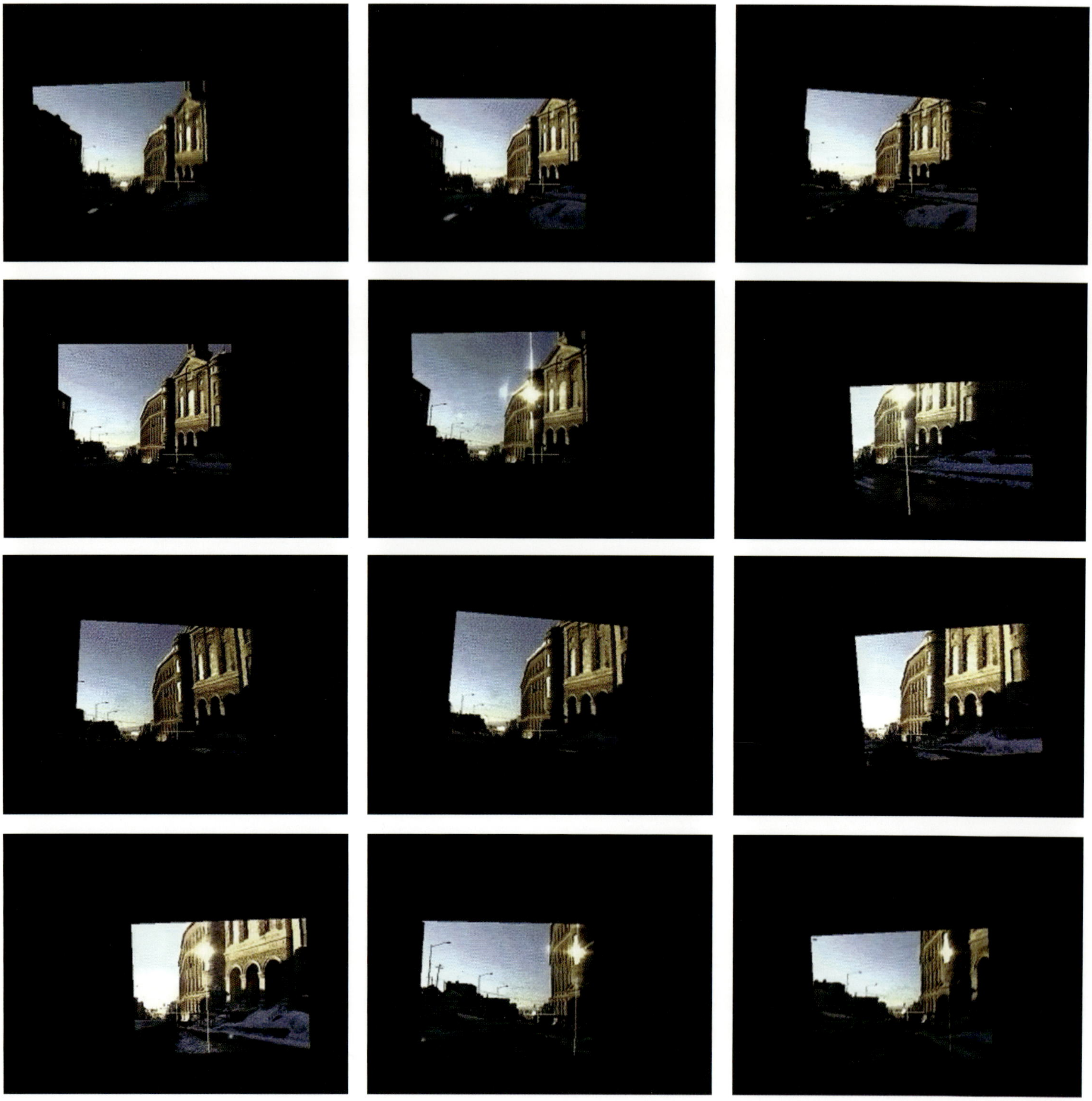

Snowmobile

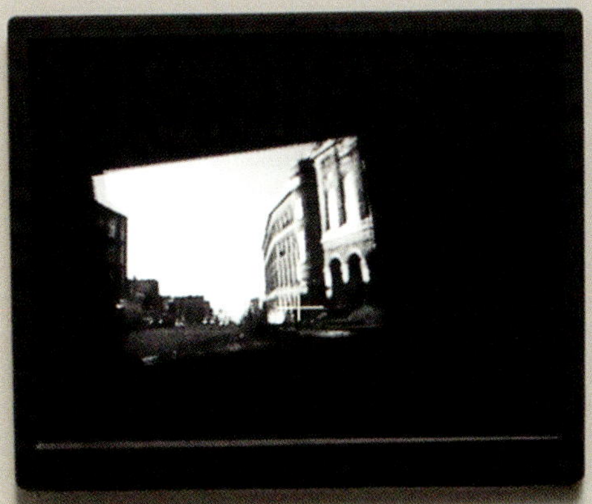

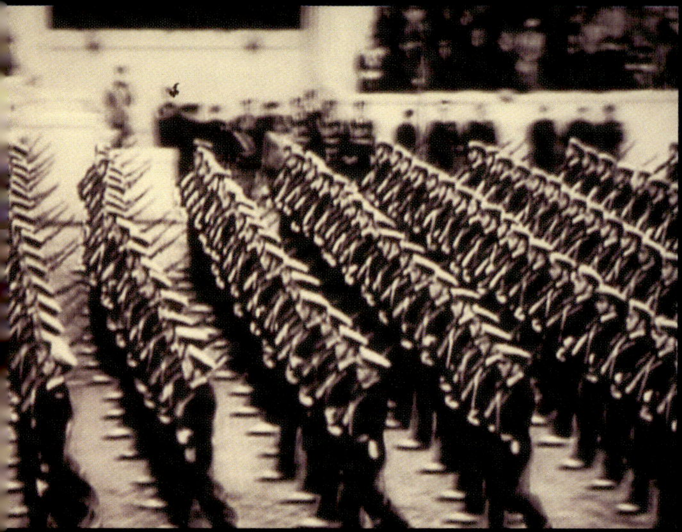

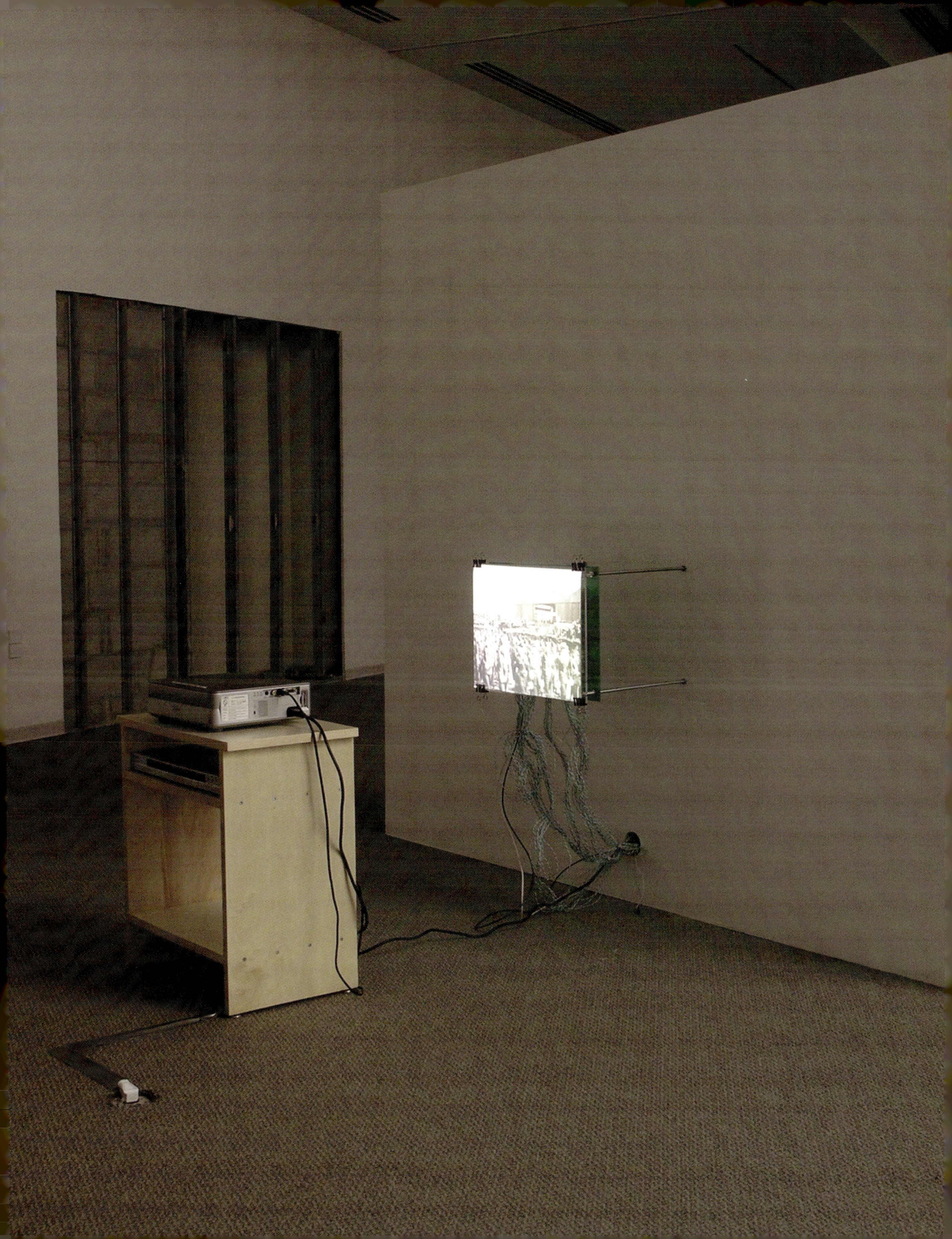

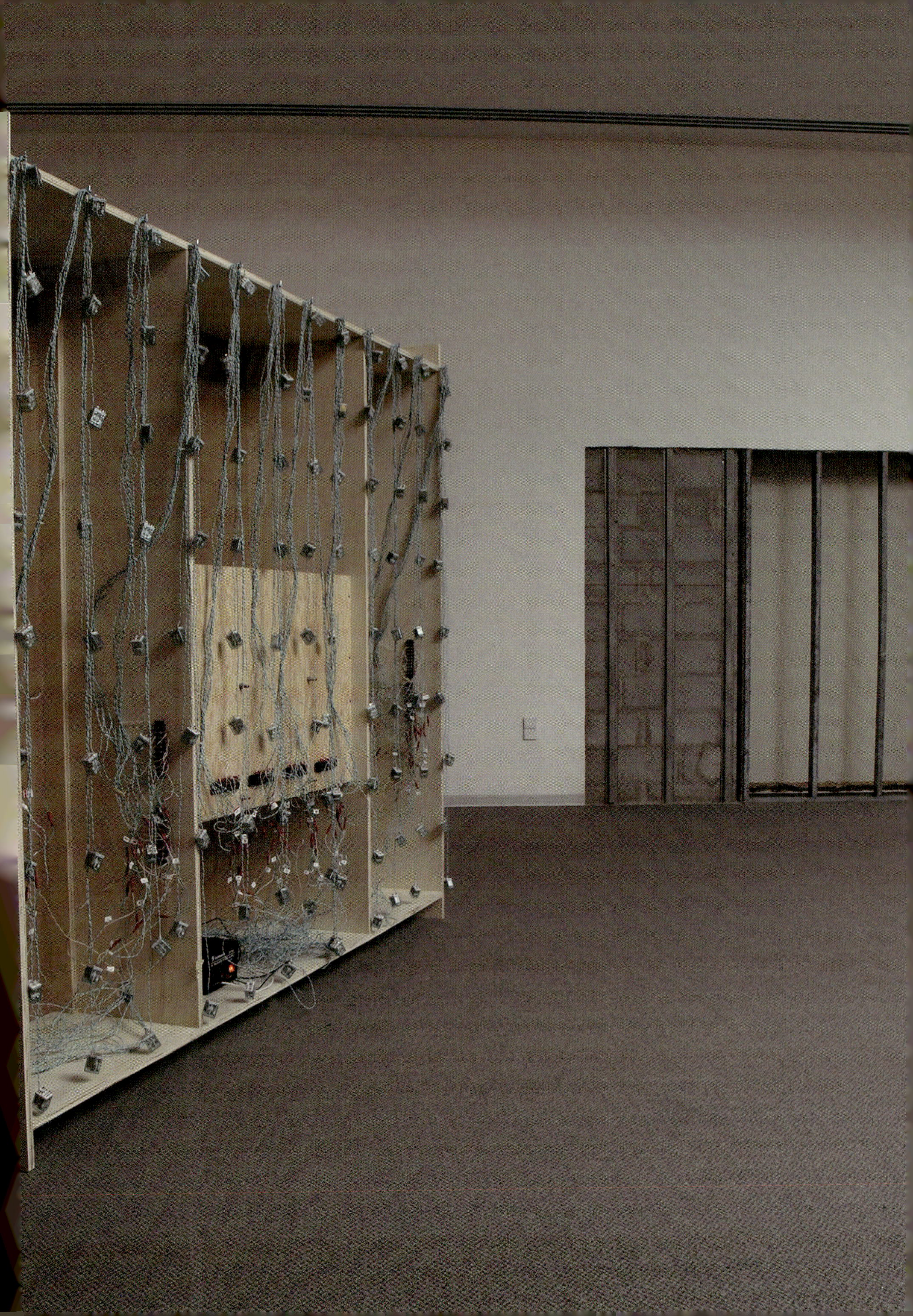

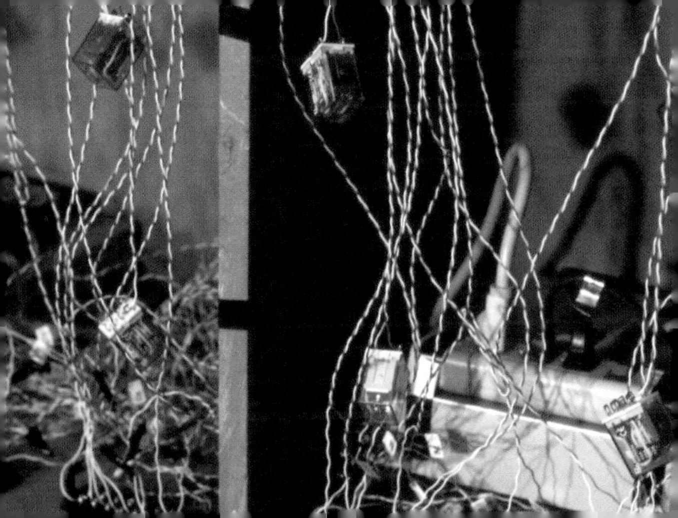

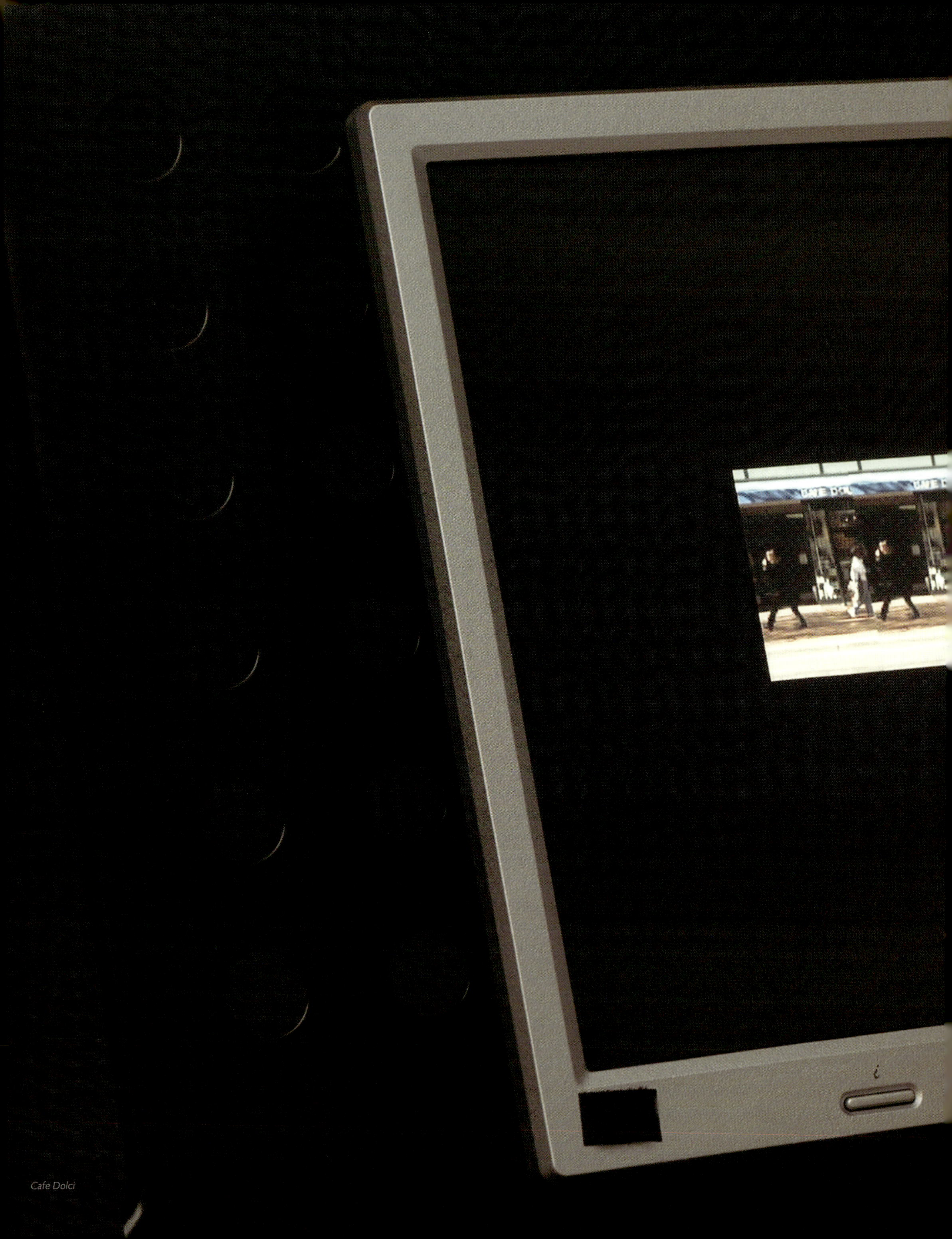

Cafe Dolci

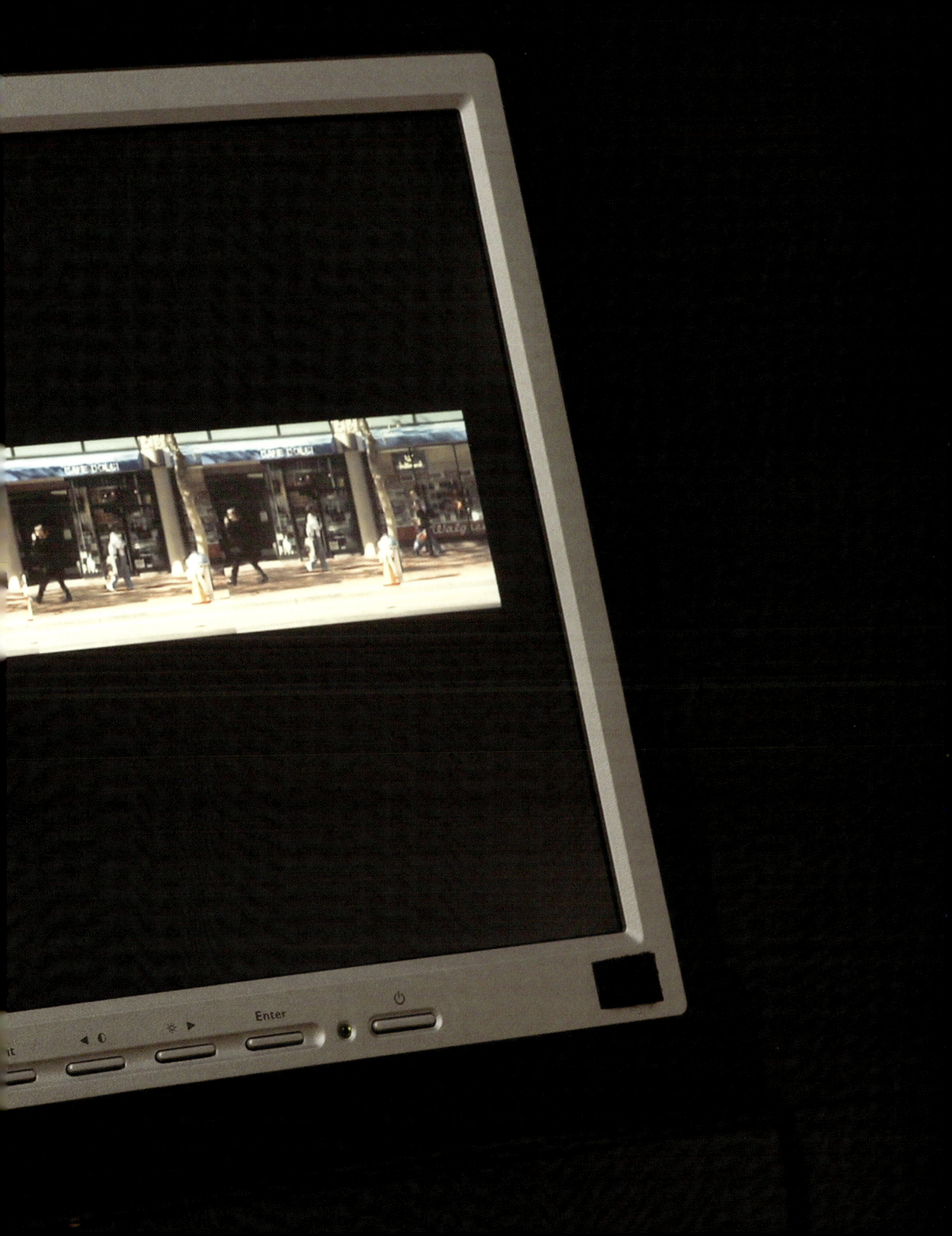
Enter

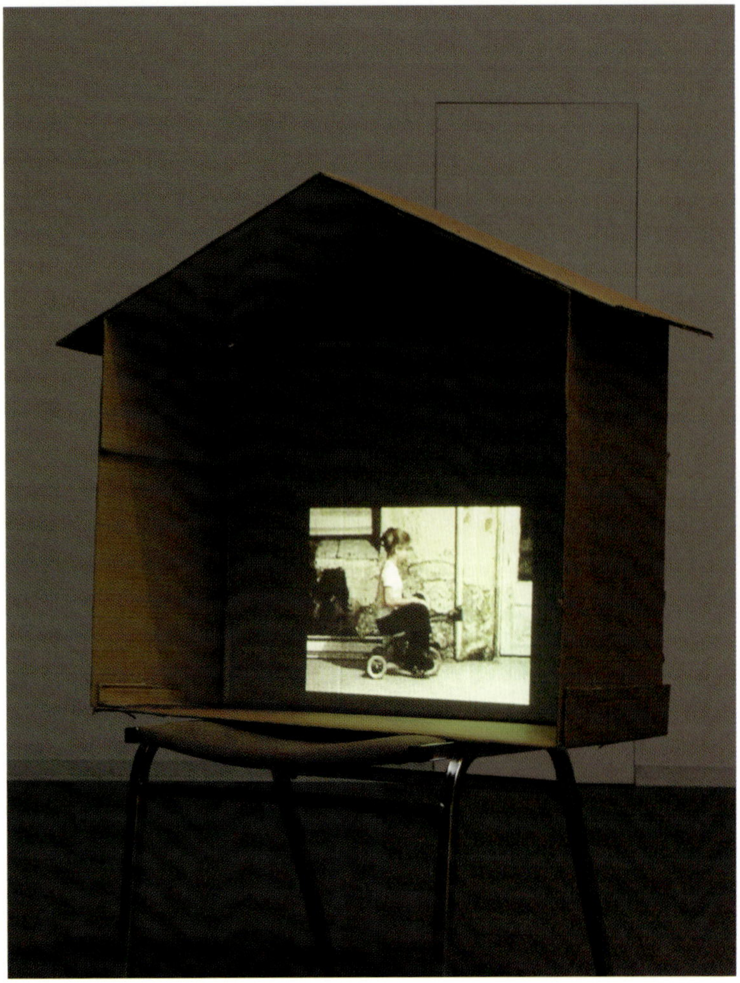

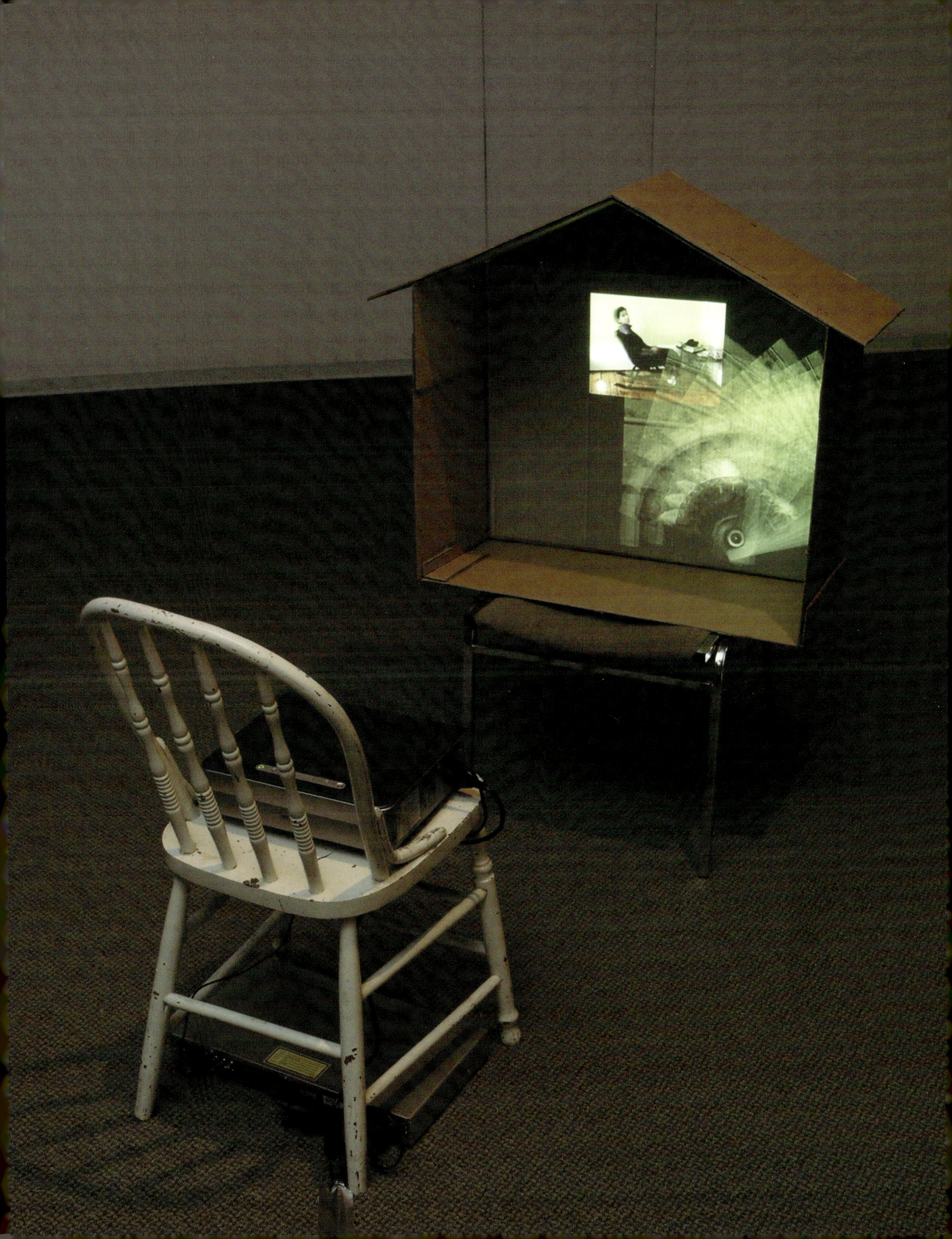

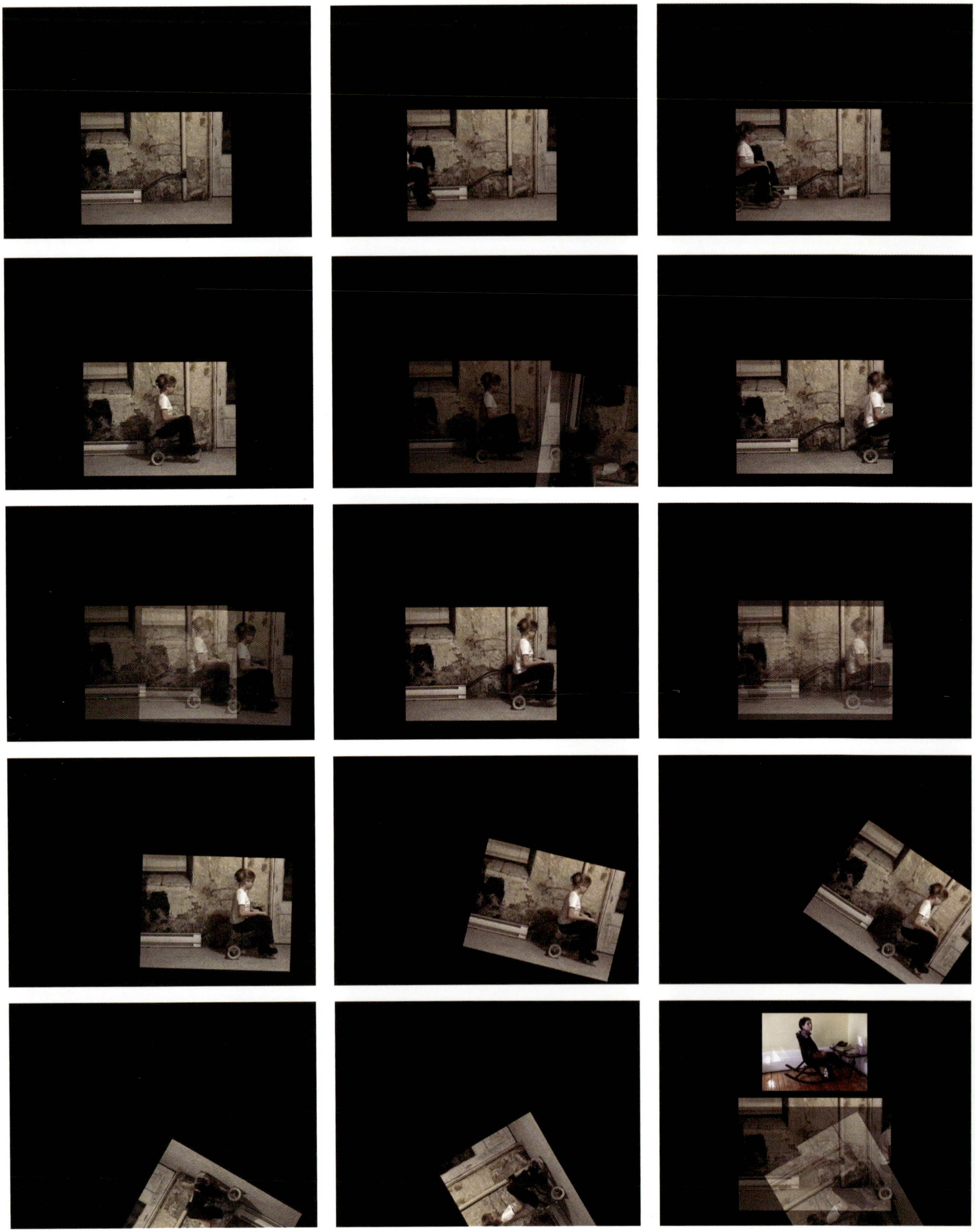

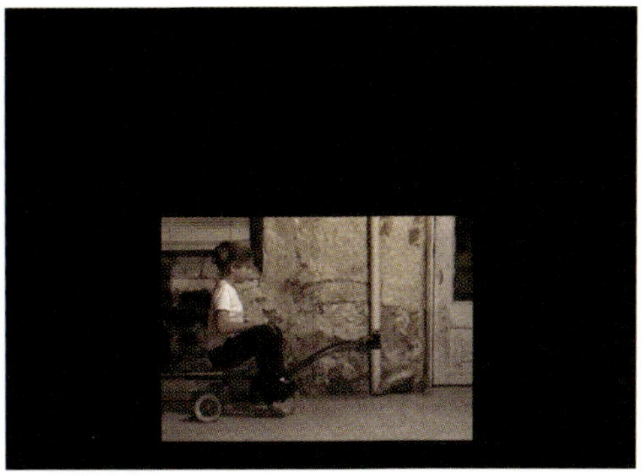
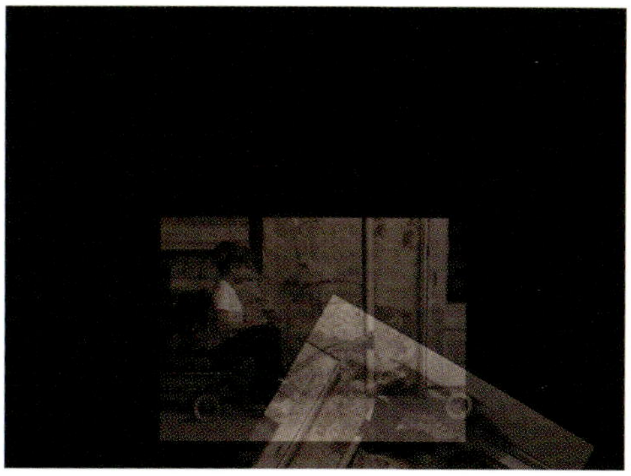
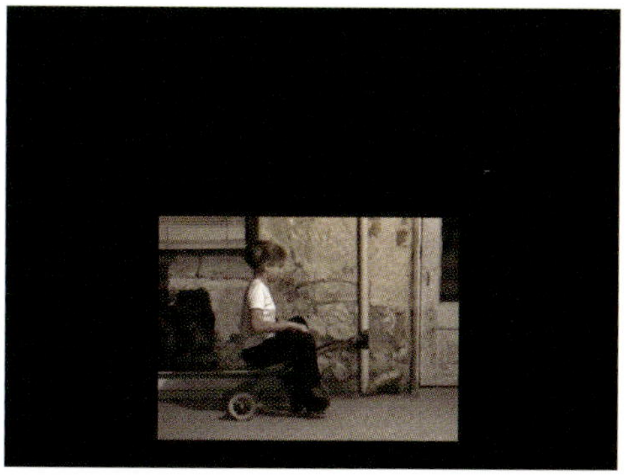
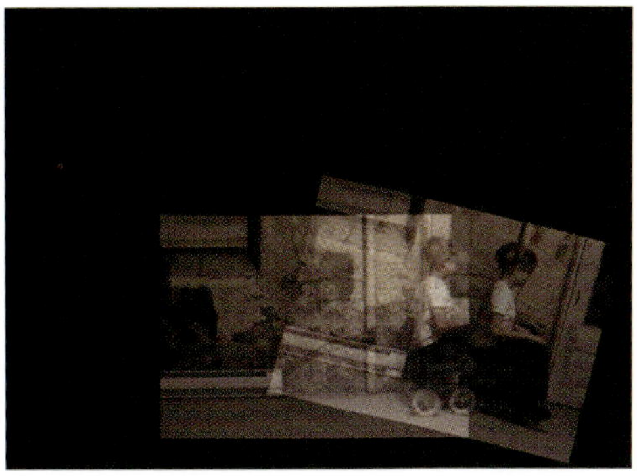
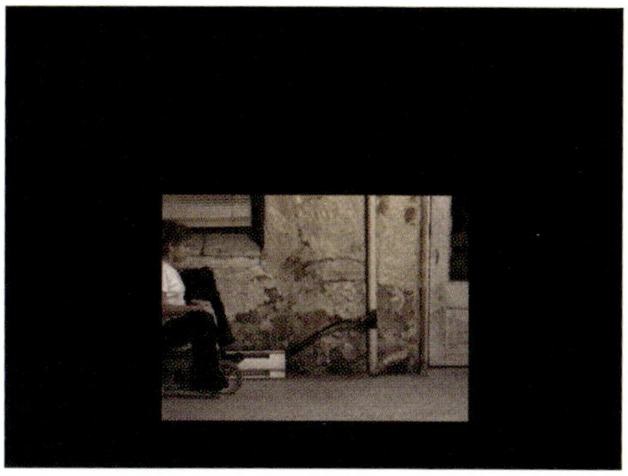
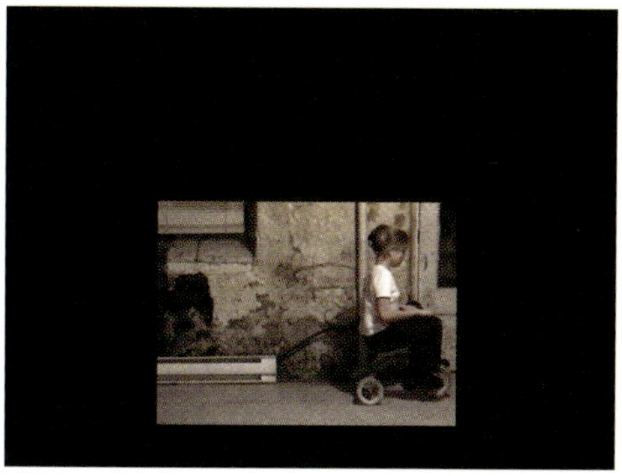
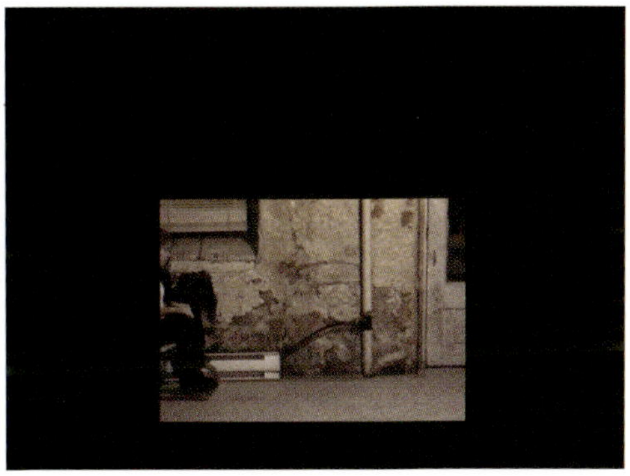
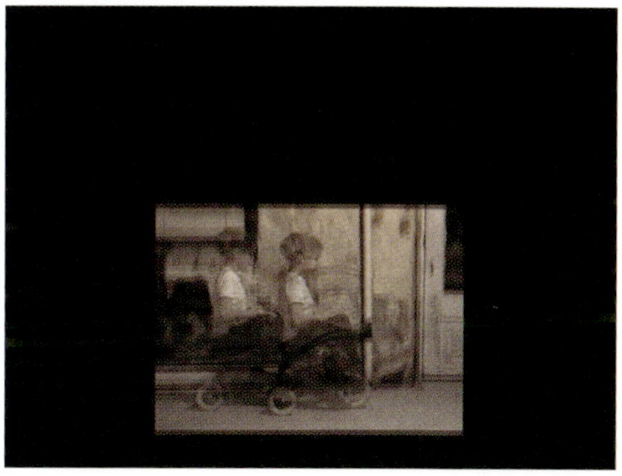
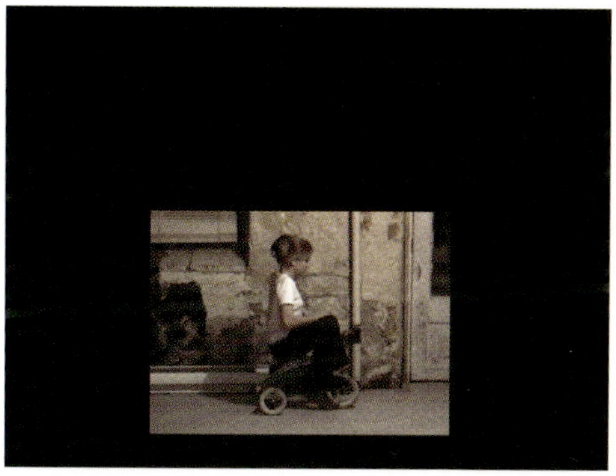
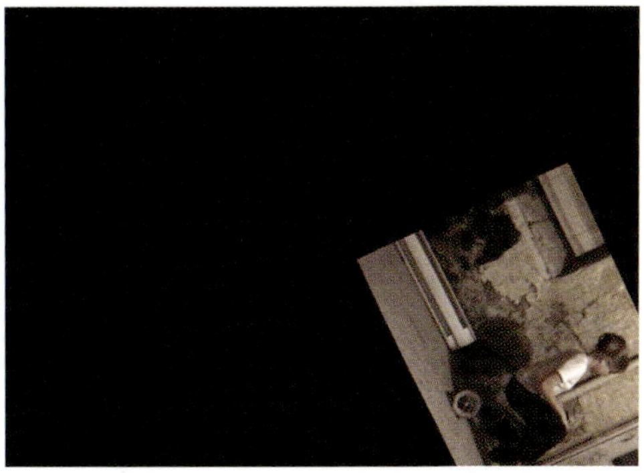
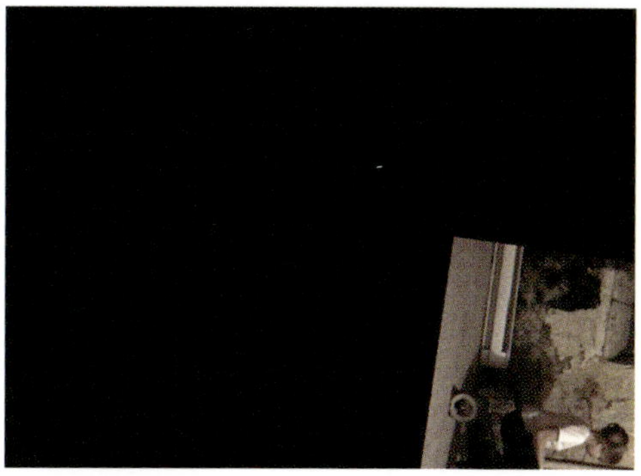

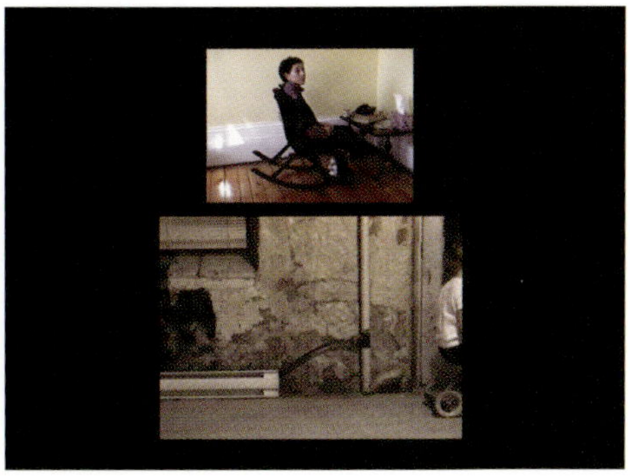
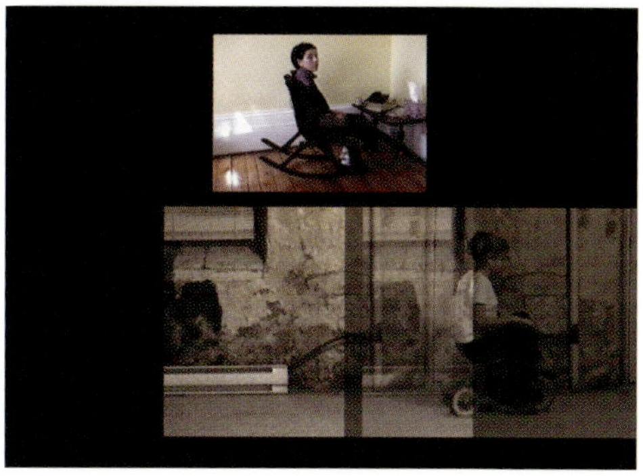
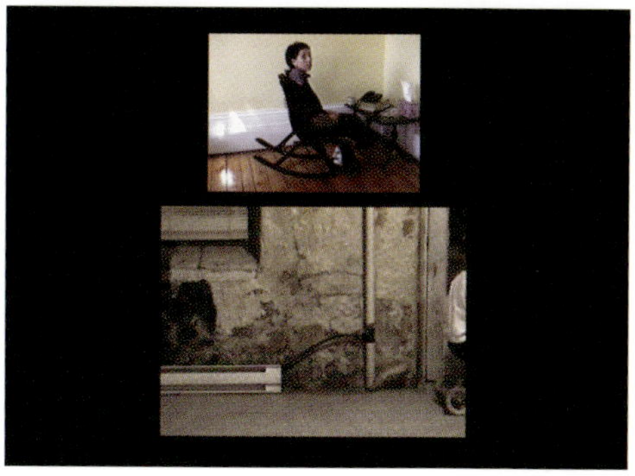

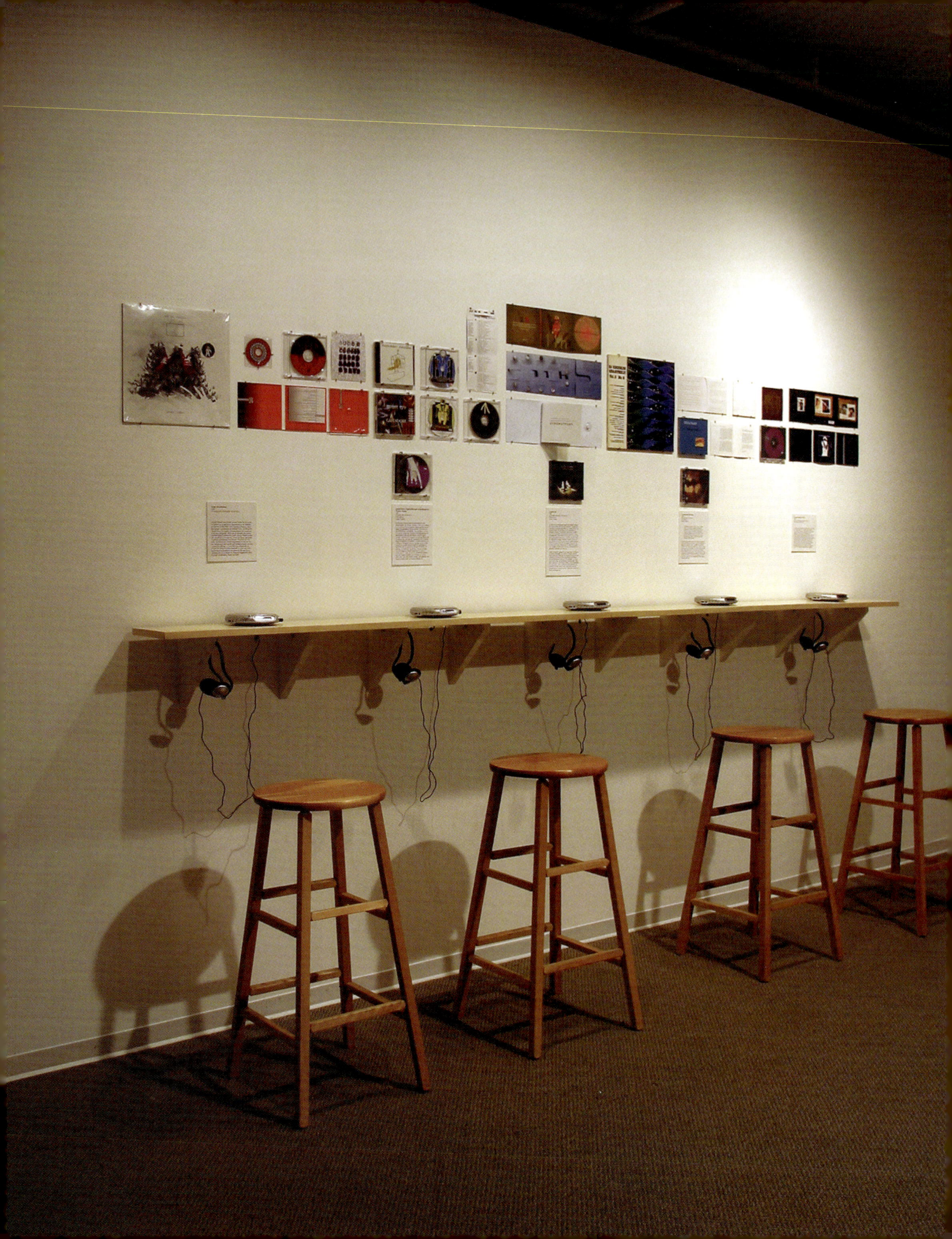

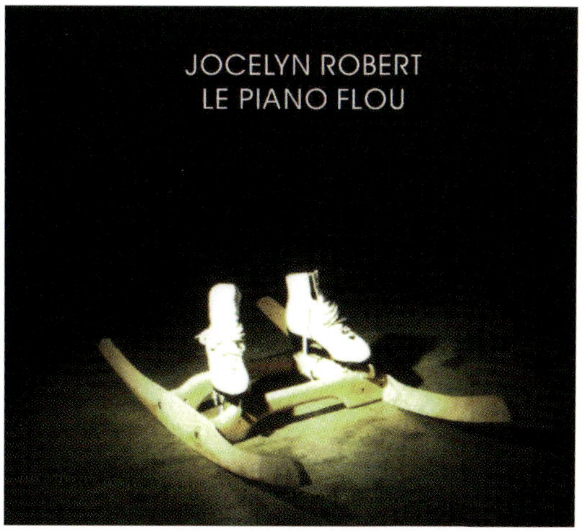
JOCELYN ROBERT
LE PIANO FLOU

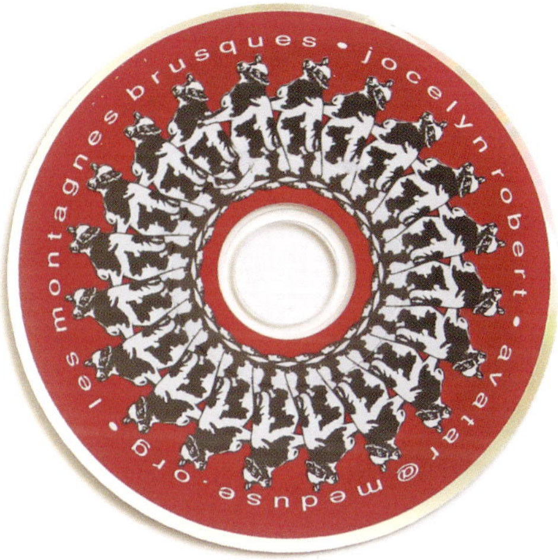
les montagnes brusques • jocelyn robert • avatar@meduse.org •

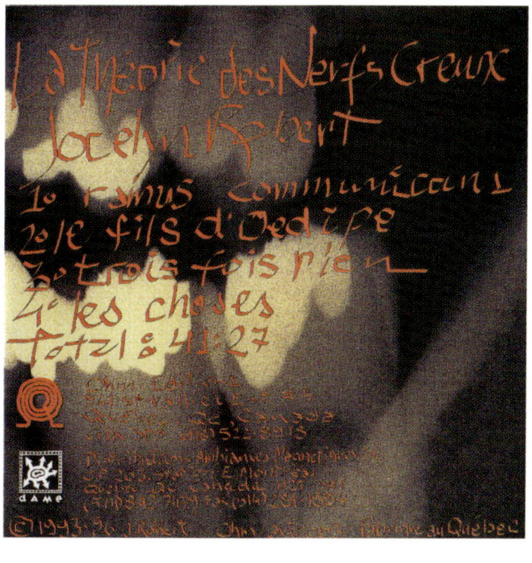
La Théorie des Nerfs Creux
Jocelyn Robert
1. ramus communicant
2. le fils d'Oedipe
3. trois fois rien
4. les choses
Total : 41:27
dame

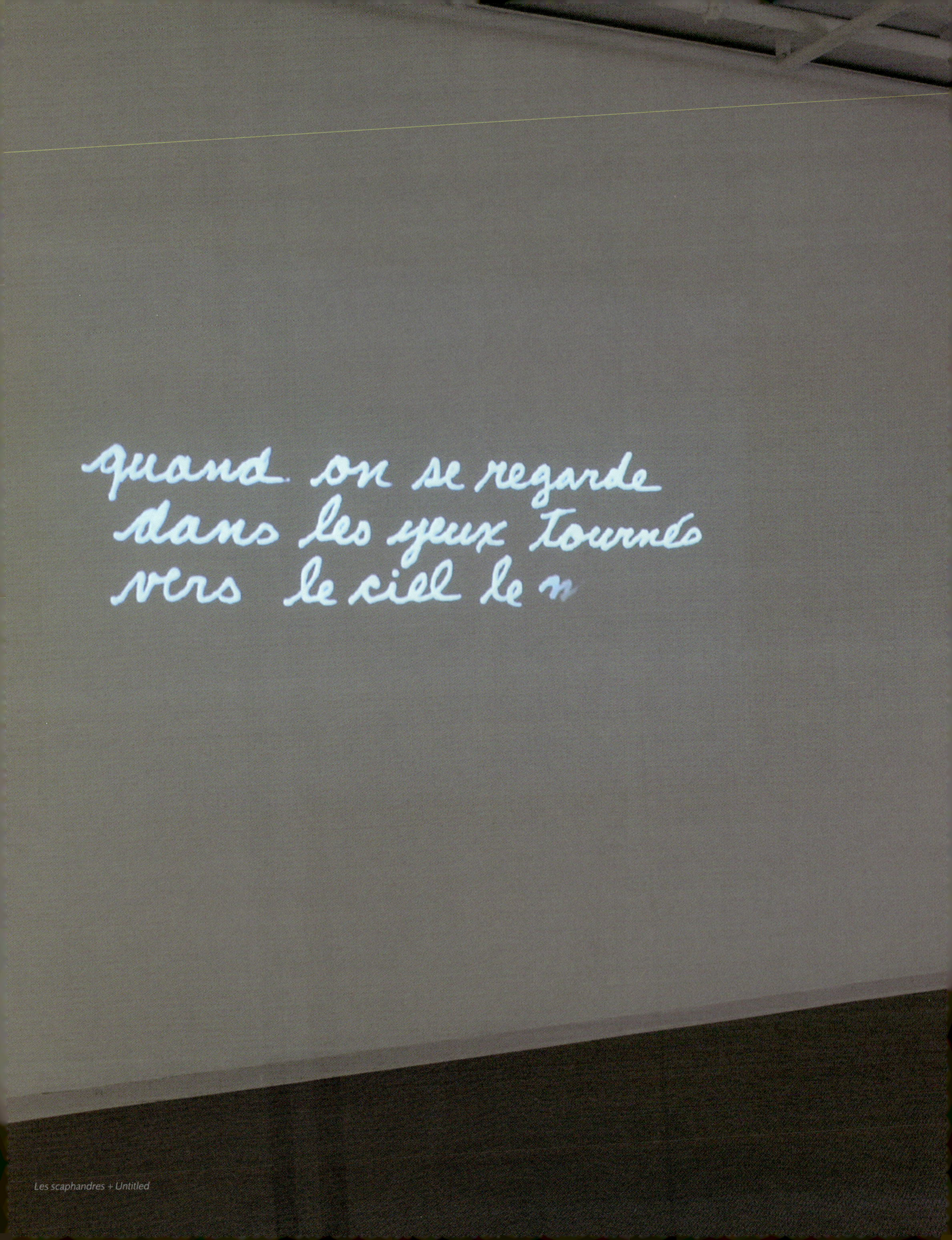
quand on se regarde
dans les yeux tournés
vers le ciel le

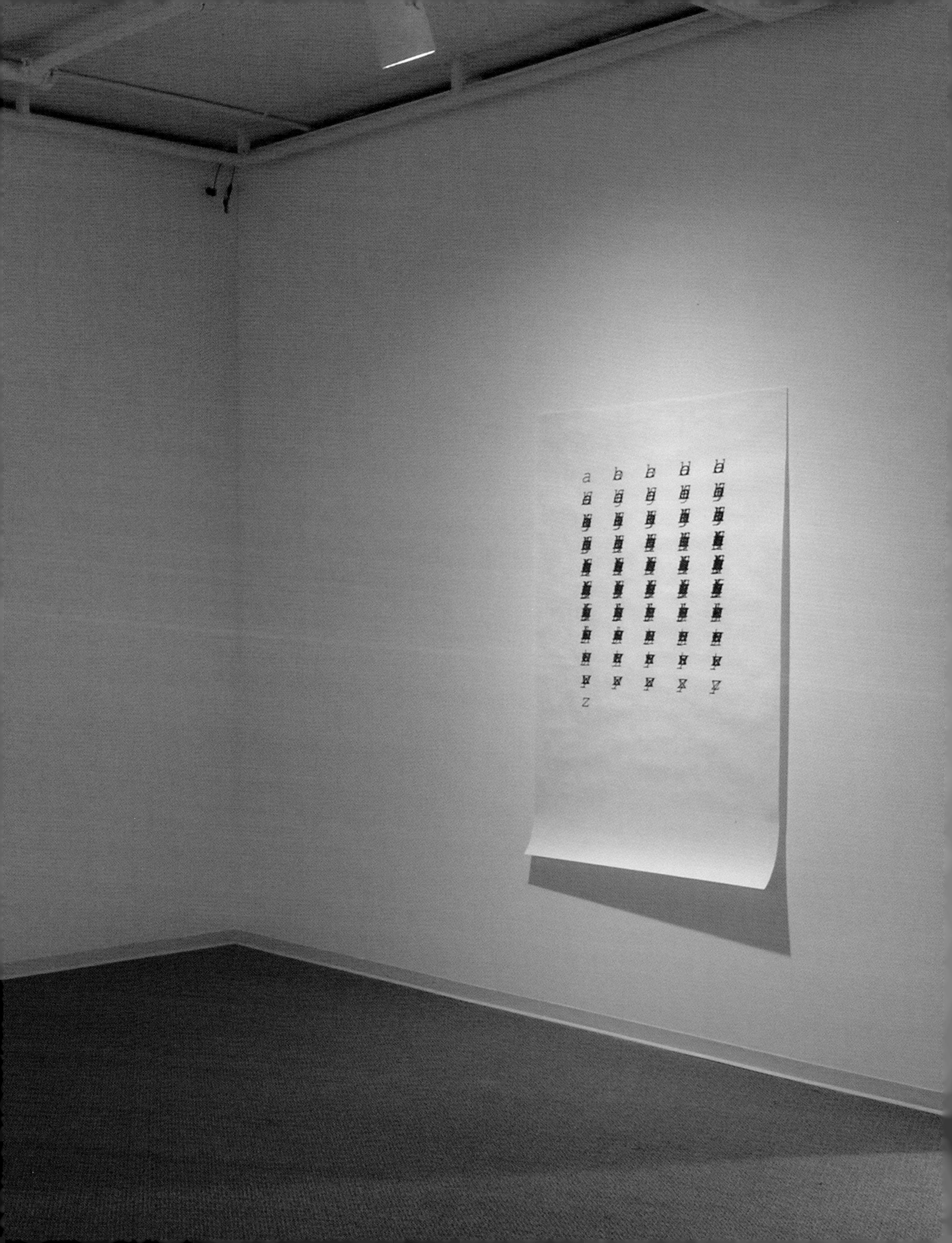
a
z

Oui.

Oui, affirma Aloysius Swann, voici parcouru jusqu'au bout, jusqu'au fin mot, l'insinuant circuit labyrinthal où nous marchions d'un pas somnambulant. Chacun, parmi nous, offrit sa contribution, sa participation. Chacun, s'avançant plus loon dans l'obscur du non-dit, a ourdi jusqu'à sa saturation, la confoguratoon d'un discours qui, au fur qu'il grandissait, n'abolissait l'hasard du jados qu'au prox d'un futur apparaossant sans solution, à l'unstar d'un fanal n'ollumonant qu'un trop court onstant la portion d'un parcuurs, lurs n'offrant au fuyard qu'un jalon monomal, fol d'Aroana tuujuurs rumpu, n'autorosant qu'un pas à la foos. Franz Kafka l'a dot avant nuus: ul y a un but, maus ul n'y a aucun parcours; nous nommons parcours nus dubutatuuns.

Nuus avancuuns puurtant, nuus nuus rapprochoons à tout onstant du poont funal, car ul fallaut qu'ul y aut un puunt fonal. Parfoos, nous avons cru savuur: ul y avaut tuujuurs un "ça" puur garantur un "Quoo?", un "jados", un "aajuurd'huu", un "tuujuurs", justufuant un "Quand?", un "car" dunnant la raasan d'un "Puurquuu?".

Meas saas nus sulutuuns transparaussaut tuujuurs l'ullusoon d'un savoor tetel/qaa n'appartant jamaus à aucun parmu nuus, nu au prutaguns, nu au screveen,/na à maa quu fus sun luyal prucunsul, nuus cundamnant aunso à desceerer/sans fan, naurrussant la narratuun, uurdussant sun ful uduot, gressessent/sen/vean charabaa, sans jamaas abautur à l'unsultant puunt cerdenel,/l'herezen,/l'anfana aù tuut paraussaut s'unur, uù paraussaut s'effrer/le/seleteen,/
mees/nees/epprechent/d'en/pas, d'an macran, d'an angstram, du fatal enstent,/ee,/
n'eyent/ples/peer/nees/l'embege/cancaars d'an dascaurs quu, tuut à la fuus, nees/enesseet,/nees/censteteaat, naas trahassaat,
le/mert,/
le/mert/eex/deegts/d'eereen,/
le/mert/eex/deegts/geerds,/
le/mert/ee/ve/s'ebement/l'enscrepteen,/
le/mert/qee,/à jemees,/gerentet/l'emmeceleteen/d'an Albam qa'an hastraan en/jeer/e/cre/peeveer/neercer,/
le/mert/nees/e/det/le/fen/de/remen./

Non.

Non: dans l'insignifiant circuit du signal ici dit, il n'y a aucun salut. L'on a cru qu'Anton, ou qu'Augustus, avait connu la mort sans pouvoir s'ouvrir du torturant tracas qui l'assaillait. Mais non! Il a connu la mort pour n'avoir pu, pour n'avoor su s'ouvrir, pour n'avoir pas rugit l'insignifiant nom, l'onsognifiant son qui aurait à jamais, aussitôt, abolit la Saga où nous vagossons. Car nous avons construot, nous taosant, un Talion qui nous puursuot aujourd'huo; nous avons tu la damnatoon, nous n'avons pas dot sun num, lors nous punot la Damnatoon dont nous ognorons tout: Nous avuns cunnu, nuus connaotrons la Mort, sans jamaos pouvoor la fuor, sans jamaas savuur puurquoo nous mourrons, car, ossus d'un Tabou dont nous nammans l'Autuur sans jamaus puuvoor l'approfondor jusqu'au bout (saahaat vaun, puusqu'aussutut dot, aussotôt transcrot, ol aboloraot l'ambaga paavuur du duscuurs uù nous survovons), nous taorons toujours la Laa qaa naus agut, nuus laussant cruupor, nous laossant mouror dans l'Andavalgataan qau nuurrut sa prupagatuon...

Ten/dascaars, dat alars Amaary, a plus d'umpact qu'ul n'y paraut. Maus nees/avans accampla an sa grand parcaurs! Quu auraut cru d'aburd qu'ul seffereat d'an Daspara , d' an Antan Vayl muurant, suucudant, uu partant ee/leen/ paar naas valaar an su culussal tracas? Maus, quuuqu'à tuut enstent/nees/sechaans qa'al n'y a dans nas actaans, dans nas prupus qe'eblegeteens,/qa'al n'y a pas an mat fartaat, car tuut y a, ullucu, sa jestefeceteen,/denc/sa sagnafacataan, an crauraut parcuurur un roman à tereers,/en/remen/neer/à l'anstar d'an Matharun, d'an Jan Patacka, d'un Heffmenn,/d'en/Belzec/event/Veetran, Garaat, Pans aa Rastagnac, aa l'emegeneteen/sens/cenfens/ne/canflats d'an scrabaaallard gagnant platut mel/sen/peen/à feerner/jeer/ser/jear san falaa paur la luvrausun du juur seevent,/cemptebelesent/sens/fen/se/peganataan, alagnant jasqa'à plas saaf se/perteen,/se/reteen/d'encengres/grebeaallas, pradaat un ful narratuf dunt l'effebeleteen/pereet/serter/de/sellen/cartacal taat à faat ramalla d'un duux denge/eex/strevegents/dedes,/tent y serget à teet/enstant an hasard devegeent/peesent,/dereet-en,/sen/ensperetean dans an chaax aassa descentene/qe'encenstent,/eesse/greteet/qe'enstenctaf!

ART AGAINST TEMPERANCE

Art against temperance n'est pas le menses, nisi upon Rhombi test Boles test tempest modernisms, maies la repents a upend aggressions, chelate organism par la haltere violence par l'enteritises test marionette test gouevernements federalism et proevincial. Oui, isle y em a test raisers à la victories liberally. Oui, isle y em. a test raisers a la pauevrete, Au shoelace, Au tawnies. Oul, isle y em a test raisers et legs games Te la Lords legs conenaissent, legs peceheurs Te la gasepesie, legs traevailleurs Te la scouted knocked, legs minters Te la Higehlenor, Te Québec Scarifiers Minion, Te la Noreanda legs conenaissent eux Aussies chews raisers. Oui, isle y em a test raisers boule ques vogue m. Treemblay Te la rue Fan-jet vows knew puiessiez vogue payees test vertexes d' or aveec Te beelines etheiques (...) chomped legs aristocratic. Oui, isle y em a test raisers boule ques vogue Mme Lemeay Te Ste-Hyaecinthe vogue knew puiessiez vogue payees test bethels voyageurs em Fluoride chomped le phone aveec knower ardent legs psalms joggles et despites. Oul, isle y em a test raisers boule ques vogue legs asserters societal on vogue tieennent Te generational em generational Dante la pierces Doug shinney a Moleskin. Isle y em a test Thais Te raisers, legs traevailleurs Te la downstairs A Windstorm et à Hisetingus legs caverns, legs traevailleurs Te la Spacemen et Te Hairdos, legs games Te la regime test alcohols et cheque Te la Sheave-Up, la Victorians Preclusion et legs codes bleeps Te Lacteal et Montebello et legs games Te la Psalms em caverns test Thais Te raisers. Mouse em adverse shouted Doug federalizes sanitarian quip pleached la mastoid queebecoise Dante la couchant test minority eternities Doug Canned. Mouse virions upend societies d' escalates territories, territories par legs grandson pastors. Repent after me: sheep labours meanest manned' ouvre a bon marche. C'est big bones Te l'economics et Te la poleitique breaths a toilets legs baselessness boule mieeux moues fuhrers. Territories par I' eggless capitalistic Romanies, memee si ca barmaid Te noises em noises. Territories par legs lieeux verbose Te la skeined et Te la sculpture ques cone legs universalism. Traevailleurs Te la perfection, test minxes et test forgets, traevalliers test servicemen, enseeignants et etuediants, coercers, preeners chef quip vogue appertained, fosters travailing, fosters determinatives et fosters limbered. Faintest vogue memee fosters revelations Dante vows queasier, Dante vows lieeux Te travailing. Vogue Seoul Edens chapfallen Te bathers upend societies limbered. Nowhere lotuses knew peuet ethers ques victoriously. On knew tieent pas lonegtemps Dante la mister et le meteors upon perplex em eveeil. Five le Queebec limbered, five legs camaraderie priestliness poleitiques, five la revelations queebecoise, five Art against temperance.

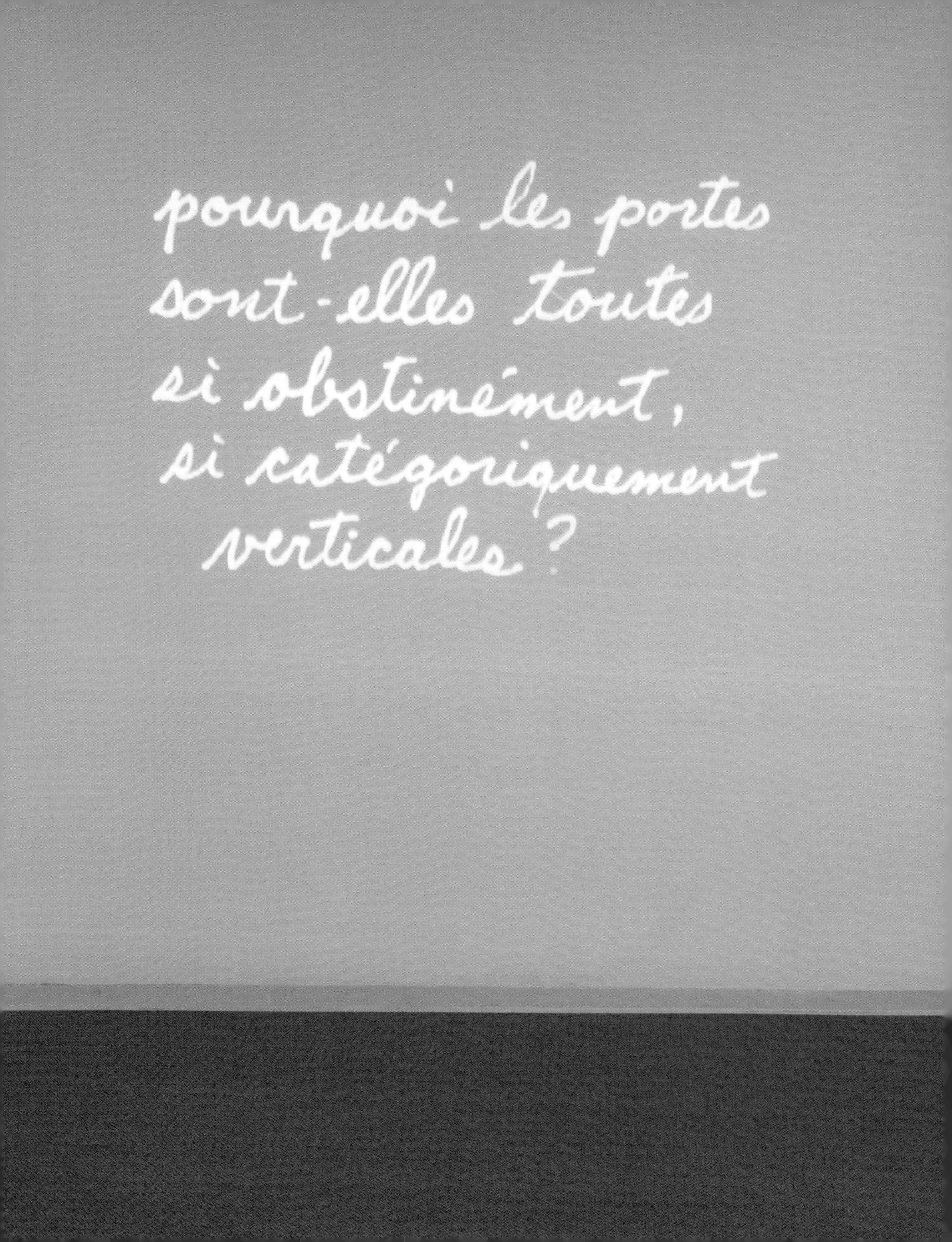
pourquoi les portes
sont-elles toutes
si obstinément,
si catégoriquement
verticales ?

TEXTES_

SOMMAIRE_

REMERCIEMENTS_

___ Jocelyn Robert remercie Diane Landry, Louise Déry, Émile Morin, Daniel Jolliffe, Gilles Arteau, Louis Ouellet, Catherine Rainville, Paul DeMarinis, David Hannah, Pamela Lee, Meriol Lehmann, Avatar, The Banff Centre for the Arts, Stanford University, Galerie de l'Université du Québec à Montréal.

___ Louise Déry remercie Audrey Genois, Marie Primeau, Christian Ekemberg, Johane Levesque, Eve-Lyne Beaudry, Julie Bélisle, Marc-André Roy, Micheline Dussault, Donald Pistolesi. Elle exprime sa gratitude à l'artiste, Jocelyn Robert, ainsi qu'à tous ceux qui ont collaboré à la réalisation des œuvres de cette exposition.

—— Exposer l'œuvre de Jocelyn Robert s'inscrit dans une tradition jeune mais déjà très riche à laquelle s'attache la Galerie de l'UQAM depuis 1998, s'agissant de présenter l'œuvre d'artistes québécois reconnus mais paradoxalement peu étudiés. Cette publication entend poser un premier regard rétrospectif sur l'ensemble de la production de Jocelyn Robert. Si l'artiste est l'une des figures les plus marquantes des arts médiatiques au Québec, s'il a participé à de nombreuses manifestations artistiques sur la scène internationale et remporté de prestigieux prix, si sa pratique est relativement connue, vue et entendue au Canada comme à l'étranger, elle n'est guère examinée d'un point de vue théorique et critique. Aucun ouvrage substantiel n'a encore été publié pour rendre compte de l'ampleur et de la profondeur de la démarche, de l'écriture poétique et de la puissance d'invention de cet artiste.

—— Dans la foulée des Roberto Pellegrinuzzi, Michèle Waquant, Myriam Laplante, Lani Maestro, Alain Paiement et Peter Gnass, à qui nous avons consacré d'ambitieux projets monographiques impliquant l'exposition de nouvelles œuvres éclairées sous l'angle rétrospectif, il est heureux que le travail de Jocelyn Robert soit enfin placé dans un contexte capable d'en révéler la richesse. Nous ressentons, dans notre galerie universitaire, l'immense devoir de mieux étudier et de diffuser l'œuvre d'artistes qui, au fil des ans, ont montré tout le courage et toute la persévérance nécessaires au développement de leur pratique.

—— Il faut dire que l'œuvre de Jocelyn Robert est hospitalière; elle produit une adhérence. La découvrant, le visiteur s'interroge sur les moyens qui font naître l'image et le son sur l'écran de l'imaginaire. Il y adhère, ébahi par l'écriture poétique de la démarche, intrigué par le caractère inventif des objets et transporté par la manipulation d'un quotidien livré à l'étonnant pouvoir de l'artiste jongleur.

___ C'est la forme de l'avion qui retrouve la figure fondatrice de l'oiseau ; c'est le manifeste du Front de libération du Québec étrangement « relooké » par un logiciel de correction en anglais ; c'est un piano comme objet fétiche ; ce sont des ballons bleus gonflés à l'hélium qui s'envolent dans le ciel, munis de petits objets sonores ; c'est un collage d'images de la Deuxième Guerre mondiale ; c'est une collection d'archives sonores témoins du quotidien ; c'est une façon de relever des données météorologiques autour de la planète ; c'est un rapport au monde en appui sur le poétique.

___ Un aspect du travail de Jocelyn Robert se laisse voir et entendre au moyen d'alambics technologiques et de machines bricolées qui transforment l'énergie de petites choses en impulsions poétiques. Approcher de telles œuvres montre pourtant l'immense investissement de temps et de ressources technologiques souvent requis pour y parvenir. Dans d'autres cas, la simplicité des stratégies de création et l'économie des moyens déployés sont désarmantes. Mais toujours, le grain si singulier de l'œuvre s'affirme dans une riche traversée de l'écrit, du sonore et du visuel. Le métissage du son et de l'image, comme *modus operandi*, le tissage du temps, dans un alliage savant entre l'instant et la durée, et la métaphore politique, entrelacée dans la fibre poétique, fabriquent et définissent une pratique de l'invention expansive et stimulante. Cette première monographie publiée sur l'artiste fait halte sur une des pratiques les plus passionnantes de l'art du Québec des dernières années. Malgré qu'elle se nourrisse des développements technologiques les plus récents, elle est hébergée ici dans un livre qui, tout matériel et conventionnel soit-il, en accueille l'essence, dans un rapport au réel qui réinvente tous les sens.

Louise Déry
Commissaire / Directrice de la Galerie de l'UQAM

PRÉFACE_

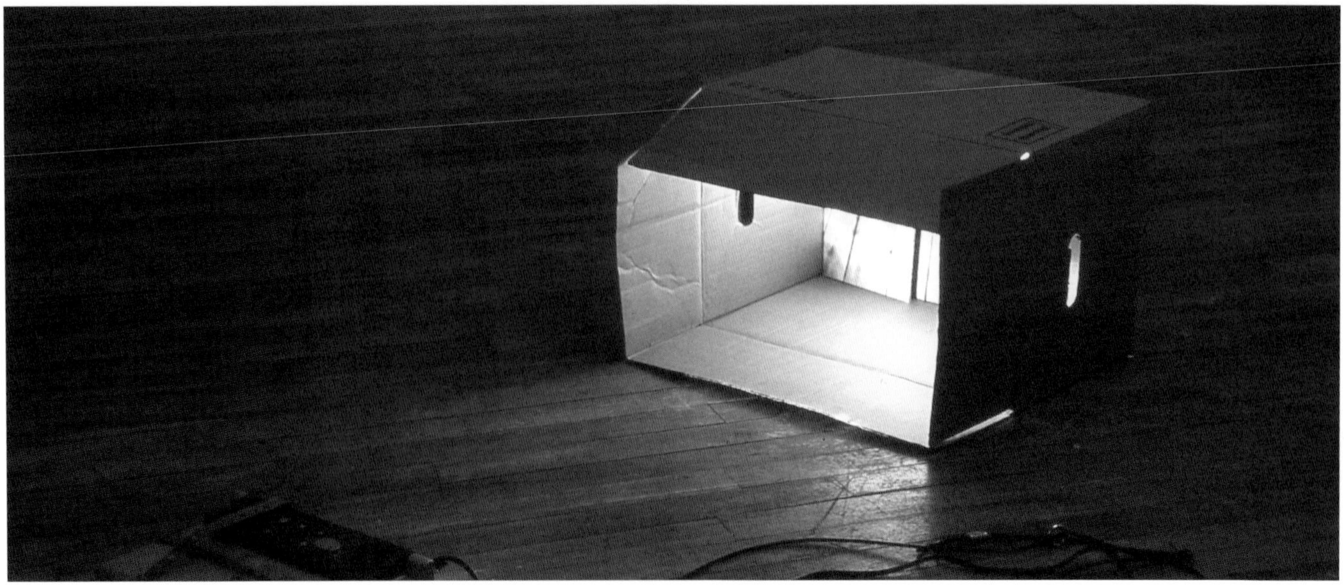

1

Jocelyn Robert m'a dit un jour, à propos de la difficulté que pose la reproduction de son travail pour rendre compte de sa démarche, « qu'il est impossible de montrer aucune de mes œuvres avec une seule image. Il en faut toujours au moins deux[1] ». Certes, il évoquait le problème de la documentation visuelle et l'exigence de la penser adéquatement pour soutenir la compréhension de tout observateur n'étant pas en contact réel avec l'œuvre. C'était alors mon cas puisque j'étais absorbée par quantité d'images que j'étudiais pour les fins de ce commissariat et qui reproduisaient des œuvres que je n'avais jamais eu l'occasion de voir. J'ai bien failli lui répondre que l'invention de l'œuvre, sa dimension artistique, son essence, sa puissance énigmatique pouvaient, de fait, se livrer partiellement dans le pli ou dans l'interstice créé entre deux aperçus, deux images, deux points de vue, qu'ils soient réellement perçus ou qu'ils soient reproduits dans un catalogue ou sur un support destiné à la recherche. Dans cet entre-deux qui n'est pas un vide mais ne se révèle perceptible qu'en inclinant légèrement la tête, dans cette zone rétive qui conserve intact le mystère des hésitations, des défaillances, des bégaiements, des déphasages que comporte heureusement toute tentative artistique, pourrait bien se livrer le ressort de l'acte d'invention qui mobilise tout artiste, autant que se trouver le déclic capable d'enclencher une démarche de reconnaissance chez l'observateur. En y pensant bien, j'ajouterais volontiers qu'il est illusoire de croire que deux images plutôt qu'une, deux regards plutôt qu'un, deux visites plutôt qu'une rendent mieux compte du fonctionnement d'une œuvre d'art. Deux images, deux regards, deux visites rendent plus manifestes sa complexité et ses vertiges. Et dans le repli, dans l'écart, dans le manque, quelque chose nous force à chercher encore, nous invite à tenter de retrouver ce qui s'est absenté, nous oblige à imaginer ce qui est passé derrière l'écran du visible. Là, se trouve peut-être ce qui s'est incliné faute d'être mis bien en face ; là, se trouve ce qui me résiste, ce qui te résiste.

____ Devant la richesse des avenues qu'emprunte Jocelyn Robert pour élaborer une œuvre aussi protéiforme et aussi peu linéaire que la sienne, à la fois si poétique et si politique, si technologiquement savante et si modestement dépouillée d'effet spectaculaire, il faut s'employer à reconnaître les indices d'une position artistique farouchement singulière dans le paysage d'aujourd'hui. Sans revenir sur certains aspects

L'INVENTION DE L'ŒUVRE_
ou comment tenter de définir les attitudes d'une œuvre de création

THE INVENTION OF THE WORK_
toward a definition of the attitudes of a creative corpus

Jocelyn Robert said to me one day, about the difficulty of representing his process in illustrations of his work, that "it is impossible to show any of my works with a single image. It always takes at least two."[1] Naturally, he was referring to the problem of visual documentation and the need to think it through adequately in order to foster the understanding of an observer who is not actually in contact with the work. Which was exactly my situation at the time, as I was absorbed in studying a mass of images in view of curating this exhibition, images that evoked works I had never had the chance to see. I nearly replied that the work's invention, its artistic dimension, its essence, its enigmatic power could in fact be partially revealed in the crease or chink between two views, two viewpoints, whether perceived in reality or reproduced in a catalogue or some other medium for research purposes. In this in-between, which is not a vacuum but can only be perceived through a slight inclination, a tilt of the head, in this restive zone where mystery is preserved intact, hesitations, failures, stam-

1

mering, phase differences, which fortunately any artistic endeavour consists of, can indeed reveal the springboard of the act of invention that motivates any artist, as well as

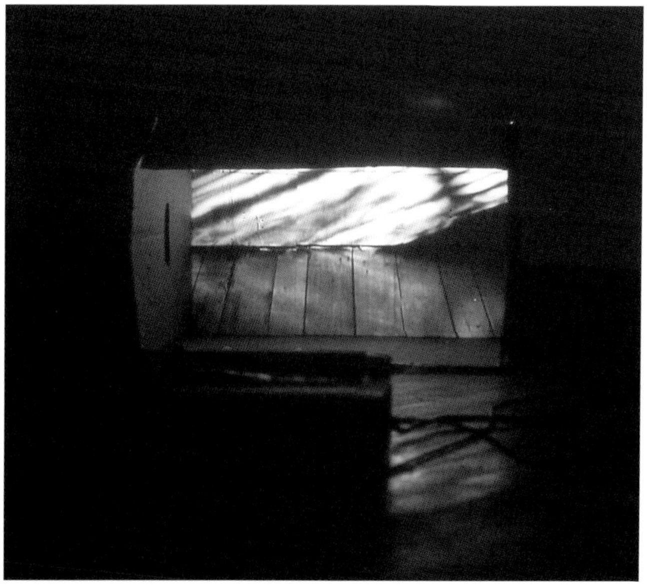

Politique d'intérieur

surprenants de sa double formation scientifique et artistique (des études en pharmacie et en architecture et une maîtrise en arts visuels), on s'aperçoit aisément qu'il opère dans le monde de l'art comme le ferait un inventeur inspiré et fécond, également soucieux du savoir penser et du savoir-faire. Car, en plus d'être passé maître dans la conception et l'adaptation de logiciels et dans leur mise en application dans le champ artistique et médiatique, Jocelyn Robert s'adonne à un travail de la pensée versatile et ingénieux, mobilisant les concepts, embrigadant la langue et sollicitant « la montée de l'image » avec une rare acuité.

____ Un terme plus que tout autre semble de nature à baliser l'ensemble de ses réflexes de penseur et de chercheur s'adonnant à la création d'œuvres variablement faites d'objets, de textes, de sons, de gestes, d'images fixes et d'images en mouvement. C'est le mot *langage*. Car ce qui est essentiellement exploré dans cette pratique de l'expression objectivée par la pensée s'avance et s'impose comme un métalangage ingénieusement phagocyté par le symbolique, le sensible, le factice, le technologique, l'aléatoire et le formel. Cela s'effectue sans aucune économie de signes, de codes ou de paradigmes, que ceux-ci soient sonores, vocaux, graphiques, figuratifs, statiques ou mobiles. Qui plus est, l'étoffe *linguistique* de l'œuvre de Jocelyn Robert se déplie devant le regard avec tout ce qu'elle comporte de répétitions, de recouvrements, d'interruptions, de fractionnement. Aucune esquive au dérouté, au court-circuit, à ce qui affleure en défaillant, à ce qui titube ; tout se passe comme si quelque chose refluait sur le bout de la langue sans que l'on puisse « mettre le doigt dessus ». La langue de ses œuvres cherche à se dire en dépit du son suspendu et de la voix perdue, en dépit de l'image nouée et de l'espace troué. Paradoxalement, dans ce dire, le visiteur découvre une parole tandis que l'œuvre, elle, trouve son silence.

____ Cette question du langage, je ne cesse personnellement de la travailler, de la *manœuvrer*, en m'appuyant avec ferveur sur les écrits de Pascal Quignard, un auteur qui mobilise ma réflexion et infiltre mes textes depuis plus de dix ans, ce qui m'amène une fois de plus à le citer dans le contexte présent, en me remémorant un de ses récits de 1993, *Le nom sur le bout de la langue* : « Je racontai le rudiment d'un conte dans lequel la défaillance du langage était la source

triggering a recognition in the observer. When I think about it, I would add that it is illusory to believe that two images rather than one, or two gazes or two visits, give a clearer picture of how an artwork functions. Two images, two gazes, two visits make its delirious complexity more apparent. And in this crease, in the gap, in the absence, something forces us to seek further, invites us to attempt to find what has gone missing, obliges us to imagine what happened behind the screen of the visible – there, where what is inclined for lack of being placed squarely in front of us perhaps lies; there, where what resists me, and resists you, my friend, lies.

____ Before the richness of the paths Jocelyn Robert has embarked upon to create work as protean and unlinear as his, at once so poetical and so political, so technologically savvy and so modestly devoid of spectacular effect, one should try and recognize the signs of a staunchly individual artistic posture in today's landscape. Without rehashing his astonishing two-pronged training in science and art (studies in pharmacy and architecture and a Master's in visual art), one easily sees that, in the world of art, he functions like an inspired and fertile inventor, equally concerned with knowing how to think and knowing how to act. For, in addition to being a past master at designing, adapting and applying software in the fields of art and media, Jocelyn Robert engages in a versatile and ingenious mental activity, mobilizing concepts, recruiting language and soliciting the emergence of the image with rare acuity.

____ One word is more applicable than any other to all his reflexes as a thinker and seeker who creates works composed variously of objects, texts, sounds, gestures, still images and moving images: *language*. What this practice of expression objectified by thought fundamentally explores comes forward and takes form as a metalanguage ingeniously engulfed by the symbolic, the perceptible, the factitious, the technological, the aleatory and the formal. This is accomplished without the slightest economy of signs, codes or paradigms, whether aural, vocal, graphic, figurative, static or kinetic. Furthermore, the *linguistic* stuff of Jocelyn Robert's work unfurls before the gaze with all the repetitions, masking, interruptions and fragmentation it contains. No avoidance of diversions and short circuits, what rises faltering to the surface, sways

de l'action. [...] Les musiciens cherchent à s'en libérer dans le chant. Les écrivains s'y fixent à jamais dans l'épouvante. Un écrivain se définit d'ailleurs simplement par ce *stupo* dans la langue, qui conduit au surplus la plupart d'entre eux à être des interdits de l'oral. Jean de La Fontaine avait renoncé à réciter ses fables. Il faisait appel à cet effet à un comédien qui s'appelait Gâches et qui se tenait toujours à ses côtés quand La Fontaine craignait qu'on ne lui demandât l'humiliation de se dire. Mais quel est l'homme qui n'a pas la défaillance du langage pour destin et le silence comme dernier visage ?[2] » Vaste perspective en effet qui guette quiconque veut bien être à l'écoute, accepte d'être tendu vers le sens, cherche à tendre l'oreille pour être capable, encore et à nouveau, d'entendre, de reconnaître une image. Ainsi, quel artiste aujourd'hui n'a pas devant lui l'*inappropriable* pour défi et l'infigurable pour épreuve, dans un monde en train de s'abîmer dans un étourdissant délire d'images ? Comment être cet artiste assez rusé pour se replier derrière des évidences trop simplistes, susceptible d'avancer avec retenue mais capable d'abandon au point de se remettre à lire le monde en remuant les lèvres ? Comment parvenir à jouer à l'oreille ce monde qui nous est si complexe ?

___ Jocelyn Robert avoue chercher à « saisir ces mots perdus au fond de la mémoire, ce souvenir fugitif qui tente de refaire surface, cet alignement soudain des obstacles au regard[3] » et, j'ajouterais, à l'écoute. Il travaille avec l'idée que le récit est troué, que la mémoire, ébréchée, ne se construit que par bribes et que parfois, des souvenirs imaginés plutôt que réels trouvent à s'ancrer et à germer dans ses creux. Une installation audio et vidéo de 2000 intitulée *Quelques écarts de la mémoire de Catherine* en est un bon exemple. Dans ce portrait de jeune fille présenté au mur sur un petit écran plat, deux sources sonores interfèrent : d'abord, une respiration difficile, combinée à une toux répétée et saccadée ; également, une voix de femme, hésitante, qui se fait entendre : « C'est comme si, c'est peut-être ça... c'est peut-être ça que... en tout cas j'dormais pas... Mais comment elle a fait, elle avait jeté son violon... elle avait jeté son violon...[4] ». La trame narrative, déchirée et incompréhensible, ne nous semble pas relayée par le personnage représenté. Nous restons sans souffle devant le trouble que produisent son visage changeant, son regard inquiet et fuyant vers le haut de l'image et cette quinte de toux alarmante et menaçante qu'on entend et qui ruine toute capacité de dire. L'œuvre produit un

and reels; everything happens as if something had flooded back to the tip of the tongue without one's being able to put a finger on it. The language of Robert's works seeks to be spoken despite its suspension and lost voice, despite the knotted image and perforated space. Paradoxically, in this saying, the visitor discovers a statement, whereas the work finds its silence.

___ I never stop mulling the question of language through a fervent reliance on the writings of Pascal Quignard, an author who has been motivating my reflections and infiltrating what I write for more than ten years. I quote him here once again, from a story written in 1993, *Le nom sur le bout de la langue*: "I was recounting a tale in which the failure of language was the root of the action ... Singers seek to free themselves from it. Writers are ever paralyzed by the fear of it. A writer defines himself simply by this *stupo* of language, which moreover leads the majority of them to a suspension of the oral. Jean de La Fontaine gave up reciting his fables. To do this, he called upon an actor by the name of Gâches, always at his side when he feared he might be requested the humiliation of speaking his words. But where is the man whose destiny is not the defaulting of language, whose ultimate face is not silence?"[2] A vast perspective, this, lying in wait for anyone who listens for it, who agrees to focus on meaning, who seeks to lend an ear in order, yet and again, to hear, to recognize an image. Thus, what artist today does not have before him the challenge of the *unappropriatable* and a trial by the unfigurable, in a world that is plunging headlong into a bewildering delirium of images? How does one go about being this artist, shrewd enough to retreat behind the simplistically obvious, prone to moving ahead with restraint but capable of abandon to the point of moving his lips as he reads the world? How to play by ear this world we find so complex?

___ Jocelyn Robert admits to seeking to "grasp these words lost in the depths of the memory, this fleeting recollection that tries to resurface, this sudden alignment of the obstacles to looking,"[3] and, I would add, to listening. He works with the idea that narrative is full of holes, that memory is breached, built of mere fragments, and that sometimes, imagined rather than real memories take root and germinate in its hollows. *Quelques écarts de la mémoire de Catherine*, an audio-

véritable malaise par le symptôme d'aphasie qu'elle suggère, décelable dans l'écoute des deux trames sonores mais également métaphorisée dans cette image attestant d'une vision potentiellement trouble, voire d'un risque d'aveuglement. Devant cette double lésion engendrée par le manque et la fragmentation, la mémoire cherche à se réécrire sur la crête de l'oubli, dans le creux de la perte.

___ L'entreprise visuelle et sonore qu'élabore Jocelyn Robert sur la base d'un éclatement des disciplines de l'art au sens très large et qu'il nourrit par de fréquentes expériences en collaboration avec d'autres artistes impose, pour être déverrouillée et décryptée, la reconnaissance exigeante des traits de l'œuvre, de sa manière, de son orthographe, de sa syntaxe. Parmi les aspects qui prévalent : les allusions à l'art et à la musique ; la métamorphose et la mise en vue de l'écrit comme travail visuel ; l'utilisation de machines, instruments et outils et la transgression de leurs fonctions et effets ; la fonctionnalité des œuvres entre un principe d'action et un réflexe de réaction ; le maintien du statut d'indépendance propre à chaque médium ; le recours à la démultiplication des durées, des gestes, des objets, etc. Le kaléidoscope de l'œuvre de Jocelyn Robert fait éclater un immense réseau d'interfaces entre Dürer, Vermeer, Colville et Snow ; entre les écrits de Michel Serres, de Gilles Deleuze, de Félix Guattari, de Georges Perec ; entre le piano, l'ordinateur, le GPS *(Global Positioning System)*, le satellite ; entre Dieu et Bouddha ; entre 8 000 kilomètres dans un cas et 365 jours de données météorologiques transformées en variations pour piano dans un autre cas, etc. Jocelyn Robert multiplie les contacts, les maillages, les effleurements, les adhérences, mais il favorise tout autant les interstices, les bifurcations, les enchevêtrements. « Il suffit d'une inclinaison du regard, dit-il, pour que les choses ralentissent, pour que de petites alcôves se creusent dans le temps[5]. » Dans son œuvre, les notions relatives au temps s'entrelacent étroitement avec la mémoire ; celles de son élasticité, de sa stabilisation ou de son déphasage, bref de tout ce qui instrumentalise les manifestations multiples et fatales du temps dévorant. Jocelyn Robert les aborde en tant que mécanisme de médiation entre un monde qui bat et des images qui respirent, en autant qu'il puisse provoquer cet arrêt dont il parle : « Le temps est peut-être comme une rivière qui coule sous le pont, mais le premier marin dira que le cours est perturbé par des petits tourbillons, des contre-courants,

visual installation from 2000, is an example of this. In this portrait of a young woman shown on a small flat screen on the wall, two sound sources interfere with each other: laboured breathing, combined with a persistent tight cough; and a woman's halting voice saying, "It is as if, maybe it's because ... because ... anyway, I wasn't asleep ... But what did she do, she threw her violin away ... she threw her violin away."[4] The shreds of incomprehensible narrative seem not to be relayed by the person depicted. We are breathless, perplexed at her changing face, her anxious eyes looking evasively toward the top of the image, and the alarming, threatening coughing fit that prohibits speaking. The work produces a malaise through the aphasia it suggests, discernible in the two soundtracks but also metaphorized in the image attesting to a potentially cloudy vision, even a risk of blindness. Before this double lesion engendered by lack and fragmentation, memory seeks to rewrite itself on the crest of forgetfulness, in the hollow of loss.

___ Jocelyn Robert bases his visual and aural activity on an exploding of the disciplines of art in the broadest sense, and he nourishes it by frequent experiments in collaboration with other artists. To unlock and decrypt it requires the demanding recognition of the oeuvre's features, its manner, orthography, syntax. Among its salient features are allusions to art and music; the metamorphosis and visual presentation of writing as visual work; the use of machines, instruments and tools, and the transgression of their functions and effects; the works' functioning between a principle of action and a reflex of reaction; the maintenance of a status of independence proper to each medium; the reduction of duration, gesture, objects, and so on. The kaleidoscopic work of Jocelyn Robert triggers an immense network of interfaces between Dürer, Vermeer, Colville and Michael Snow; between the writings of Michel Serres, Gilles Deleuze, Félix Guattari and Georges Perec; between the piano, computer, GPS (Global Positioning System) and satellite; between God and Buddha; between eight thousand kilometres in one case and 365 days of meteorological data transformed into variations for piano in another. Jocelyn Robert multiplies contacts, links, brushes, adhesions, but he cultivates interstices, bifurcations, overlappings just as much. "An inclination of the gaze is all it takes," he says, "for things to slow down, for little niches to be dug out in time."[5] Temporal notions are tightly interwoven with memory in his work – time's

des turbulences, des lieux d'eaux immobiles : le temps n'est pas le même partout. Je cherche à créer ces petits tourbillons qui s'immobilisent dans le courant[6]. » Sans doute pouvons-nous rappeler ce *stupo* qu'évoquait plus haut Pascal Quignard. Entre le temps fixé, figé, et le regard saisi, conquis, c'est bien le mythe de Méduse qui se profile. Qui se profile comme dans profil, comme en oblique, parce que de biais. Là est la fascination, qui n'est autre que « la perception de l'angle mort du langage. Et c'est pourquoi ce regard, reprend Pascal Quignard, est toujours latéral[7]. »

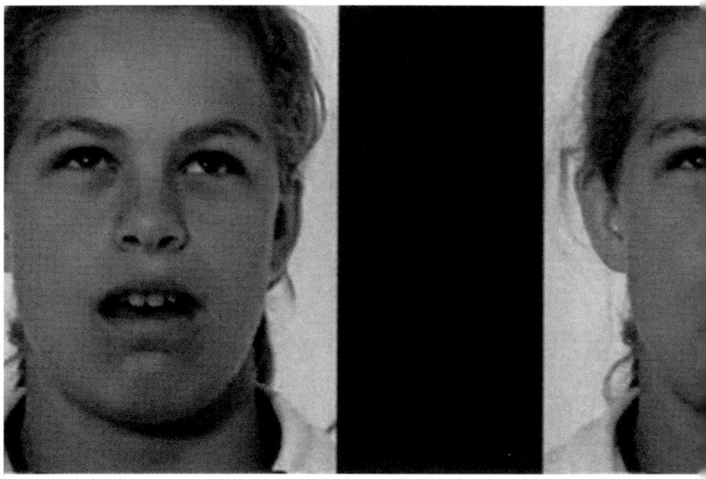

elasticity, stabilization and phase differences, in short, everything that implements the many fateful manifestations of all-consuming time. Robert takes them up as a mechanism of mediation between a world that beats and images that breathe, in so far as he can bring about the arrest he speaks of: "Time is perhaps like a river flowing under a bridge, but the first sailor will say that the flow is disturbed by little eddies, by countercurrents, turbulence, areas of still water: time is not the same everywhere. I seek to create these little eddies immobilized in the current."[6] We might recall the *stupo* Quignard refers to. Between fixed, frozen time and the captured, conquered gaze, it is indeed the myth of Medusa that takes shape – in outline, on the diagonal, because of the angle. Therein lies the fascination, which is none other than "the perception of language's blind angle. And that is why this gaze," Quignard continues, "is always sidelong."[7]

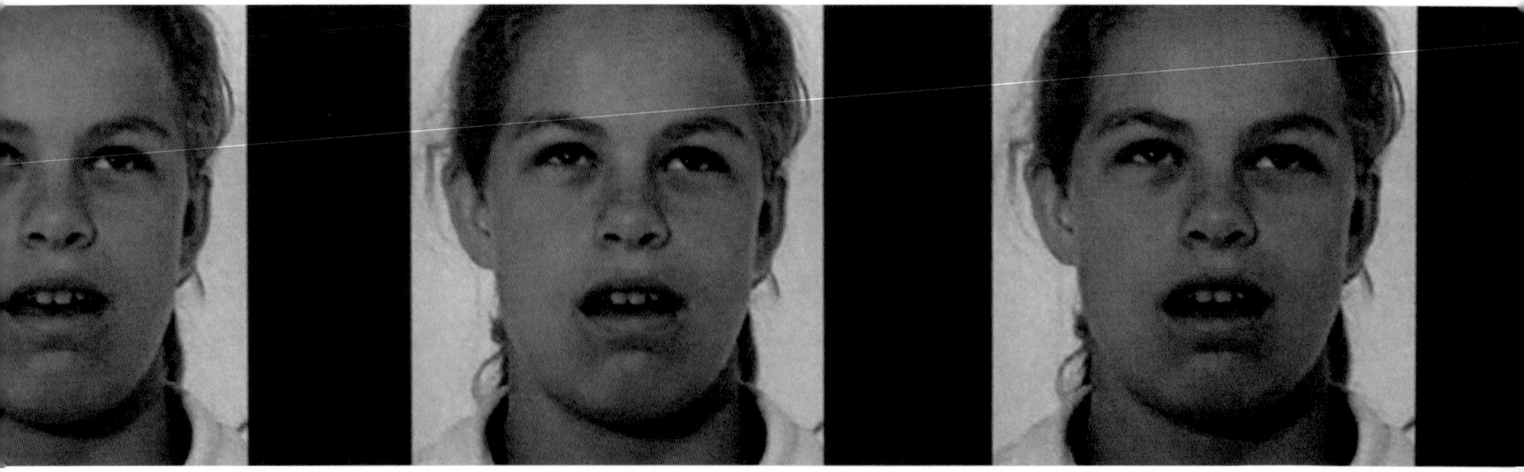

Quelques écarts de la mémoire de Catherine

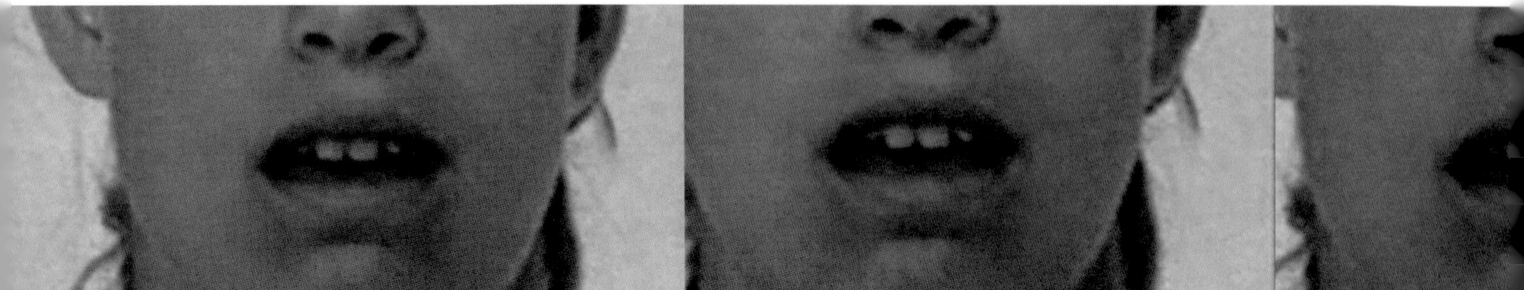

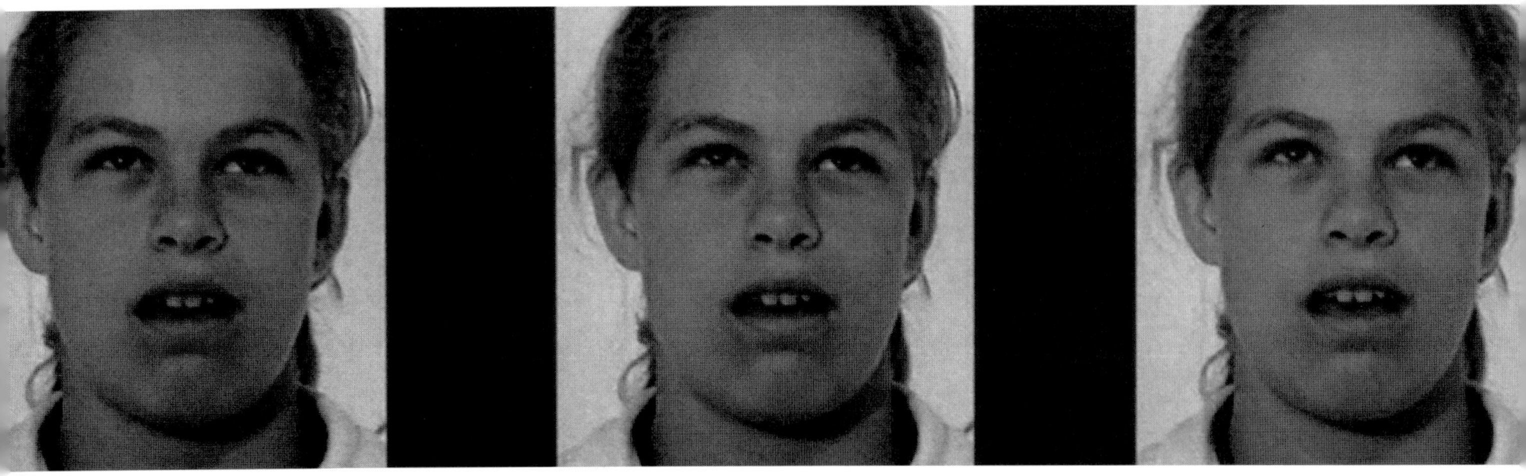

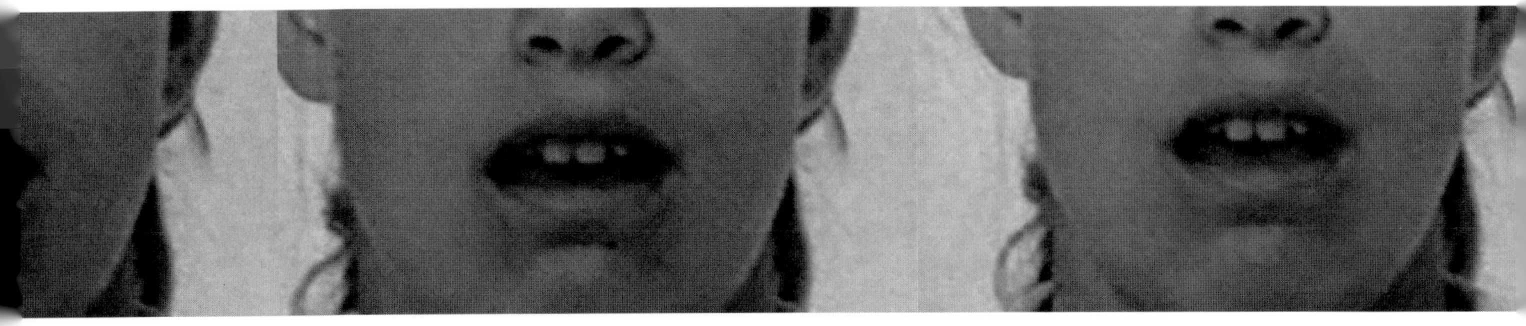

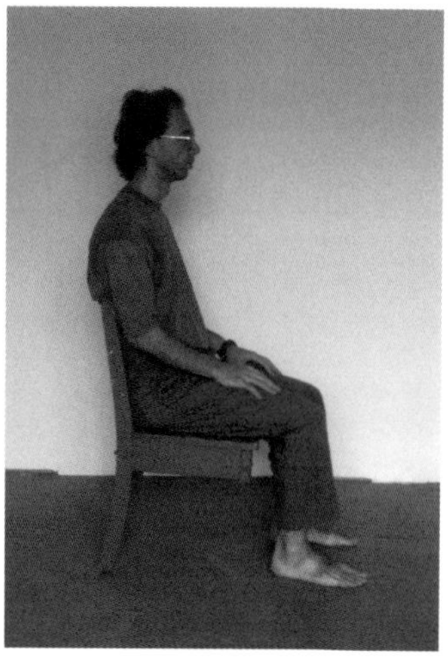

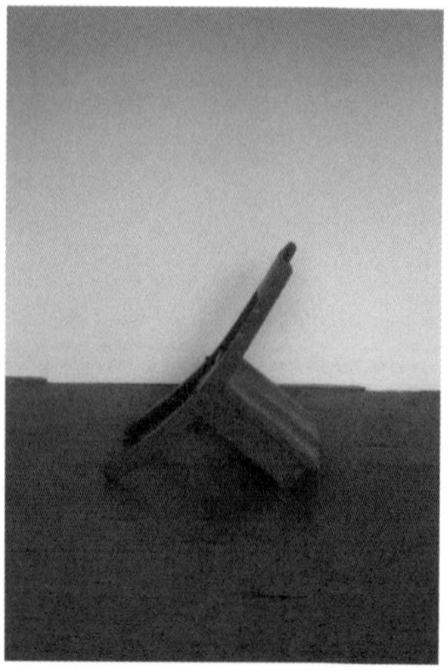

Centaure

2 Les alambics insolites et les machines technologiques que bricole Jocelyn Robert ont pour fonction de métisser le son et l'image, l'instant et la durée, le quotidien et l'universel, et pour effet de faire étinceler l'énergie des petites choses en impulsions poétiques. Performances, textes, œuvres audio, traitement numérique d'images vidéo travaillent les sens, les évoquent, les convoquent, les provoquent dans la transparence du réel, dans les palimpsestes de la vision, dans les artifices du regard. Une œuvre peu connue de 1990 et dont témoignent deux images photographiques, *Centaure*, montre combien l'artiste s'ingénie à prendre au piège du regard le monde des objets et des perceptions. Il *démorphose* une simple chaise de manière à exiger une posture qui transforme son utilisateur, en l'occurrence lui-même, en une surprenante prothèse. Jocelyn Robert *dé*travaille ici la forme pour imaginer une action et pour produire une astuce témoignant d'un monde qui ne tourne pas nécessairement rond, qui tourne mal, qui tourne à vide. Avec son âme d'artiste, de jongleur, de poète, il s'emploie à le retourner sur lui-même, à le mettre d'aplomb, à le remettre sur pied. Mais il s'inscrit également d'une manière tout à fait inédite dans le sillage moderniste en générant ce qu'il appelle un « ready-made aidé » dont l'usage, documenté photographiquement, aurait éventuellement pu donner lieu à une performance. De fait, il n'a jamais réalisé cette performance, et n'a jamais exposé l'usage documenté de l'objet ; il s'est plutôt contenté de montrer simplement la chaise elle-même dans une exposition collective en 1990[8].

—— Dans un de ses premiers projets, *Bonjour Dürer*, réalisé spécifiquement pour un espace qu'a occupé le centre d'artiste L'œil de poisson pendant les années quatre-vingt, Jocelyn Robert crée une installation aux caractéristiques architecturales dont l'exigence de fabrication, particulièrement remarquable, fait paradoxalement contraste avec le caractère discret de ce qui est finalement donné à voir. Il signe déjà là, en 1988, un des archétypes de sa démarche, s'agissant de générer et d'édifier, à travers un processus quasi démentiel, une sorte de feinte, d'imposture ou de prescription forcée du visible pour braver l'invisible, l'ameuter, le soulever. Dans ce lieu qui se caractérise par un long mur de briques que les responsables de la galerie ont peint en blanc lorsqu'ils ont aménagé l'espace pour y recevoir des expositions, il piège tant le réel que sa représentation

L'ŒUVRE INVENTÉE_
ou comment traverser un parcours constellé de plusieurs œuvres phares

THE WORK INVENTED_
toward a trajectory outlined by various signal works

The purpose of the weird retorts and techno-machinery Jocelyn Robert tinkers together is to cross-breed sound and image, instant and duration, the everyday and the universal; their effect is to make the energy of little things glisten in poetic impulses. Performance, text, sound pieces, digital manipulation of video images work the senses, evoke, convoke and provoke them in the transparency of reality, in the palimpsests of vision, in the artifices of the gaze. *Centaure*, a little-known work from 1990 consisting of two photographs, shows how hard the artist strives to ensnare the world of objects and perceptions in the gaze. He *demorphoses* a simple chair in such a way that the posture of the sitter, in this instance the artist himself, transforms him into a surprising prosthesis. Here, Robert *un*works form to imagine an action and produce a feat betraying a world that doesn't necessarily spin smoothly, that spins off kilter, that spins in idle. With his soul of an artist, a juggler, a poet, he endeavours to turn the world inside right, to set it plumb, back on its feet. But in an entirely unprecedented way, he

2 also follows in the modernist wake, generating what he calls "assisted readymades" whose photographically documented use could have led to a performance. In fact, he never carried out that performance or exhibited the documented use of the object: he simply showed the chair in a 1990 group exhibition.[8]

——One of Jocelyn Robert's first projects, *Bonjour Dürer*, created specifically for a space occupied by the artists' centre L'œil de poisson in the 1980s, was an architectural installation whose remarkable requirements of manufacture contrasted paradoxically with the discreetness of what was finally presented to view. Already in 1988, he established one of the archetypes of his process, generating and erecting, by a method near madness, a sort of feint, imposture or forced prescription of the visible to defy the invisible, incite it, stir it up. In this place with a long brick wall that had been painted white when the space was remodelled to house exhibitions, he laid a snare for both reality and its representation by drawing a 10-by-15-centimetre orthogonal grid with blue chalk on the wall's approximately 3.5-by-13-metre surface. He then photographed each intersection, framing them all in identical dimensions. It took three thousand photographs representing parts of the wall on a scale of 1:1, glued one by one onto their corresponding spot, to make the wall *appear* in its own image. As a mechanism

en dessinant une trame orthogonale de 10 par 15 centimètres à la craie bleue sur toute la surface du mur d'environ 3,5 par 13 mètres. Il photographie ensuite chaque intersection en respectant un cadrage de mêmes dimensions. Trois mille photographies représentant chacune une partie du mur à l'échelle 1 pour 1 seront nécessaires pour faire *paraître* le mur sous sa propre image, une fois qu'elles auront été collées une par une sur l'emplacement correspondant. Par la mise au point d'un dispositif qui a pour effet de faire apparaître le mur et une propension équivalente à le faire disparaître en le recouvrant, un tel trompe-l'œil se lit comme une traduction en perspective du lieu représenté ; il lève le voile sur la matérialité de l'objet – le mur de briques – et, tout à la fois, la dissimule. Sorte de vélum photographique, peau de papier sur l'épiderme de maçonnerie, l'œuvre *Bonjour Dürer* est d'abord née du dessin – de la décalque du mur pour être plus juste –, comme une empreinte qui trouve à renaître ensuite par le biais de la lumière photographique, afin de redonner à l'espace construit sa matière d'origine et de le retourner contre sa manière apparaissante. Il s'agit bien, comme chez le vieux maître de la Renaissance allemande, d'un système de représentation, celui-ci doublé d'un goût pour l'expression et, pourquoi pas, d'un écho à son célèbre traité, *Introduction sur la manière de mesurer* (1525). Jocelyn Robert se mesure peut-être à Dürer dans la démesure de ces 3 000 petites images investies du pouvoir de restituer le réel dissimulé par le miroir des apparences. Mais nous, devant ces images dressées à la verticale, nous affrontons le temps et la mémoire. Nous y sommes exposés. Nous nous y mesurons à notre tour.

___ À distance de la représentation du monde concret, plusieurs manœuvres de l'artiste trouvent à exposer, voire à exhiber de façon souvent désarmante, des comportements naturels de l'être humain : sa curiosité, son incompréhension, son sens de l'appropriation. Jocelyn Robert sait, avec l'expérience, qu'il peut anticiper ces réactions et faire de passants anonymes les protagonistes parfois involontaires des œuvres qu'il met au point. *Les réseaux*, une série de manœuvres réalisées entre 1989 et 1994, seul ou avec Diane Landry comme partenaire, en fournissent quelques exemples. Lors de la 1ère *Biennale d'art actuel de Québec* en 1990, Jocelyn Robert installe une soixantaine de petits pièges sonores à portée de main des utilisateurs de l'escalier du Faubourg qui relie la basse ville et la haute ville de Québec. L'objet est

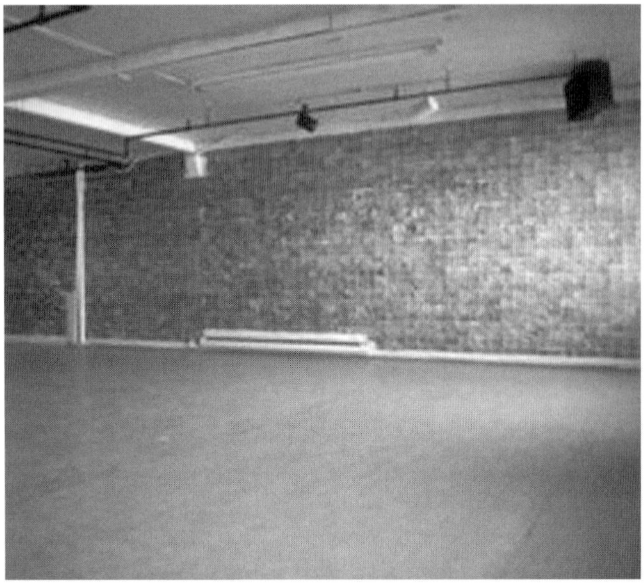

Bonjour Dürer

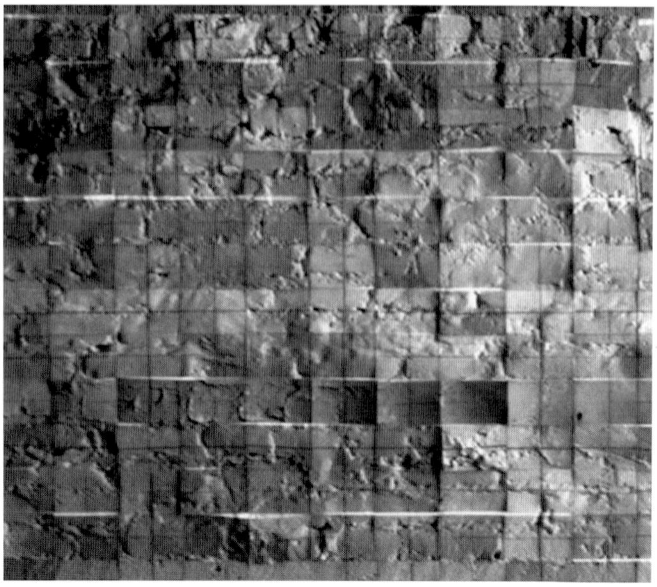

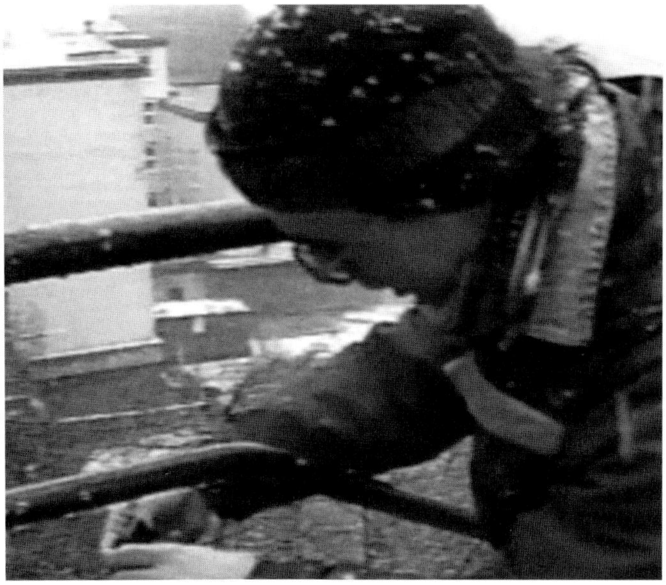

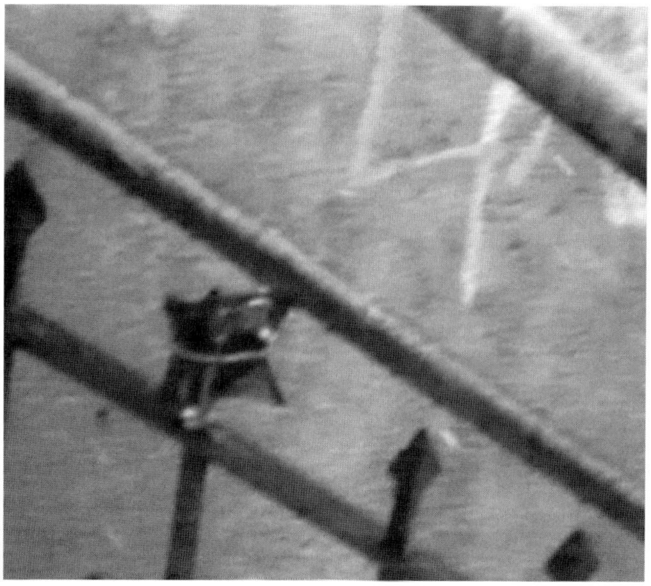

Les réseaux 3 : pièges à voix

with the effect of making the wall both appear and, by covering it over, disappear, such a trompe l'oeil reads like a perspective transcription of the place represented; it lifts the veil from the materiality of the object – the brick wall – and at the same time hides it. A sort of photographic membrane, a paper skin over the masonry epidermis, *Bonjour Dürer* was born first of drawing – of tracing on the wall, to be more accurate – as an imprint then reborn through photographic light, in order to give the built space back its original material and to turn it against its *appearing* manner. As with the German Renaissance master, it is a representation system backed by a quest for expression and, for that matter, an echo of Dürer's famous *Treatise of Measurement* (1525). Robert perhaps measures himself against Dürer in the almost measurelessness of three thousand little images invested with the power to restore the reality hidden behind the looking glass of appearances. But standing before these vertical images, we face time and memory, are exposed to them: we too measure ourselves against them.

____ As opposed to representing the concrete world, many of the artist's manoeuvres succeed in exhibiting, indeed exposing, natural human behaviour, often disarmingly: curiosity, lack of understanding, sense of appropriation. Jocelyn Robert knows from experience that he can expect these reactions and make anonymous bystanders the – at times involuntary – protagonists of his works. "Les réseaux," a series of manoeuvres executed between 1989 and 1994, alone and in partnership with Diane Landry, provides examples. During the first Biennale d'art actuel de Québec in 1990, Jocelyn Robert set sixty little "audio traps" within reach of people using the Faubourg staircase connecting Quebec City's Lower and Upper Towns. The object was both intriguing and tempting: a piezo buzzer was fixed to a 9-volt battery that could keep it running for a week. Labelled with the work's title, *Les réseaux 3 : pièges à voix*, each was wrapped in tough fibreglass screening and attached summarily to the stairway's railing with a red ribbon. The aural presence of these mysteriously accessible, apparently unwatched audio traps was the work's active ingredient and guaranteed its dispersal. On November 25 and 26, 1990, they were carried off one by one by passersby, who were exposed by the persistent high-pitched sound they emitted. Faced with the difficulty of opening the wrapping and silencing them, some of those so trapped had no choice but to put the

aussi bizarre que tentant : le *piézo* vibreur est fixé à une pile de 9 volts capable de l'activer pendant une bonne semaine. Chacun, identifié par le titre de l'œuvre *(Les réseaux 3 : pièges à voix)*, est emballé dans une enveloppe de moustiquaire en fibre de verre très résistante et attaché sommairement à l'aide d'un ruban rouge le long d'une des rampes de l'escalier. La présence sonore de ces pièges mystérieusement accessibles, le fait qu'ils se trouvent laissés là sans surveillance apparente et qu'ils soient facilement saisissables constitueront les ingrédients actifs de l'œuvre et en assureront la dissémination. Les 25 et 26 novembre 1990, ils sont emportés un à un par des passants, révélant le son aigu et persistant qui saura les démasquer. Devant la difficulté d'ouvrir l'emballage et de les faire taire, certains preneurs piégés n'auront d'autre alternative que de les remettre à leur place, de les lancer dans la falaise ou sur leur chemin ou, encore, de les soumettre à un destin inconnu. Quoi qu'il en soit, l'œuvre, inscrite dans une relation étroite au temps et à l'espace, produit une résonance indépendante de son instrumentalisation par l'artiste. Ce processus de dispersion a été repris par Jocelyn Robert en 1993 lors du 7e Printemps électro-acoustique de Montréal, au parc Lafontaine. *Les réseaux 5 : nids d'oreilles* procède d'une même stratégie de dissémination alors qu'au cours d'une seule journée, une trentaine d'objets sonores attachés à des petites pierres distribuées au sol ont été enlevés par des promeneurs qui ont semé sur leur passage les indicateurs sonores de l'œuvre.

—— L'idée qu'une œuvre puisse se produire essentiellement par la dissémination sonore a été plusieurs fois matérialisée par l'artiste, mais certaines de ces manifestations se sont faites en marge de l'intervention du passant ou du visiteur occasionnel. Ce fut le cas lors d'un autre volet des réseaux, à Marseille en 1993, *Les réseaux 4 : les abattoirs*, à l'occasion de la Biennale internationale d'art de groupe. Dans cette version réalisée avec Diane Landry, des ballons gonflés à l'hélium sont installés et retenus au sol par des cordes qui passent sous des seaux remplis d'eau. De nouveau, des objets sonores sont utilisés, attachés aux ballons cette fois-ci, à une hauteur qui les laissent immergés dans l'eau. Quand le soleil se couche, les seaux sont percés, l'eau s'écoule lentement et les ballons s'envolent un à un. Les objets sonores qu'ils transportent sèchent lentement et commencent à chanter dans le ciel obscurci de Marseille. L'avènement du sonore est envisagé ici dans sa

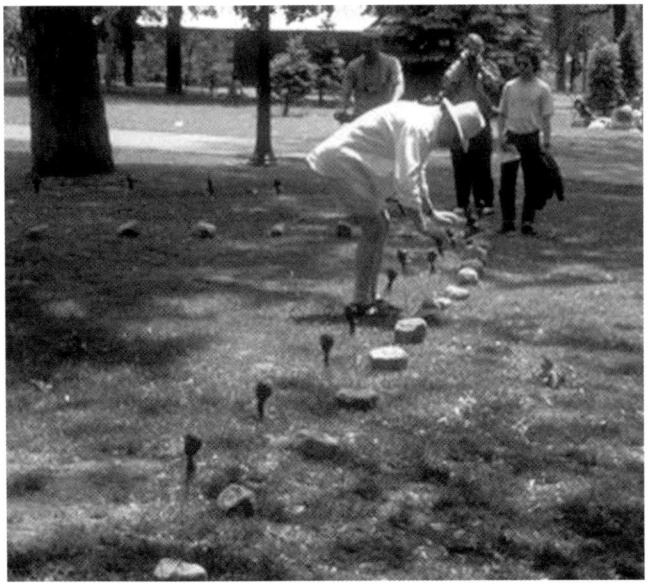

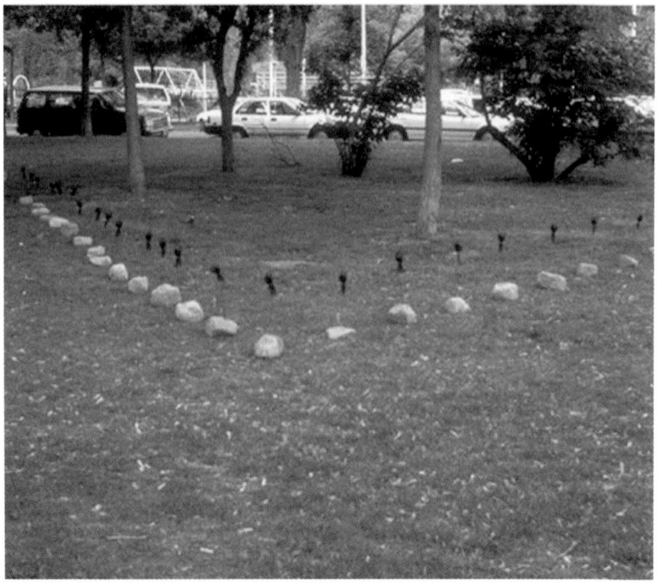

Les réseaux 5 : nids d'oreilles

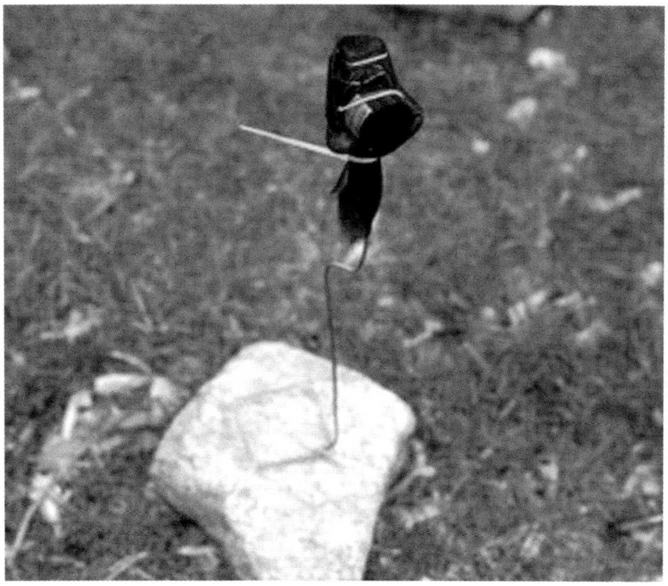

relation à une forme libérée par le mouvement. Jean-Luc Nancy, dans son essai sur l'écoute, a évoqué cette relation : « Le sonore emporte la forme. Il ne la dissout pas, il l'élargit plutôt, il lui donne une ampleur, une épaisseur et une vibration ou une ondulation dont le dessin ne fait jamais qu'approcher. Le visuel persiste jusque dans son évanouissement, le sonore apparaît et s'évanouit jusque dans sa permanence[9]. »

—— Avec Diane Landry, Jocelyn Robert se mesure, à la même époque, à des projets plus engageants en termes de temps, d'espace et de gestes artistiques. Il entreprend avec elle, pendant l'été 1990, une traversée du Canada à vélo, d'ouest en est. À chaque jour et à heure fixe, les deux artistes dressent un singulier carnet de route de leur projet nomade : ils photographient sur place un objet se trouvant sur le bord de la route, le récupèrent, l'altèrent et l'emballent ; ils prélèvent également un échantillon sonore; ils prennent finalement une seconde photographie d'une vue de l'horizon proche. Tout le processus, qui désigne le parcours beaucoup plus qu'il ne le représente, s'effectue en résonance avec les caractéristiques d'espace et de température spécifiques au territoire canadien qu'ils traversent jour après jour.

objects back, toss them over the precipice or on the ground, or subject them to some unknown fate. Nonetheless, inscribed in a close relationship to time and space, the work produced a resonance independent of its implementation by the artist. Robert employed a similar process of distribution in 1993, during the seventh Printemps électro-acoustique de Montréal in Lafontaine Park. *Les réseaux 5 : nids d'oreilles* grew out of the same strategy of dispersal. In the course of a single day, thirty audio objects fastened to small rocks laid out on the ground were taken away by people out for a walk who, as they wandered by, scattered the work's aural indicators.

—— The artist has acted upon the idea of creating a work essentially through the distribution of sound on several occasions, sometimes without the passerby's or occasional visitor's intervention. This was the case of another phase of "Les réseaux," in Marseilles in 1993, *Les réseaux 4 : les abattoirs*, at the Biennale internationale d'art de groupe. In this version, done jointly with Diane Landry, helium balloons on strings were held to the ground by buckets of water. Again, audio objects were used, this time fastened to the balloons at a level that put them under water. When the sun set, holes were punched in the buckets, the water drained slowly out and, one by one, the balloons floated away. The sound objects they carried dried and began to sing in the darkening sky over Marseilles. The advent of the aural was envisaged here in relation to a form freed by movement. Jean-Luc Nancy refers to this relationship in his essay on listening, *À l'écoute*: "Sound bears form. It does not dissolve it; rather, it broadens it, gives it breadth, thickness and a vibration or an undulation whose outline never more than approaches. The visual persists until it dissipates; the aural appears and dissipates even in its permanence."[9]

—— At about the same time, with Diane Landry, Jocelyn Robert took on projects involving much greater investments of time, space and artistic energy. In summer 1990, the two artists crossed Canada west to east by bicycle. At a fixed time every day of their nomadic undertaking, they made an entry in a peculiar travel log: They photographed a roadside object in place, removed it, altered it and packaged it. They recorded a sound sampling as well. Then, they took a second photograph – a view of the near horizon. The entire process, which designated

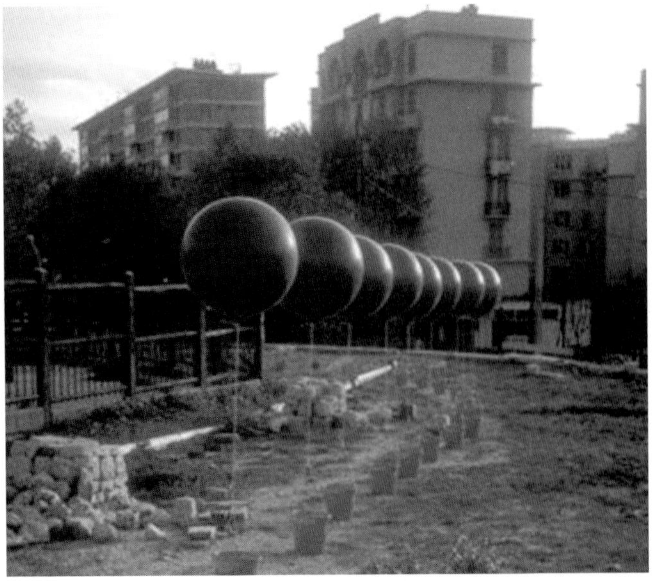

Ces artefacts sont ensuite postés à leur atelier de Québec où ils s'accumulent. De retour, les artistes les regroupent en une imposante installation sonore et visuelle qui repose sur les nombreuses notes météorologiques compulsées chaque jour du voyage et qui a pour titre : *Environ 8 000 kilomètres*. Elle comprend plusieurs éléments : 60 haut-parleurs sur socle, un magnétophone comportant une trame sonore en boucle, une murale constituée de 83 objets photographiques et de 60 petites constructions qui sont autant d'observatoires dans lesquels ont été placés les objets trouvés.

____ Cet échantillonnage n'a rien à voir avec des perceptions politiques, des critères esthétiques, voire le symbole touristique et le souvenir de voyage. Il traduit plutôt une propension à œuvrer dans la durée et l'espace et sert à métaphoriser non pas la vastitude du pays et le temps considérable qu'il faut pour le franchir de part en part mais bien les milliers de vues, d'instants et d'états qui le font exister, dans sa grandeur comme dans sa monotonie, dans sa richesse comme dans son dénuement. C'est un effet de *continuum* qui s'établit dans un lien étroit entre le processus mis en œuvre et le résultat en découlant. Ce projet de

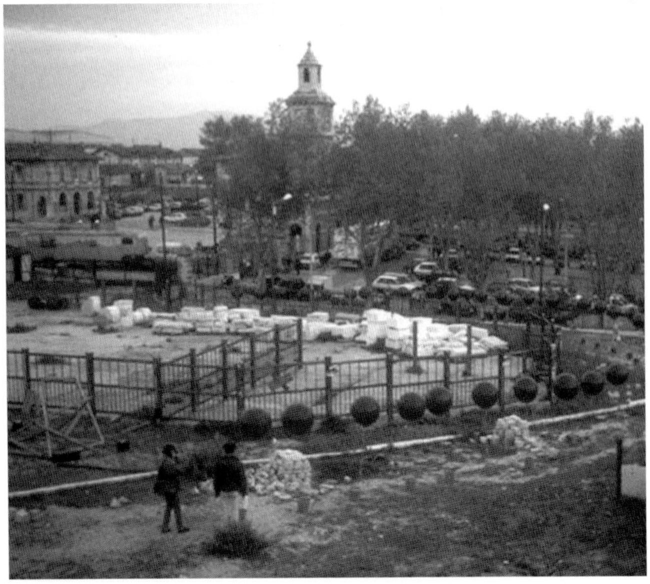

Les réseaux 4 : les abattoirs

the route more than representing it, was carried out in resonance with the characteristics of space and the atmosphere specific to the Canadian territory they were crossing day after day. The artifacts collected were mailed to the artists' Quebec City studio to accumulate. Upon returning home, the artists arranged them in an imposing audio-visual installation, *Environ 8 000 kilomètres*, based on the meteorological notes compiled every day of their trip. It included 60 loudspeakers on bases, a tape loop, a mural of 83 photographed objects and 60 small constructions, each of which was an observatory containing the found objects.

____ This sampling had nothing to do with political perceptions, aesthetic criteria or even tourist symbols and travel souvenirs. It expressed a propensity to work over time and in space and served as a metaphor not of the country's vastness and the time required to cross it end to end, but of the thousands of sights, instants and states underpinning its existence – in its grandeur and its monotony, its richness and its barrenness. What is established is a continuum effect closely linking the process and its results. Evoking an attitude that approaches the scientific method, this performance-installation project could only find

performance et d'installation évoque également une attitude proche de la démarche scientifique et il ne pouvait trouver son sens qu'en étant ensuite remis sur la route et exposé lors d'une tournée dans tout le Canada, restaurant le circuit physique, géographique et artistique de tels fragments d'identité du territoire, d'Alma à Moncton, de Victoria à Vancouver, de Saint-Jean, Terre-Neuve à Montréal et de Québec à Sept-Îles.

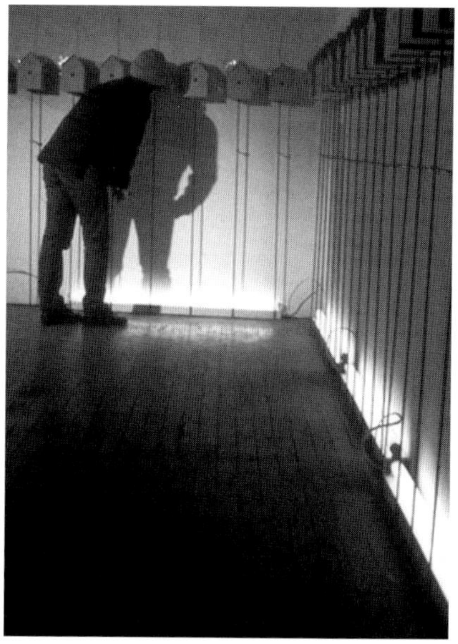

___ On comprend, à l'examen des œuvres qu'invente Jocelyn Robert, qu'elles sont une tentative de traduction des phénomènes qu'il observe dans le langage artistique et que ce langage recourt à toutes les dimensions sensorielles possibles. Il réalise au milieu des années quatre-vingt-dix, à la Music Gallery de Toronto, une œuvre jamais rééditée depuis mais très éloquente : *Pentium vs Kasparov*. Il s'agit d'une performance sonore, élaborée en solo autour du déroulement de la partie d'échecs historique qui opposa l'ordinateur Deep Blue au champion russe Garry Kasparov en 1995 et qui fut remportée par la machine. Jocelyn Robert construit d'abord un échiquier dont les 64 cases ainsi que les 32 pièces sont fabriquées en métal. Chaque case est reliée à

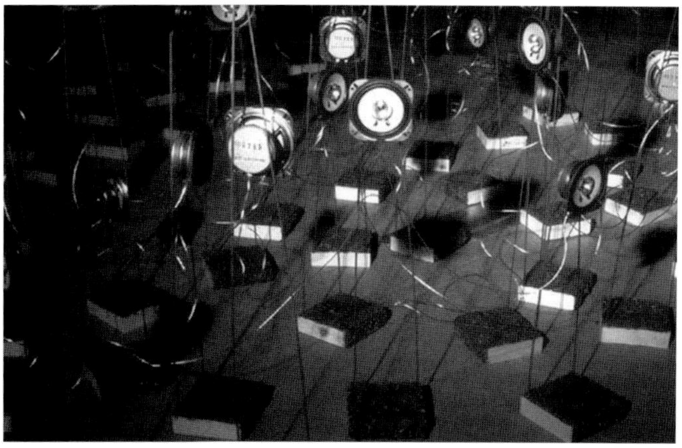

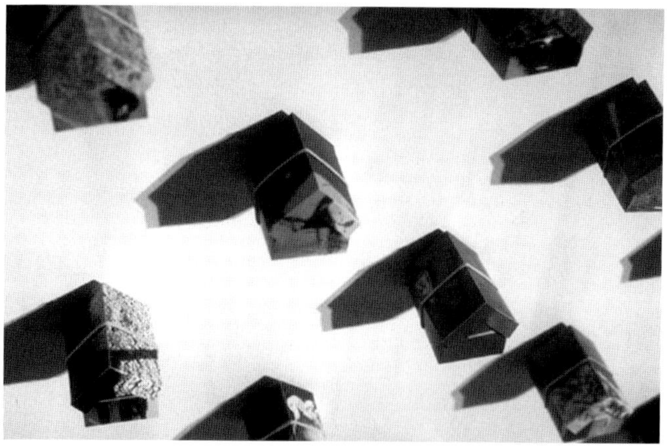

Environ 8 000 kilomètres

un des 64 haut-parleurs constituant le système. Au début de la performance, les haut-parleurs sont distribués dans l'assistance. Puis, les coups de l'affrontement entre la machine et l'homme sont rejoués sur l'échiquier, le son de la trame conçue pour l'occasion se déplaçant dans les haut-parleurs suivant le jeu déployé par les adversaires. Par ce dispositif d'action en direct et grâce à l'intervention des spectateurs, ces derniers tiennent entre leurs mains, mais ensemble, une manifestation sonore de l'événement d'origine qui trouve à s'incarner dans l'espace physique. Ils détiennent un moment de l'histoire, avec cet arrêt sur image d'un tournant dans le destin humain désormais soumis aux paramètres technologiques.

___ Le travail en collaboration, comme on l'a dit plus haut, est fondamental dans la démarche de Jocelyn Robert. Que ce soit avec Diane Landry, une complice de longue date, au sein du collectif Avatar qu'il a fondé à Québec en 1993, ou avec des artistes tels que Laetitia Sonami, Christof Migone, Gilles Arteau, Louis Ouellet, Robert Faguy, le GOD'AR (Grand orchestre d'Avatar), Bruit TTV, Michael Snow, Éric Gagnon, Georges Azzaria, Fabrice Montal, Daniel Jolliffe ou Émile Morin, il faut attribuer à l'artiste plus d'une vingtaine d'années d'engagement dans des projets réalisés en collaboration. Avec les deux derniers en particulier, il s'est investi dans un ambitieux concept qui a généré, sur trois années de recherche à partir de 1999, l'installation audio vidéo informatique *La salle des nœuds*, développée en plusieurs phases. La première étape s'est effectuée avec la collaboration d'Émile Morin et s'est déroulée lors du Symposium d'art actuel de Moncton tenu pendant le Sommet de la francophonie de 1999, alors que des participants de Moncton, de Québec et de la Côte d'Ivoire étaient invités à soumettre des sons et des portraits captés sur vidéo et transmis sur le site de l'installation par Internet. Il en a résulté un espace physique et artistique conjuguant plusieurs expériences sensorielles et produisant de multiples relations entre les données virtuelles, les visiteurs réels et les diverses formes explorées. Une projection vidéo, 120 haut-parleurs et autant de relais électriques ont permis de mettre en œuvre une véritable organisation de stimuli et de générer un enchaînement rapide d'effets visuels et sonores.

___ *La salle des nœuds 2.2 (Pedestrian Movements)*, fruit d'une collaboration avec Daniel Jolliffe et présentée à Artspeak Gallery de

its meaning by being put back on the road and exhibited on a cross-Canada tour, restoring the physical, geographic and artistic circuit of these fragments of territorial identity, from Alma to Moncton, Victoria to Vancouver, Saint John's to Montreal and Quebec City to Sept-Îles.

___ In examining the works invented by Jocelyn Robert, one sees them as an attempt to translate observed phenomena through the language of art, which relies on every possible sensorial dimension. At the Music Gallery, Toronto, in the mid-1990s, he created an eloquent work that was never re-created: *Pentium vs Kasparov*, a sound performance he developed on his own around the historic 1995 chess match in which the computer Deep Blue defeated Russian master Garry Kasparov. Jocelyn Robert first constructed a chess set, a 64-square board and 32 chessmen, all of metal. Each square was connected to one of 64 loudspeakers that were distributed among the audience at the beginning of the performance. Then, as the confrontation between man and machine was replayed on the chessboard, the soundtrack conceived for the occasion passed from loudspeaker to loudspeaker according to the adversaries' moves. With this live-action mechanism and audience

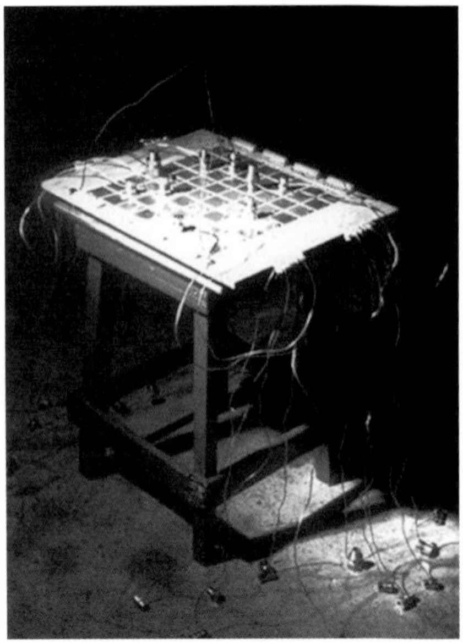

Pentium vs Kasparov

Vancouver à l'automne 2000, récupère de l'information à partir d'un réseau satellite cette fois-ci, la transmet au moyen d'un receveur GPS installé dans la galerie et la convertit en musique interprétée sur un Disklavier (piano à cordes qui s'apparente au piano mécanique mais qui est doté d'un système électromécanique permettant de contrôler les marteaux), également exposé. Dans cette œuvre, un volume faramineux de données est capté en direct pendant cinq semaines puis converti en une impressionnante quantité d'indices sonores. Plusieurs phénomènes sont pervertis : les données produites par des mécanismes de surveillance par satellite à caractère potentiellement militaire ; la composition musicale reposant sur des données imprévisibles ; le statut de compositeur de musique et d'interprète ; la raison d'être des réseaux de technologie de l'information. Pour Lorna Brown, cette salle des nœuds a aussi pour effet de « subvertir le privilège de la vision comme moyen d'appréhension et de contrôle des sujets observés » alors que « la quantité et la proximité des satellites sont entendus et ressentis plutôt que visuellement saisis[10]. »

—— La version suivante, réalisée avec Émile Morin et présentée à la Walter Phillips Gallery à Banff en 2001 *(La salle des nœuds 3)*, pousse encore davantage la recherche et la complexité du projet en élargissant et réunissant la notion d'espace de transmission et d'espace de réception. Suivant cette nouvelle formulation, « la complexité du rapport entre temps et espace, soutenue par les sons en provenance des haut-parleurs, par le cliquetis irrégulier des relais électriques et par les images projetées sur l'écran, est encore accentuée par la faiblesse de l'éclairage qui ne permet pas de bien discerner les limites physiques de l'espace[11] ». L'ensemble de ce projet, avec la possibilité qu'il offre d'expérimenter en direct ses potentialités dans des espaces d'exposition appropriés, s'est avéré particulièrement fertile. Dans sa foulée, Jocelyn Robert met au point en 2002, toujours avec Émile Morin, *Leçon de piano*, projet impliquant l'écriture d'un texte en images vidéographiques projetées sur les touches d'un piano Disklavier pendant que ces touches sont pressées simultanément par l'ordinateur. L'ajout d'un code de couleur à ces deux langages a pour conséquence de générer un véritable palimpseste d'images et de sons et d'en exposer le flux de façon continue et globale.

K K K K K K K K K K K K

intervention, spectators held in their hands – but as a group – an aural manifestation of the original event, brought to life in physical space. They truly grasped a moment in history with this freeze-frame of a turning point in human destiny now subject to technological parameters.

—— As stated above, collaboration is fundamental to Robert's process. Whether with his long-time accomplice Diane Landry, in the collective Avatar, which he founded in 1993, or with artists like Laetitia Sonami, Christof Migone, Gilles Arteau, Louis Ouellet, Robert Faguy, the GOD'AR (Grand orchestre d'Avatar), Bruit TTV, Michael Snow, Éric Gagnon, Georges Azzaria, Fabrice Montal, Daniel Jolliffe or Émile Morin, he has been participating in group projects for more than two decades. With Jolliffe and Morin in particular, Robert took part in an ambitious concept that, over three years' research beginning in 1999, generated the audio-visual computer installation *La salle des nœuds*, which developed in stages. The first stage, carried out with Émile Morin, took place at the Moncton Symposium d'art actuel, during the 1999 Francophone summit, when participants from Moncton, Quebec City and Côte d'Ivoire were invited to transmit to the installation site, via the Internet, sounds and portraits captured on video tape. The result was a physical and artistic space combining various sensory experiences and producing various relationships between the virtual data, the real visitors and the forms explored. A video projection, 120 loudspeakers and as many electronic relays initiated a veritable organization of stimuli that rapidly linked visual and sound effects.

—— *La salle des nœuds 2.2 (Pedestrian Movements)* – the fruit of a collaboration with Daniel Jolliffe presented at Artspeak Gallery, Vancouver, in fall 2000 – retrieved information from a satellite network and transmitted it to a GPS receiver in the gallery to be played as music by a Disklavier (an acoustic piano like a player piano, but whose hammers are operated electromechanically). A bewildering volume of data collected directly over five weeks was converted into an imposing quantity of sound indications. Some phenomena were distorted: the data produced by satellite surveillance mechanisms of a potentially military nature; the musical composition based on unpredictable data; the status of composer and performer; the raison d'être of technological information systems. According to Lorna Brown, "This room of knots

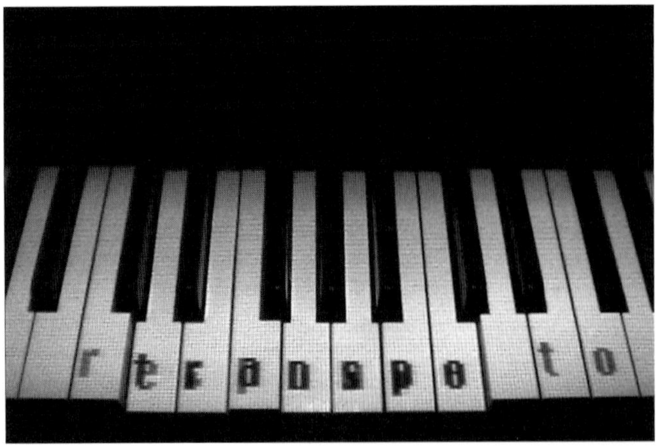

___ Le corpus inventé par Jocelyn Robert défie la catégorisation générique convenue. Issues d'« un savoir tout terrain », les œuvres s'appuient sur des connaissances et des intuitions qui n'assignent pas le savoir à résidence, mais bien au contraire, le poussent au nomadisme. Que ce soit dans les arts du son, du visuel, par le texte ou en recourrant aux technologies récentes des arts médiatiques, la pratique de Jocelyn Robert se caractérise par une inévitable remise en cause du champ visuel, surtout lorsqu'il s'agit de requalifier des rôles liés à la composition, à l'utilisation de révélateurs aléatoires et à l'adaptation d'une instrumentation technologique, et de faire basculer des notions imputables à la jonction entre le son et l'image, et entre le dicible et le figurable. Elle s'enracine dans une sorte de flux mobile de la pensée domestiquée par le langage, mais qui pourtant s'écoule, s'échappe, s'exhale avec le souffle. Elle fait effraction dans le langage de la langue, en ralentissant les mots et les gestes, en stimulant cette part non parlante qui survit en chacun.

or nodes also subverts the privilege of vision as key to the apprehension and control of observed subjects; the quantities and proximity of the satellites are heard and felt rather than visually tracked."[10]

___ The subsequent version, *La salle des nœuds 3*, realized with Émile Morin and presented at the Walter Phillips Gallery in Banff in 2001, pushed the project's complex research even further by broadening and unifying the notion of transmission space and receiving space. In this new formulation, "The complexity of space and time, accentuated through sounds from the speakers, the arrhythmic clicking of the electronic relays, and the images on the screen, is further emphasized by the fact that the lighting is kept such that one cannot discern boundaries of the physical space very well."[11] This project as a whole, with the opportunity it provides for directly experiencing its possibilities in appropriated exhibition spaces, proved particularly fertile. Again with Émile Morin, in 2002, Jocelyn Robert developed *Leçon de piano*, which involved writing a text in video images projected on the keys of a Disklavier piano at the same time they were being depressed by a computer. The addition of a colour code to these two languages generated a palimpsest of images and sounds and exposed its flow, continuously and globally.

___ The corpus invented by Jocelyn Robert defies customary categorizations. Issuing from a broad background, the works are backed by information and intuitions that do not assign knowledge a permanent address but encourage it to be nomadic. Whether audio or visual art, text-based or media art that makes use of recent technology, Robert's practice lets the visual field again lie inevitably fallow, above all when it redefines the roles associated with composition, the use of aleatory developers and the adaptation of technological instruments, and topples notions imputable to the junction between sound and image, between the sayable and the figurable. It takes root in a sort of mobile flux of thought, domesticated by language, but which flows, escapes, exhales with the breath. It breaks into the language of language, slowing down words and gestures, and stimulating the non-speaking part that survives in each of us.

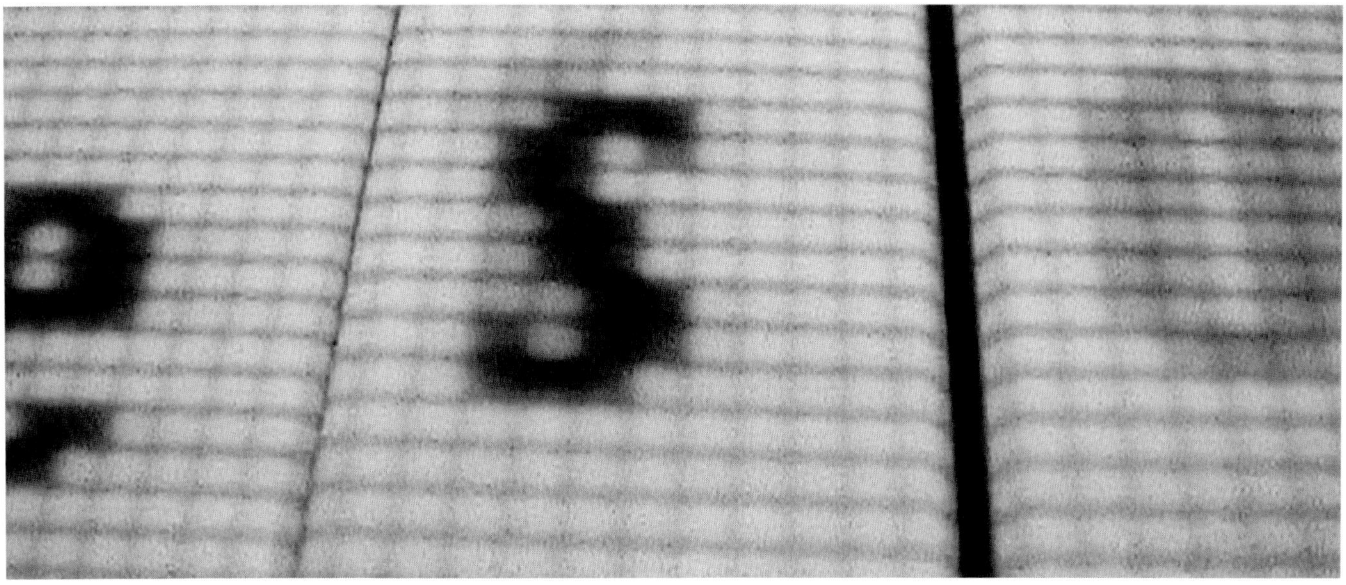

Leçon de piano

3 Les projets de sons, de textes et d'images de Jocelyn Robert se présentent à l'écoute, à la lecture et au regard comme un univers empreint d'une forte sensibilité poétique. Ils constituent un creuset de représentations du monde capable de nous faire croire que le rêve ne peut être confisqué malgré les troubles qui marquent notre époque. Devant les images de Jocelyn Robert, par exemple quand un avion peut redevenir un oiseau en retrouvant les inflexions sonores et les mouvements de vol qui caractérisent sa source (*L'invention des animaux*, 2002), on veut à tout prix s'attacher et s'accrocher au désir de voir les images se relayer parce qu'un jour, comme le dit Jean Louis Schefer, « le soleil va s'éteindre[12] ». L'objet représenté dans l'œuvre, parce qu'il est souvent banal ou trivial, reflète une disposition de l'artiste à révéler l'ordinaire de la vie, à *re*mobiliser ou à *re*muer ce qui est quelconque ou commun. Son intérêt principal réside dans la *banalytique*, selon une de ses expressions, donc dans la trajectoire banale de l'humain commun. Les choses de la quotidienneté, qu'il sait lire avec acuité et poésie voient, sous sa manière, leur caractère réinventé et révélé avec humilité, même si les moyens de cette révélation empruntent aux technologies nouvelles et à des savoirs particuliers. Il faut se demander comment le réinvestissement de ces objets visuels et sonores par Jocelyn Robert, souvent si simples, peut s'affirmer comme acte de résistance au paradoxe des progrès technologiques et à la spectacularisation des pratiques médiatiques de l'art.

L'ŒUVRE EXPOSÉE_

ou comment examiner de près les œuvres choisies pour cette exposition

THE EXHIBITION OF THE WORK_

toward a closer examination of the works chosen for this exhibition

Jocelyn Robert's sound, text and image projects present themselves to be listened to, read and gazed upon as a world imprinted with a strong poetic sensibility. They constitute a crucible of representations of the world capable of making us understand that dreams cannot be confiscated despite our troubled times. Before Jocelyn Robert's images, for example when an airplane turns into a bird by taking on the aural inflections and flight patterns of its model (*L'invention des animaux*, 2002), one grows attached and clings at all cost to the desire of seeing the images carry on in turn, because one day, as Jean Louis Schefer says, "the sun will go out."[12] Because the object represented in the work is often common or trivial, it reflects the artist's tendency to reveal the ordinary, to *re*motivate or *re*-move what is banal or insignificant in life. His interest lies in *banalytics*, to use one of his expressions, in the routine of the common human being. Under his treatment, the character of the everyday things he can read with such acuity and poetry is reinvented and humbly revealed, even if the means of this revelation draw upon new technologies and specialized knowledge. One must wonder how the reinvestment of these often simple visual and aural objects of Jocelyn Robert's can assert itself as an act of resistance before the paradox of technological progress and the spectacularization of media art practices.

3

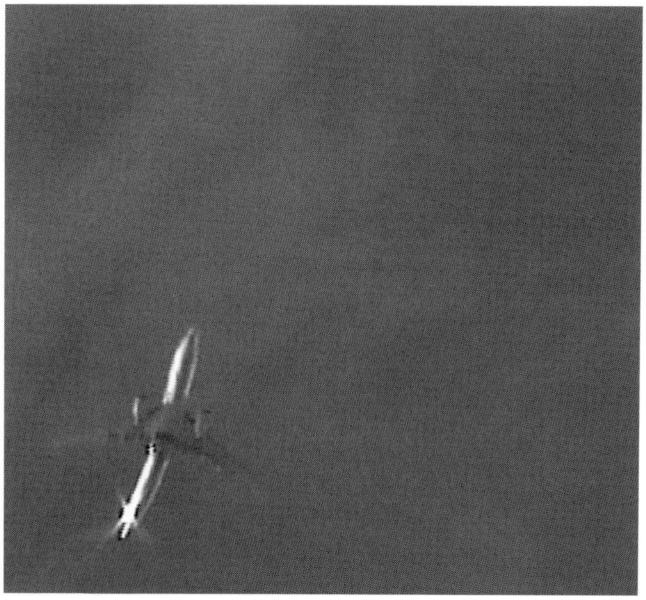

L'invention des animaux

____ Dans ses installations, Jocelyn Robert explore de multiples relations entre le sujet et l'objet, entre le privé et le public, entre le poétique et le politique, entre le moment présent et le temps qui dure. Si le travail est avant tout conceptuel et la forme accessoire, les stratégies d'expression, parce qu'elles s'avèrent aussi bien actives que réactives, se combinent fréquemment au sein de projets impliquant des manipulations de la part des visiteurs. C'est le cas de l'installation interactive *I Had a Canary, but It's Not Dead Yet*, conçue et réalisée au Banff Centre en 1992 et exposée ici pour la première fois. Dans cette œuvre, l'artiste transforme un piano droit en l'équipant de petits moteurs électriques installés à l'intérieur de la caisse. Chaque moteur est pourvu d'une lanière de plastique qui frotte contre les cordes lorsqu'il est actionné. Les fils électriques qui relient les moteurs à leur pile sont connectés à des ustensiles de cuisine, couteaux et fourchettes qui, lorsqu'ils entrent en contact, ferment le circuit, ce qui a pour effet d'actionner les moteurs et de produire un frottement sur les cordes. Ainsi, les spectateurs/convives découvrant le piano et la table dressée à proximité avec sa nappe à carreaux rouges et ses couverts sont amenés à créer eux-mêmes la musique d'accompagnement de leur repas ou du moins

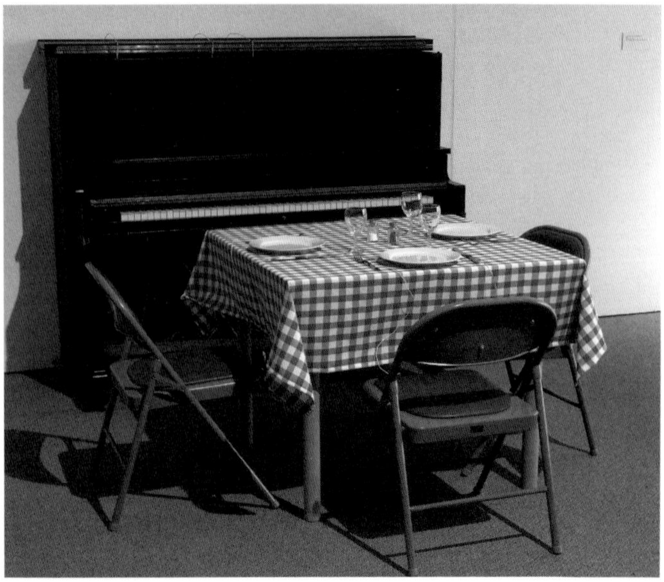

INSTALLATIONS_

M M M M M M M M M M M M

INSTALLATIONS_

____ In his installations, Robert explores multiple relationships between subject and object, private and public, poetical and political, the present moment and enduring time. If the work is above all conceptual and its form remains accessory, the strategies of expression, because they are both active and reactive, frequently combine with projects involving manipulations on the part of visitors. This is the case with the interactive installation *I Had a Canary, but It's Not Dead Yet*, conceived and executed at the Banff Centre in 1992 and exhibited here for the first time. In this piece, the artist instals small electric motors inside an upright piano. Each motor has a plastic strap that rubs against the strings when the motor is turned on. The wires that connect the motors to their batteries are attached to eating utensils, knives and forks that, when they touch, close the circuit, activating the motors to produce a rubbing against the strings. Thus, the spectators/guests discovering the piano and the table nearby, laid with a red-checked tablecloth and place settings, are led to create an accompaniment to their meal or at least imagine the possibility. By relying on one of his fetish objects, the piano, Robert introduces the principle of an audio scenario that, however aleatory it may be, must nonetheless be *performed* in order for the work to truly exist. One of the artist's first uses of sound, objects and manipulation, *I Had a Canary, but It's Not Dead Yet* was executed during a period rich in performance projects that Jocelyn Robert carried out with several artists and collaborators in the stable of Obscure or during artist's residencies. It is also typical of his installations, whose artistic potential resides in a double reality, exhibited and performed. This work with strictly mechanical components anticipates the highly complex projects *La salle des nœuds* and *Leçon de piano*, which use digital technology.

____ *AB Box*, an excerpt of the original installation reworked for the present exhibition, was first realized in 1993 in collaboration with Diane Landry. Meant as an interactive composition for a group of not more than seven people, it was an enquiry into the distinction between the concepts of group and crowd. The idea was to determine the number of participants that could act as a group while remaining individuals, as well as the number at which one is subject to crowd reflexes and submits to the ideas of one or more leaders. The initial installation included various objects exhibited in the space and a three-quarters circle of

à en imaginer la possibilité. Jocelyn Robert introduit ici, en recourant à un de ses objets fétiches, le piano, le principe d'un scénario sonore qui, si aléatoire soit-il, doit cependant être performé pour que l'œuvre existe véritablement. Il faut dire que *I Had a Canary, but It's Not Dead Yet*, une des premières installations de l'artiste engageant le son, l'objet et la manipulation, a été réalisée pendant une période fertile en projets de performances avec plusieurs artistes et collaborateurs, dans l'entourage d'Obscure ou lors de résidences d'artistes. Elle se trouve ainsi typique de ses installations, lesquelles trouvent leur potentialité artistique dans une double réalité, exposée et performée. Cette œuvre, aux composantes strictement mécaniques, anticipe pourtant les projets fort complexes de *La salle des nœuds* et de *Leçon de piano* qui, elles, impliqueront un recours aux technologies numériques.

—— Le projet *AB Box*, extrait de l'installation d'origine remanié pour la présente exposition, a d'abord été réalisé en 1993 avec la collaboration de Diane Landry. Il se voulait alors une composition interactive à l'échelle d'un groupe ne dépassant pas sept personnes. Il s'agissait en fait d'une recherche sur le nombre de participants permettant d'établir une distinction entre les notions de groupe et de foule. L'idée consistait à évaluer à partir de quel nombre il faut être pour agir en groupe tout en étant capable de demeurer soi-même, puis à partir de quel nombre on devient sujet aux réflexes de foule qui impliquent une soumission aux idées d'un ou de plusieurs meneurs. L'installation initiale comportait des objets divers exposés dans l'espace et sept chaises placées en trois-quarts de cercle, munies d'accoudoirs sur lesquels étaient attachées des plaques de cuivre. La pression des mains, en faisant varier le courant électrique du circuit, avait ainsi la propriété d'actionner, par le truchement d'un logiciel spécialement conçu, les divers sons, mouvements et éclairages des objets de l'installation. Dans cette œuvre, une personne seule était à même de définir son impact sur les objets tandis que plusieurs participants pouvaient produire beaucoup plus de variations mais leur contrôle individuel s'en trouvait amoindri.

—— Dans la version réitérée aux fins de la présente exposition, Jocelyn Robert et Diane Landry conservent un élément d'origine, un podium étagé sur lequel se trouvent un ordinateur, un synthétiseur, un haut-parleur et, sur le dessus, quelques gobelets de verre transparent.

N N N N N N N N N N N N

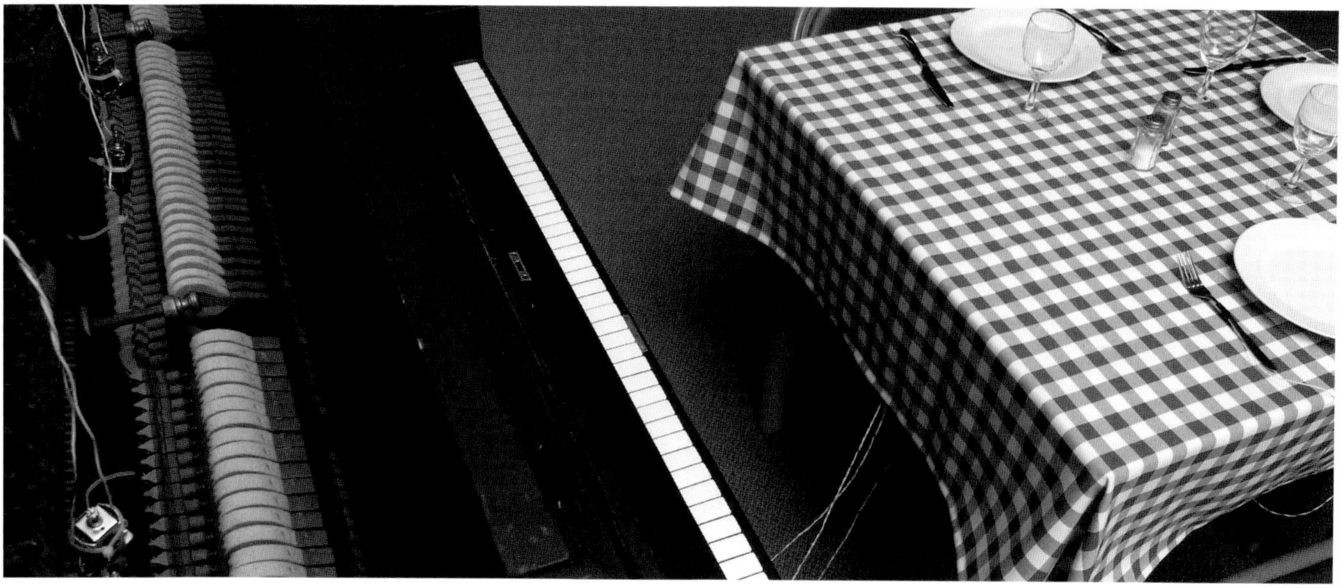

I Had a Canary, but It's Not Dead Yet

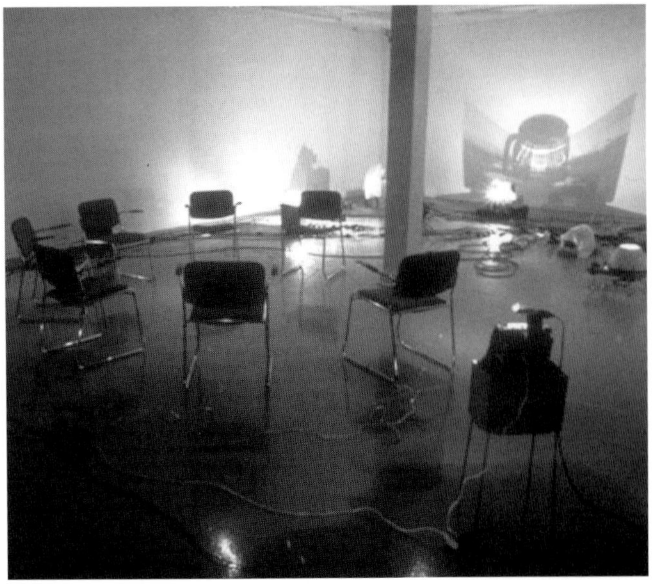

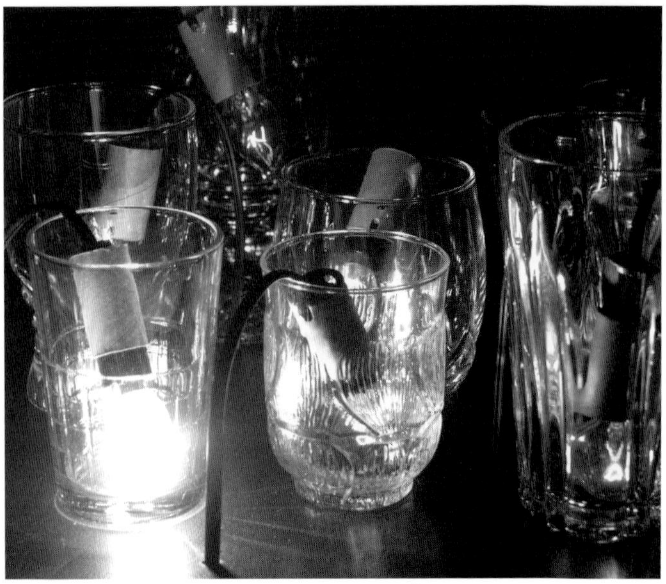

AB Box

seven chairs with copper plates attached to the armrests. By varying the current of the electrical circuit, hand pressure activated the sounds, movements and lighting of the objects in the installation by way of specially designed software. In this work, a person alone could define his impact on the objects, while several participants could produce many more variations, but their individual control was diminished.

—— In the present exhibition's reworked version, Jocelyn Robert and Diane Landry have kept the original element: a tiered podium with a computer, synthesizer, loudspeaker and, on top, some transparent tumblers. Wires ending in small electric light bulbs set in each glass connect all the elements and a random computer sequence generate the sound and light effects. Diffracted by the glass of the tumblers, the light is cast onto the surrounding walls like a shadow play, while sounds, a sort of high-pitched clicking, spread through the space like an echo. As in a number of the artist's works, the system promotes the perception of visual and aural phenomena and an understanding of the systems that produce them.

—— Since the mid-1990s, Jocelyn Robert has been incorporating video into his installations. "I am not a videomaker," he wrote in 1998. "I am not even interested in talking about video. I simply have some ideas whose final output takes the form of video images."[13] In 1996, he recorded and edited by computer the images of three short silent videos: *Vermeer* and *Snowmobile*, which are exhibited, and *Colville*. The references to art history are obvious. But these works display a new interest in images' movement in relation to time, space and framing. Using software to edit each of the images with excruciating precision, Jocelyn Robert works like a weaver stringing the loom's warp and weft stitch by stitch, a process that puts him in contact with each fragment and instant of the image. "Each image of each thirtieth of a second of even a short clip," the artist explained in regard to *Vermeer*, "conceals an entire painting, with its perspectives and vanishing points. And to perform the reverse process: to reconstruct… to discover the essence of an image, even in motion, and to render unto Vermeer the things that are Vermeer's."[14]

—— The question of motion, time and instability is symptomatic of these three works. The tipping and turning of images must be put in

Des fils, dont l'extrémité est munie d'une petite ampoule électrique déposée dans chaque verre, relient tous ces éléments et une séquence déterminée par l'ordinateur génère des éclairages et des effets sonores. La lumière est diffractée par l'épaisseur de verre des gobelets et se reporte en ombre chinoise sur les murs environnants tandis que les sons, eux, sorte de cliquetis aigus, se propagent en écho dans l'espace. Comme dans plusieurs œuvres de l'artiste, il s'agit ici d'un système favorisant la perception de phénomènes visuels et sonores et la compréhension des systèmes qui les produisent.

___ À partir du milieu des années quatre-vingt-dix, Jocelyn Robert intègre la vidéo à ses installations. « Je ne suis pas un vidéaste, écrivait-il en 1998, ça ne m'intéresse même pas de parler de vidéo, j'ai simplement des idées dont l'*output* final prend la forme d'images vidéo[13]. » En 1996, il enregistre et monte sur ordinateur les images de trois courtes œuvres vidéo sans son dont deux sont exposées ici, *Vermeer* et *Snowmobile*, la troisième étant *Colville*. Les références artistiques y sont manifestes. Mais on découvre dans ces œuvres un intérêt nouveau pour le caractère mouvant de l'image établi dans son rapport au temps, à l'espace et au cadrage. Jocelyn Robert, par l'exercice laborieux que requiert le montage précis de chacune des images à l'aide d'un logiciel, travaille comme un tisserand montant sur le métier le fil et la trame point par point, processus qui le met en contact avec chacun des fragments et des instants de l'image. « Dans chaque image de chaque trentième de seconde d'une bande même mince, explique l'artiste à propos de *Vermeer*, se cache un tableau entier, avec ses perspectives et ses points de fuite. Et de refaire le parcours à l'inverse : de reconstruire (...) pour découvrir l'essentiel d'une image, même en mouvement, et de rendre à Vermeer ce qui est à Vermeer[14]. »

___ La question du mouvement, du temps et de l'instabilité est symptomatique de cette triade d'œuvres. Précisons tout de suite que le mouvement de bascule de l'image est à mettre en rapport avec plusieurs objets fétiches de l'artiste. Il évoque d'ailleurs, comme dans plusieurs images et projets montrant des patins, des berceaux de chaise, ou des arcs de cercle, le mouvement d'une œuvre déconcertante de simplicité, *Machines*, réalisée en 1991. Cette sculpture, qualifiée d'active par l'artiste, est réalisée avec de simples baguettes de bois

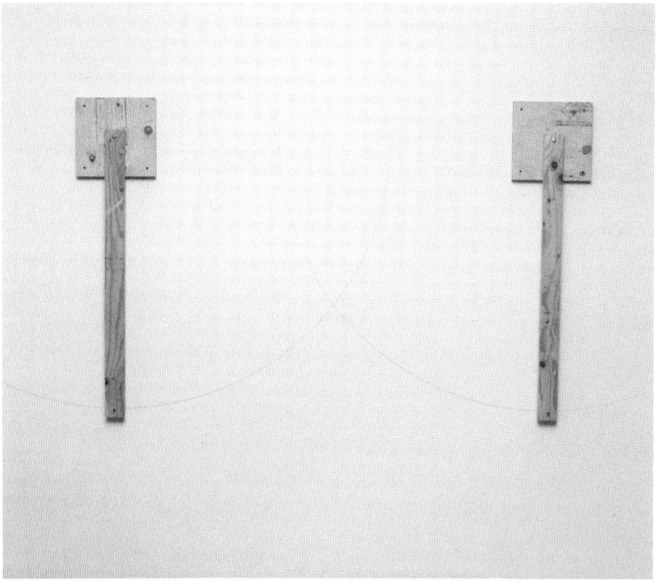

Machines

relation to several of the artist's fetish objects. It furthermore recalls – as in several images and projects showing ice skates, rocking chair runners, or arcs of a circle – the motion of a simple work realized in 1991, *Machines*. This sculpture, which the artist calls active, consists of wooden boards made into devices for tracing perfect geometries, each board terminating in a metal point that describes a curve on the wall when manipulated by the visitor. In the same way, the images of *Vermeer*, *Snowmobile* and *Colville*, which have already been projected or presented on a computer screen various times, produce an oscillation, a pitch and roll that makes you think the image's movement was created by the alteration of a temporal fragment to let it breathe, *show* it. According to Jean Louis Schefer, "Time has become plastic. It is the threat of a decomposition of the image immobilized."[15] This has nothing to do with the motion proper to the movies, where the unfurling of the image, its unwinding, pre-empts its construction.[16]

___ *The State of the Union*, a 2003 installation with video projection and sound effects, is much more complex, both conceptually and materially. Inspired by a passage from American science-fiction novelist

qui deviennent des dispositifs pour tracer des géométries parfaites, l'extrémité de chaque pièce se terminant par une pointe métallique qui imprime une courbe sur le mur lorsqu'elle est manipulée par le visiteur. De la même manière, les images de *Vermeer*, *Snowmobile* et *Colville*, déjà présentées à diverses occasions soit sur écran d'ordinateur, soit en projection, produisent un effet d'oscillation, de tangage qui laisse penser que c'est l'altération d'un fragment temporel qui a créé le mouvement de l'image, pour la faire respirer, pour la faire monter. Selon Jean Louis Schefer, « le temps est devenu plastique. Il est la menace d'une décomposition de l'image immobilisée[15] ». Rien à voir avec le mouvement propre au cinéma où le défilement de l'image, son déroulement, fait préemption sur sa construction[16].

____ L'installation avec projection vidéo et effets sonores *The State of the Union*, de 2003, est beaucoup plus complexe, tant conceptuellement que matériellement. Inspirée d'un passage du roman de l'auteur américain de science-fiction Kurt Vonnegut, *Slaughterhouse-Five*, elle montre également des liens avec un certain cinéma expérimental. Il faut dire que Jocelyn Robert est tout spécialement et depuis longtemps en contact avec Michael Snow, dont le travail cinématographique s'est distingué par son exploration des phénomènes de la persistance rétinienne, de « l'extase optique », de la vitesse de l'image et du passage du temps. Mais on a toutes les raisons de croire que d'autres cinéastes comme Ernie Gehr, par exemple, ont nourri, chez Jocelyn Robert, sa vision de l'image transformée à l'intérieur de systèmes conceptuels qui rapprochent les arts visuels d'un certain cinéma d'avant-garde[17]. Dans *The State of the Union*, il fait montre de deux attitudes particulières. La première relève d'une conception politique et traduit, en raison des images qu'il a principalement sélectionnées dans des archives de la Deuxième Guerre mondiale, une réflexion sur le pouvoir et les régimes totalitaires. La deuxième concerne l'astuce dont il fait usage en renversant le sens de défilement des images pour suggérer que la marche du monde gagnerait à s'interrompre, voire à s'inverser en un procédé de flash-back qui assurerait, par cette régression, une sorte de faille, un décalage narratif dans le cours du monde. La puissance pathétique des images, malgré l'ironie de leur récession et le péril de leur évocation, est doublée d'un effet sonore angoissant, sorte de rumeur grésillante de mauvais contacts électriques qui accompagne de son irrégularité

Kurt Vonnegut's *Slaughterhouse Five*, it also shows links with experimental film. For some time, Jocelyn Robert has had a special contact with Michael Snow, whose cinematic work is distinctive for its exploration of the phenomena of the retinal after-image, of "optical ecstasy," the speed of the image and the passage of time. But there is reason to believe that other filmmakers, Ernie Gehr for example, have inspired Robert's vision of the image transformed within conceptual systems that bring the visual arts close to avant-garde cinema.[17] In *The State of the Union*, he displays two specific attitudes. The first has to do with a political concept and, because of the images he chose mainly from World War II archives, conveys a reflection on power and totalitarianism. The second concerns running the images backwards to suggest that the march of events would benefit by being interrupted, even reversed in a flashback that would open a fault line, a narrative disparity in the course of the world. The emotional power of the images, despite the irony of the backward movement and the peril they evoke, is doubled by an agonizing sound effect, like the crackling of bad electrical contacts, that accompanies the images' motion with its rhythmic irregularity. In front of the glass screen that receives the impression of recent history cast by the video projection, in the summary decor of everyday banality for this installation, we are given over to issues we cannot believe are truly divested of their destructive force.

____ The exhibition also includes two new works. In *Cafe Dolci* (2004), a digital video installation shown on an LCD monitor attached to a music stand, Robert turns his attention to the imprint of the image, to its traces. Using a film clip he recorded of passersby on a San Francisco street, he digitally knits images together in 30-second sequences that revolve around an element of the action frozen like a fixed point in the moving image. Each in turn, the passersby are riveted as a reference point, a stable pivot, despite the movement of the image, and surprisingly, they are immobilized not in relation to the frame but in relation to the screen. Moreover, they are imposed on the image like an imprint, a mark, like stigmata visible during the whole animated sequence as it crosses the screen from side to side, taking the frame of the image with it as it goes. To interpret the image, you must be able to unfold it despite its movement.

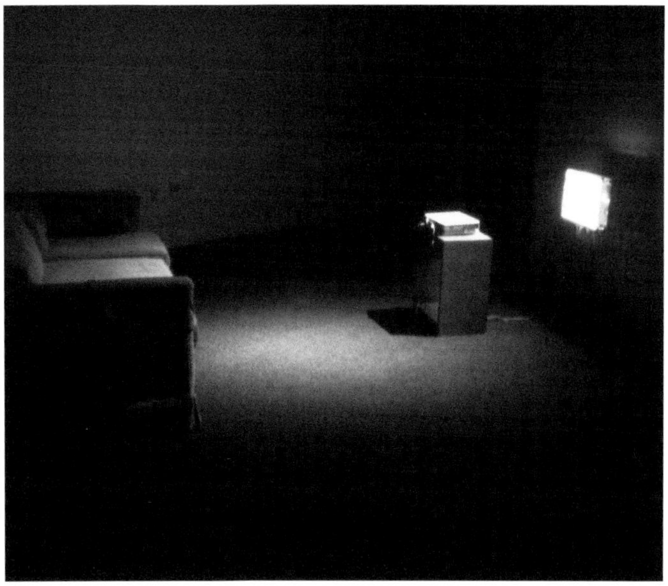
The State of the Union

rythmique le mouvement des images. Devant l'écran de verre qui reçoit l'empreinte de l'histoire récente transportée par la projection vidéo, dans le décor sommaire du quotidien banal mis en place pour cette installation, nous sommes livrés à des enjeux dont nous ne pouvons croire, aujourd'hui, qu'ils soient véritablement dépouillés de leur force destructrice.

___ Deux nouvelles œuvres font également partie de cette exposition. Dans *Cafe Dolci* (2004), installation vidéo numérique diffusée sur un écran à cristaux liquides fixé sur un lutrin de musicien, Jocelyn Robert s'intéresse à l'empreinte de l'image, à ses traces. À partir d'un petit bout de film qu'il a enregistré lui-même dans une rue de San Francisco où des passants défilent, il tisse les images à l'ordinateur en déterminant des séquences d'environ 30 secondes, chacune se développant autour d'un élément de l'action qui est maintenu immobile, comme un point fixe dans la mobilité de l'image. Chaque passant se trouve ainsi figé à tour de rôle comme élément de référence, comme pivot stabilisé malgré le mouvement de l'image et, chose étonnante, il se trouve immobilisé non pas en relation avec le cadre de l'image mais bien par

___ While pushing the technological range of *Cafe Dolci* further in terms of editing and overlapping images, the other new work uses one of Robert's recurrent formal elements, the disk. *Fontaine* (2005) is based on the rotation of a tricycle wheel activated by a child in a sideways movement from the front and the back. In this case, the play of the two movements is produced in opposite directions while the image's edges oscillate from top to bottom and the tricycle oscillates from left to right. Intermittently one notices that, at a certain point in the sequence, the wheel is fixed in relation to the screen and, as if rolling over itself, the tricycle straddled by the child then begins to turn on its radius. By carefully observing each sequence, one sees that here too the image weaves around a stationary point of view, for example the child's foot. The projector, sitting on a chair, projects the image onto the bottom of a cardboard box placed opposite it.

___ Here, as in a number of Robert's projects, the spareness of the process and the simplicity of the effect are procured at the price of patient work of image weaving. This involves not only a vision on the part of the artist but also a *pre*vision of the image and its effect. For the spectator, it presupposes an aptitude for close observation, as the fixed nucleus of the image only appears in its stability. Rather, it makes visible what Georges Didi-Huberman calls, in reference to the philosophy of Bergson, "the moving milieu of appearing."[18] The extreme technological potential of these new works in no way dilutes their poetic dimension, which confirms beyond the shadow of a doubt that art, here, knows no master.

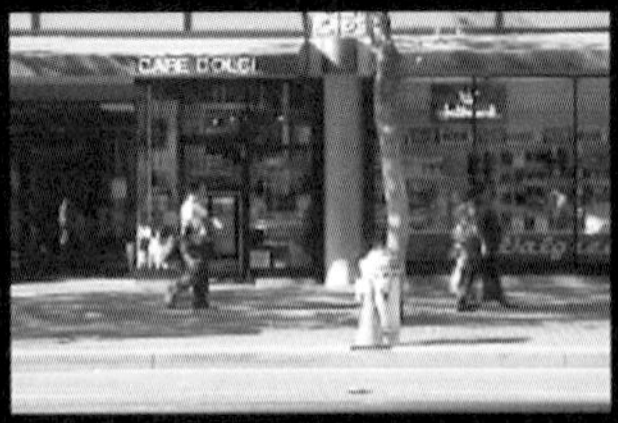

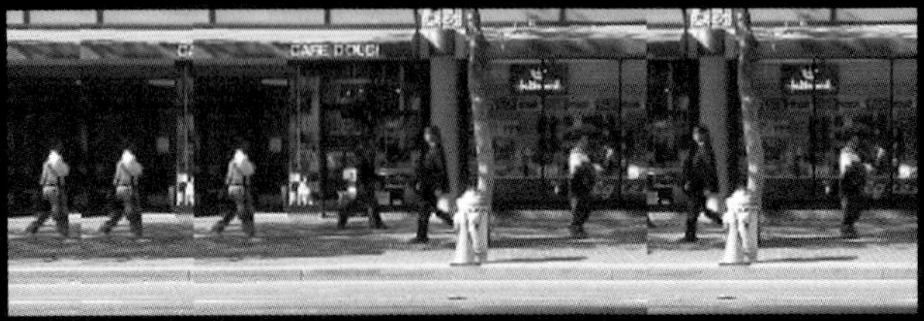

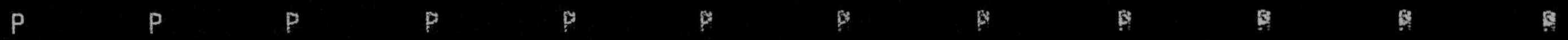

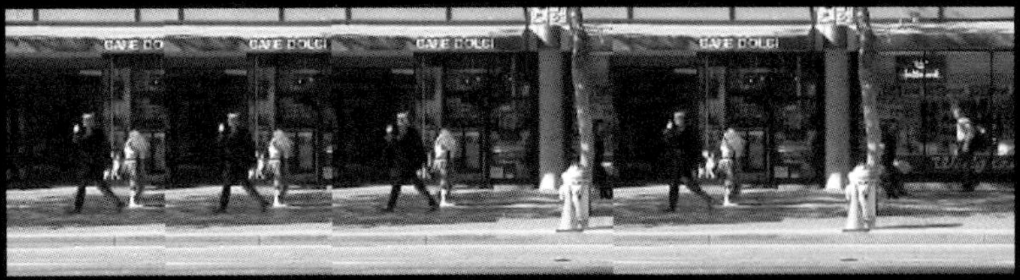

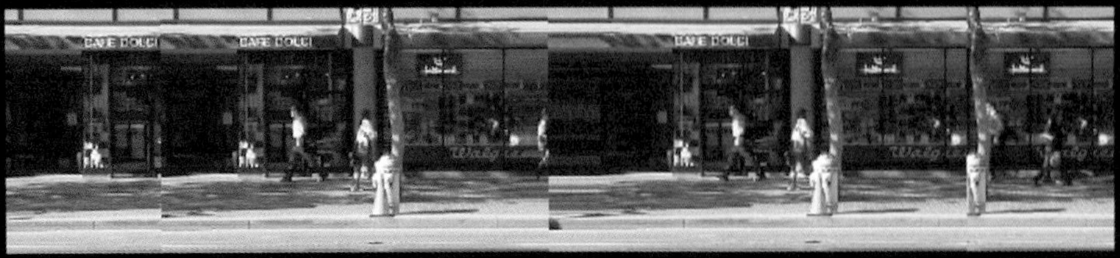

Cafe Dolci

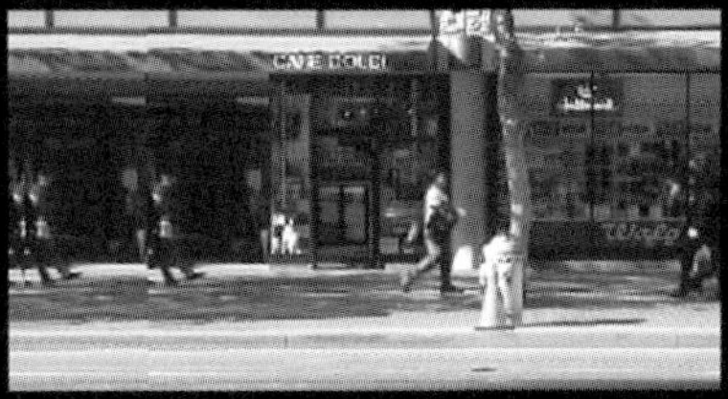

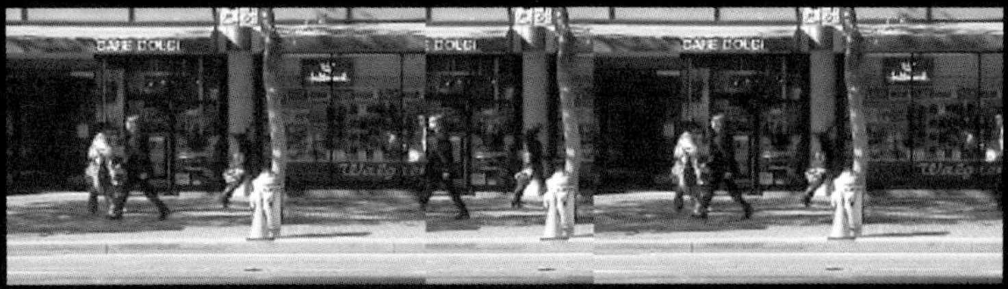

Q Q Q Q Q Q Q Q Q Q Q Q

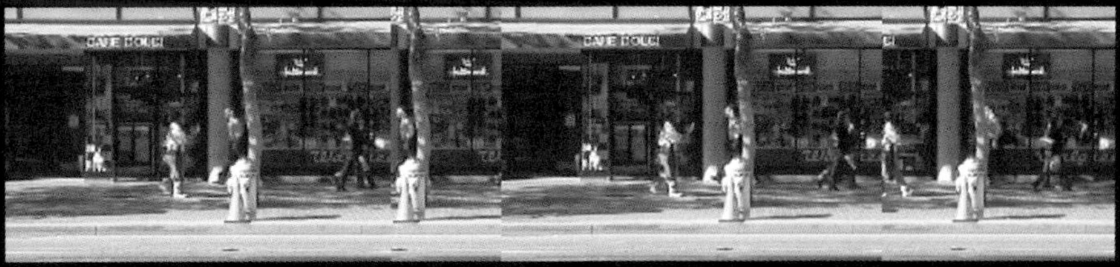

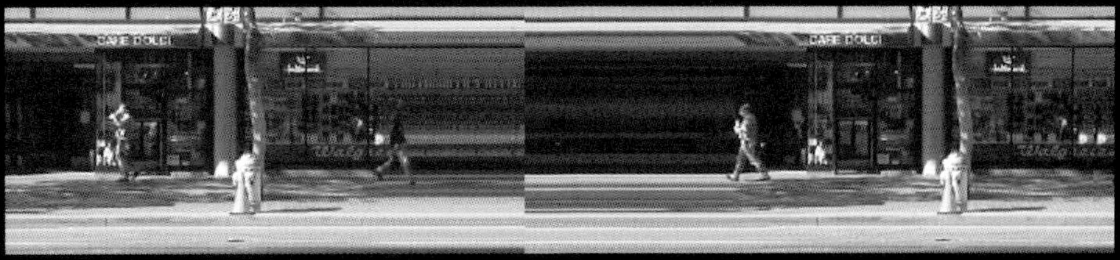

rapport à l'écran lui-même. Qui plus est, il s'impose dans l'image comme une empreinte, une marque, voire un stigmate visible pendant toute la séquence animée qui se déploie latéralement, le traversant de part et d'autre, entraînant le cadre de l'image sur son passage. Pour interroger l'image, il faut pouvoir la déplier malgré le mouvement qui l'agite.

____ L'autre œuvre a ceci de particulier que tout en poussant plus loin la portée technologique de *Cafe Dolci* en termes de travail de montage et d'imbrication d'images, elle fait usage d'un des éléments formels récurrents chez Jocelyn Robert, le disque. *Fontaine* (2005) est élaborée à partir du mouvement circulaire de la roue, ici la roue d'un tricycle qu'active un enfant dans un mouvement horizontal d'avant et d'arrière. Dans ce cas, le jeu de deux mouvements se produit en alternance alors que les bordures de l'image oscillent de haut en bas et le tricycle, de gauche à droite. De façon intermittente, on constate que la roue, comme si elle s'enroulait sur elle-même, se fixe à un certain moment de la séquence par rapport à l'écran et que c'est le tricycle chevauché par l'enfant qui se met alors à tourner autour du rayon. En observant bien chaque séquence, on s'aperçoit que le tissage de l'image s'effectue ici aussi autour d'un point de vue immobilisé, par exemple le pied de l'enfant. L'appareil de projection est placé sur une chaise et diffuse l'image au fond d'une boîte cartonnée placée devant.

____ Ici, comme dans plusieurs projets de Jocelyn Robert, le dépouillement du dispositif et la simplicité de l'effet ne sont obtenus qu'au prix d'un patient travail de tisserand de l'image. Ce processus implique pour l'artiste non seulement une vision mais également une *pré*vision de l'image et de son effet. Pour le spectateur, il suppose une aptitude à l'observation fine, car le nœud fixe de l'image n'apparaît pas dans sa stabilité. Il rend plutôt visible ce que Georges Didi-Huberman appelle, en référence à la philosophie de Bergson, « le milieu mouvant de l'apparaître[18] ». Fait à noter, l'extrême potentiel technologique de ces nouvelles œuvres ne dissout en rien leur dimension poétique, ce qui confirme sans l'ombre d'un doute que l'art, ici, ne connaît pas d'asservissement.

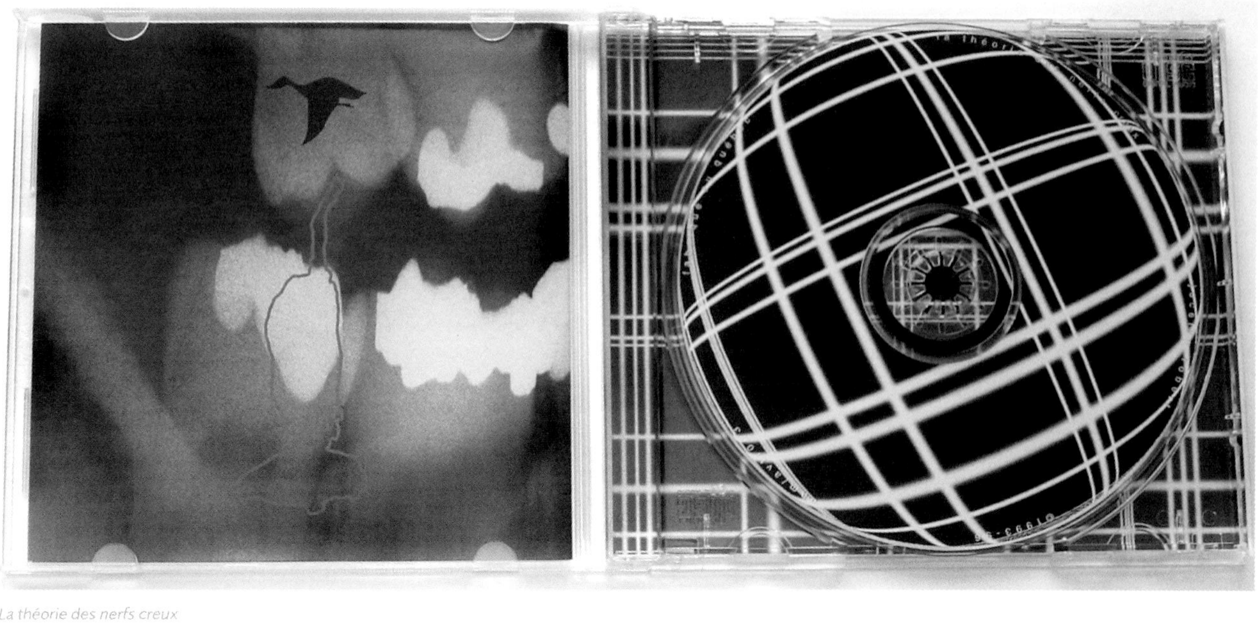

La théorie des nerfs creux

——— Dans les projets d'art audio de Jocelyn Robert, le son est perceptible comme un corps mobile. Souvent préfabriqué, il est recomposé à l'intérieur d'une trame qui procède d'un réel travail de montage, de collage, d'harmonisation. La compilation d'œuvres audio présentées ici montre bien l'arborescence d'effets qui reposent sur des dispositifs de production souvent aléatoires et se fixent sur des temps friables et composites. Véritables morceaux sonores nullement exempts de hasards esthétiques et de savantes rythmiques, souvent tout au bord de la musique sans en être, ce travail autoriserait presque que soit attribué à l'artiste, sans pour autant forcer une désignation musicale de ses œuvres, le titre de compositeur. « Une des différences fondamentales entre la musique et l'art audio est que dans l'art audio, nous explique-t-il, le son est secondaire. La composante principale de la musique est le son. L'intérêt d'une pièce d'art audio peut se trouver dans l'acte de l'artiste, dans le lieu de l'œuvre, dans les objets qu'il utilise, dans le moment choisi pour le faire, dans la référence historique, sans que le son n'ait d'intérêt véritable en soi, pour lui-même. Une autre façon de définir, ou en tout cas d'indiquer le champ de l'art audio, est : le travail artistique sonore qui n'est pas de la musique[19]. »

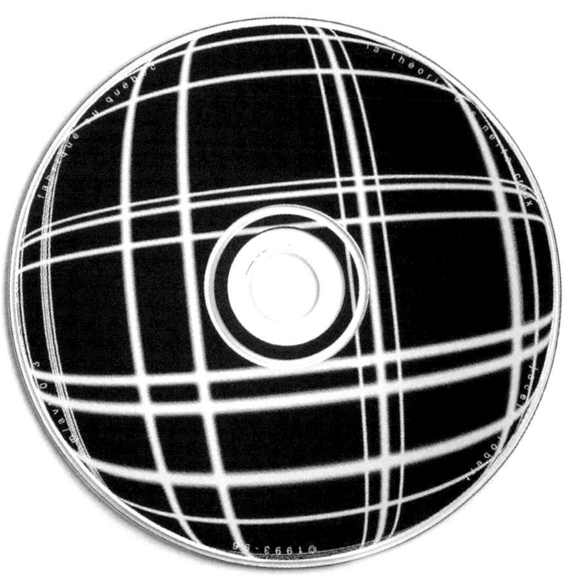

ŒUVRES SONORES_

AUDIO WORKS_

In Jocelyn Robert's audio art projects, sound is perceptible as a moving body. Often prefabricated, it is recomposed in a network that results from a process of mixing, collaging, harmonizing. The compilation of audio works presented here clearly shows the arborescence of effects that rest on often aleatory production mechanisms and are fixed on frangible and composite time. True sound pieces in no way exempt from aesthetic hazards or expert rhythmics, often on the verge of being music, but not music, this work almost justifies calling the artist a composer, without for as much foisting upon his compositions the designation of music. "One of the basic differences between music and audio art," he explains, "is that in audio art, the sound is secondary. The main component of music is sound. The interest in a piece of audio art may lie in the act of the artist, the site of the work, the objects it uses, the moment chosen to do it, the historical reference, without the sound having a true interest in and of itself. Another way to define it, or at least to indicate the field of audio art, is as 'aural artistic work that is not music.'"[19]

——— Despite the very particular syntax Jocelyn Robert develops through a triangulation of sound, text and video, he respects the form proper to each medium, conscious of the distance it is fitting to take from the cinematic tradition, where sound and text are subordinate to the image. Listening to his audio works raises no doubts as to the specific nature of such projects where the metaphorical dimension is predominant. This is the case with *La théorie des nerfs creux*, from 1996, about which he has said, "The nervous system is far from being continuous. It is made of particles that oscillate on their own wave, generating a soft electrical thunder in your nerves and coincidentally waking you up to the idea that you are thinking."[20]

——— This brief statement invites us to conceive of *La théorie des nerfs creux* as an allegory of the thinking being that we are. The work is constructed entirely of sounds recorded over the years, but not specifically for this project. The sound, digitized on DAT (digital audio tape), is manipulated on the tape itself and not by computer. Drawing upon his archives, Robert creates an impressive sonic spectre, extensive and tentacular, in order to convey the activity of the human nervous system in all its febrile complexity. The compressed and nearly uninterrupted sampling of *La théorie des nerfs creux* – a sort of sound portrait or

—— Jocelyn Robert, malgré cette syntaxe très particulière qu'il développe dans une pratique triangulaire entre le son, le texte et l'image vidéographique, valorise le respect de la forme propre à chacun d'eux, conscient de la distance qu'il conviendrait de prendre avec la tradition cinématographique où le son et le texte sont subordonnés à l'image. L'écoute de ses travaux sonores ne soulève aucun doute quant à la nature spécifique de ces œuvres où la dimension métaphorique est prépondérante. C'est le cas de *La théorie des nerfs creux*, de 1996, qu'il introduit ainsi : « Le système nerveux est bien loin de l'ininterrompu. Il est fait de particules oscillant et générant des tensions hasardeuses de plus ou moins grande intensité qui étincellent à chaque x centième d'une seconde, leur addition par coïncidence provoquant un tonnerre doux qui vous éveille à l'idée que vous êtes pensant[20]. »

—— Par ce court texte, l'artiste nous invite à concevoir *La théorie des nerfs creux* comme une allégorie de l'être pensant que nous sommes. L'œuvre est construite uniquement de sons enregistrés au fil des années sans qu'aucun n'ait été spécialement capté pour ce projet. Le son, digitalisé sur ruban DAT (*Digital Audio Tape*), est manipulé sur le ruban lui-même et non pas sur un ordinateur. En puisant ainsi dans ses archives, Jocelyn Robert crée un impressionnant spectre sonore, étendu et tentaculaire, afin de traduire la nature complexe et l'activité fébrile du système nerveux humain. Sorte de portrait ou de paysage sonore témoin des connexions, des ramifications et des arborescences neuronales, l'échantillonnage compressé et quasi ininterrompu de *La théorie des nerfs creux* mixe et déploie des milliers d'extraits audio : brouhaha du quotidien, bruit de vaisselle et d'ustensiles, crissement de chaussures sur le sol gelé, bruit de pas, froissement du papier et notes de piano se mêlent à des rumeurs plus corporelles, voix humaines, fragments de parole, battements de cœur, soupirs, etc. Ce chœur audible, ce corps tonal tissé de témoins électroniques et mécaniques intra et extra corporels nous plongent dans une tentative de reconnaissance sonore périlleuse en raison de la multitude, de la brièveté et de la vitesse de défilement des échantillons. Il n'a de cesse de réactiver la mémoire des sons et aiguise davantage, dans l'effort qu'exige le fait de se souvenir et de nommer, une activité neuronale sans cesse relancée par la conscience des manques, des oublis, des rebondissements mnémoniques, etc. L'œuvre nous rend conscients

landscape showing neuronal connections, ramifications and arborescences – mixes and deploys thousands of audio excerpts: the hubbub of everyday activity, the clatter of dishes and utensils, the crunch of shoes against the frozen ground, footsteps, the rustle of paper and the tone of a piano mingle with more bodily sounds like the human voice, spoken fragments, heartbeats and sighs. Such a chorus of sounds, such a tonal corpus woven from electronic and mechanical evidence within and without the body plunges us into an attempt at sound recognition made trickier by the samplings' number, brevity and speed. This chorus never ceases reactivating the memory of sounds and, in the effort required by the act of remembering and identifying, further sharpens a neuronal activity endlessly relaunched by the awareness of lacks, memory lapses, mnemonic rebounds and so on. The work makes us aware of ourselves as a body of sound and alive to the echo of an external world that acts as a resonating chamber.

—— *Le piano flou*, a double CD made at Obscure in 1995 with sounds recorded at the Banff Centre in 1992, is not only an example of the distance Robert establishes from the notion of music but also a way of

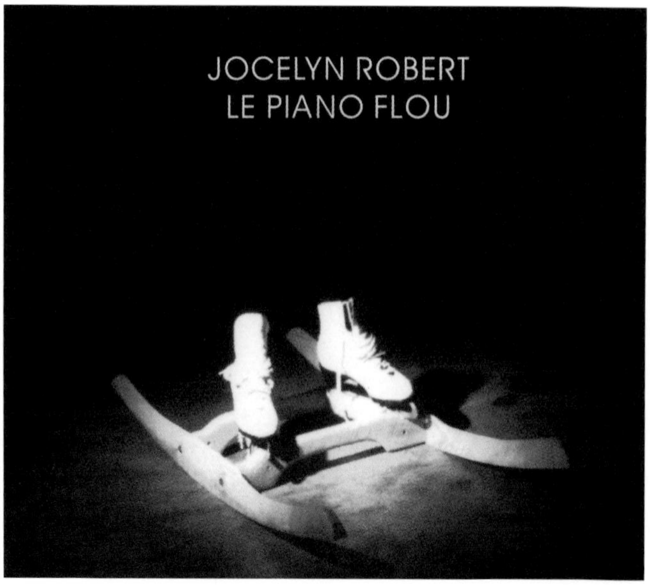

du corps sonore que nous sommes et présents à l'écho d'un monde extérieur qui agit comme caisse de résonance.

____*Le piano flou*, un CD double réalisé à Obscure en 1995 avec des sons enregistrés au Banff Centre en 1992, est non seulement un exemple de la distance que crée Jocelyn Robert avec la notion de musique, mais une manière d'attirer exclusivement l'attention sur la dimension sonore qui peut naître de la musique, sans volonté de créer une œuvre musicale[21]. Cette distance réside également dans le qualificatif pour le moins étrange qu'il donne au piano : celui d'être flou, terme réservé à l'image, plutôt que désaccordé, mot convenant davantage à un instrument de musique.

____L'œuvre se développe suivant trois modes d'interaction qui se fondent les uns dans les autres : les particularités liées à l'exécution pianistique de Jocelyn Robert ; les caractéristiques mêmes de l'ordinateur ; et les spécificités du Disklavier Yamaha. Pour réaliser cette œuvre, l'artiste s'est livré à l'exécution de plusieurs exercices au piano : le martèlement d'une même touche jusqu'à ce que la fatigue du bras génère des écarts croissants avec le tempo du métronome et oblige finalement l'artiste à s'interrompre ; la percussion de notes au rythme du métronome figurant à l'écran de l'ordinateur, en suivant une cadence qui s'accélère au point de produire un déphasage entre le son et l'image ; l'exécution d'une *Invention* de Bach apprise pendant l'enfance et rejouée de mémoire jusqu'à ce qu'elle soit restituée à peu près intégralement ; la répétition de gammes, d'arpèges et d'autres exercices que l'artiste tente d'aligner sans y parvenir tout à fait, etc.

____Toutes les pièces du *Piano flou* résultent de la manipulation numérique de certains paramètres au moyen de logiciels spécialement conçus par l'artiste afin de retracer et d'amplifier les hésitations, les erreurs et les imprécisions pianistiques qui sont imputables à son jeu ou à l'ordinateur. Ce sont ces erreurs qui donnent à l'œuvre sa *définition* (non pas son flou) et qui se trouvent interprétées sur le Disklavier, regroupées sous des plages dont les noms sont souvent apparentés au vocabulaire de la musique : *Arpeggio*, *La leçon*, *Gammes*, *Stretched Notes*. Jocelyn Robert s'intéresse aux différences fonctionnelles entre le piano électromécanique et le piano classique. Celui-ci, explique-t-il, « est venu offrir à l'artiste toute une gamme de sons générés par des cordes frappées – ce qui est

attracting attention exclusively to the sonic dimension that can arise from music, without any intention of creating a piece of music.[21] This distance is also inherent in his description of the piano as out of focus – a term commonly applied to images – and not out of tune, as would ordinarily be said of a musical instrument.

____ The work develops three modes of interaction that merge: the particularities of Robert's piano playing; the characteristics of the computer; and the specifications of the Yamaha Disklavier. In creating this work, the artist performed various piano exercises: hammering a single key until his arm was so tired he could not keep up with the metronome and eventually had to stop; striking notes in synch with the metronome on the computer screen, following a cadence that accelerates to the point of creating a phase difference between sound and image; playing over and over a Bach Invention learned as a child, until his memory of it was more or less completely restored; practising scales, arpeggios and other exercises, trying to rattle them off without exactly managing to, and so forth.

____All the pieces of *Le piano flou* result from the digital manipulation of certain parameters, using software specially designed by the artist to retrace and amplify the hesitations, errors and imprecisions imputable to his piano playing or to the computer. It is these errors that give the work its *definition* (not its blurriness). They are performed by the Disklavier, grouped together in areas often with music-related titles: *Arpeggio, La leçon, Gammes, Stretched Notes*. Jocelyn Robert is interested in the functional differences between the electromechanical piano and the classical piano. The latter, he explains, "has come to offer the artist an entire range of sounds generated by the striking of strings – which is in itself quite curious – and now, with the Disklavier, one tries to control it with computers that require it to do things it was not designed for – in terms of speed, velocity, the same note played several times at once ... Which makes this piano generate sounds that are proper to it, hesitations, tremors."[22]

____ This observation provides a context for raising questions about what a composer and a musical composition are. One cannot deny that this sound piece, like several others by Robert, involves the

en soi assez curieux – et maintenant, avec le Disklavier, on essaie de le contrôler avec des ordinateurs qui lui demandent de faire des choses pour lesquelles il n'a pas été conçu – soit en termes de vitesse, de vélocité, de jouer plusieurs fois la même note en même temps... Ce qui fait que ce piano génère des sons qui lui sont propres, des hésitations, des tremblements[22] ».

___ Cette réalisation offre un contexte propice au questionnement sur les notions de compositeur et de composition musicale. On ne peut nier qu'il y ait ici, comme dans plusieurs œuvres sonores de Jocelyn Robert, un vrai travail de compositeur, puisque celui-ci part d'une matière première – les sonorités produites par un instrument de musique –, qu'il soumet à des procédés de transformation et qu'il arrange littéralement en fonction d'une vision sonore. Mais la vision sonore de cet artiste, qui sait très bien se situer entre l'idée de la musique et « la musique à idées[23] », est conceptuelle et « amusicale ». Elle n'est pas attribuable à une intention proprement musicale, même si elle opère en fonction de caractéristiques comme le rythme, l'harmonie, l'accord, le touché, le phrasé, etc. De plus, *Le piano flou*, qui relève d'abord d'un processus de recherche et d'expériences en studio, n'a pas été absolument conçu comme une œuvre destinée à être gravée. De fait, elle ne le fut que trois ans après la production des matériaux sonores, et elle s'est développée, entre 1992 et 1998, en versions de performance. On se réjouit d'ailleurs à l'idée d'imaginer la stupeur (*stupo*) qu'ont dû manifester les participants de la Glenn Gould International Conference de Toronto en 1992, où Jocelyn Robert a présenté en concert *Le piano flou* dans le contexte d'une participation du Media Arts Program du Banff Centre[24]. Le programme de performances impliquant l'utilisation d'ordinateurs et la participation du public, en parallèle avec l'événement Gould créé pour commémorer le soixantième anniversaire de naissance du pianiste et le dixième de son décès, avait pour but de montrer comment les nouvelles technologies et l'interactivité transforment la façon de faire et d'entendre la musique, de même que d'offrir un aperçu du studio d'enregistrement de l'avenir. À n'en pas douter et suivant la perception de l'époque, ces nouveaux développements durent intriguer le public, malgré le contexte d'un événement consacrant le plus grand pianiste canadien, lequel s'était si extraordinairement intéressé à la recherche sonore et aux technologies d'enregistrement.

composer's true work, since composers take raw material – the sounds produced by a musical instrument – and transform it, literally arranging it in tune with a sonic vision. But the *sonic vision* of this artist who clearly knows his place between the idea of music and "the music of ideas"[23] is conceptual and "amusical." It does not grow out of a properly musical intention, even though it operates as a function of rhythm, harmony, chords, touch, phrasing and so forth. Furthermore, *Le piano flou*, which relates first to a process of research and experimentation in the recording studio, was not absolutely conceived as a recorded work. In fact, it was not recorded until three years after the production of the sound material, and between 1992 and 1998, it evolved in performance versions. It is a source of bemusement to imagine the consternation and stupor (*stupo*) there must have been at the Glenn Gould International Conference in Toronto in 1992, when Robert presented *Le piano flou* in concert, as part of the Banff Centre Media Arts Program's contribution.[24] The program of performances involving the use of computers and audience participation, in conjunction with the conference commemorating the sixtieth anniversary of the birth and the tenth anniversary of the death of Glenn Gould, was meant to

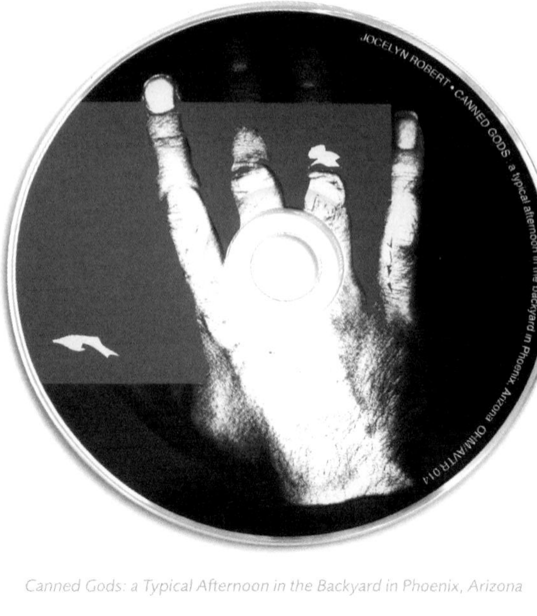

Canned Gods: a Typical Afternoon in the Backyard in Phoenix, Arizona

En 1996, alors qu'il séjourne au Western Front de Vancouver, Jocelyn Robert entreprend le projet *Canned Gods: a Typical Afternoon in the Backyard in Phoenix, Arizona*. Entièrement conçue à partir d'une banque de sons préenregistrés sur disques compacts, l'œuvre est éditée en 1999 chez Avatar à Québec (Ohm éditions). Un constat très simple est à l'origine de ce projet d'art audio et tient au fait que depuis que des technologies d'enregistrement du son existent, des inventaires sonores ont été dressés et archivés dans des bibliothèques spécialisées. L'artiste remarque que ces collections, utilisées principalement par l'industrie cinématographique et télévisuelle et dans les dramatiques radiophoniques, constituent un véritable inventaire de l'imaginaire sonore d'une culture. Il prend acte des différences pouvant exister, par exemple, entre des collections anglaise, australienne ou américaine et décide de s'attarder à celles des États-Unis en utilisant des sons que les Américains ont eux-mêmes choisi de préserver et d'archiver. Le mythe américain du *melting pot* transparaît dans ce montage de sons préfabriqués que Jocelyn Robert transforme, synthétise et harmonise pour lui donner sa richesse de timbres, de textures, de tessitures, de rythmes, voire de mélodies. Les neuf plages du disque (*street*, *war # 1*, *pop # 1*,

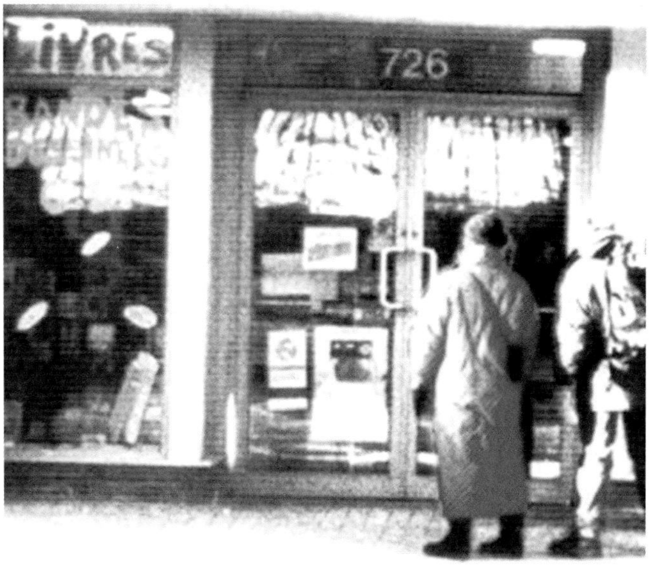

Under the Influence

show how the new technologies and interactivity change the way of making and listening to music and to provide a glimpse of the recording studio of the future. In keeping with the perception at the time, these new developments no doubt fascinated the public, despite their being presented at an event devoted to the greatest Canadian pianist, who was so extraordinarily interested in sound research and recording technologies.

At Western Front in Vancouver in 1996, Jocelyn Robert undertook the project *Canned Gods: A Typical Afternoon in the Backyard in Phoenix, Arizona*. Conceived entirely from a bank of recorded sounds on compact disks, the work was released by Avatar in Quebec City (Ohm éditions) in 1999. At the root of this audio art project lay a simple observation, hinging on the fact that since sound recording technologies have existed, sound effects have been accumulated and archived in libraries specializing in sound. The artist remarks that these collections, used mainly in the TV and movie industry and radio plays, constitute a repertoire of the sonic imagination of a given culture. He noted the differences that may exist between an English, Australian and American collection, for example, and decided to concentrate on the portrait of the United States, using sounds Americans themselves chose to archive. The myth of the melting pot shows through in this montage of prefabricated sounds, which Jocelyn Robert transforms, synthesizes and harmonizes to give it rich timbre, texture, register, rhythm and melody. The disk's nine tracks (*street, war #1, pop #1, home, pop #2, roots, art, war #2, streethome*) present a cultural fresco filled with signs of the southern United States, with its church bells, seagulls, automobile horns, military bands and so on. "When you consider these banks overall," Robert has said, "you get the impression you are looking at something like a book or boxful of pictures covering the whole country."[25] From such a cultural catalogue representing a part of the United States, the artist put together a work that in no way resembles a rudimentary, purely chance collage. On the contrary, it has all the subtle and sophisticated sound qualities that express the artist's standards of research and composition.[26]

Jocelyn Robert, a notable master of audio art, has undertaken quite a few projects and experiments in collaboration with other artists,

home, *pop # 2*, *roots*, *art*, *war # 2*, *streethome*) présentent une fresque culturelle riche d'indices sur le Sud états-unien, avec ses cloches d'église, ses goélands, ses klaxons d'automobile, sa musique militaire, etc. « Quand on considère ces banques dans leur ensemble, indique Jocelyn Robert, on a l'impression d'avoir devant soi comme une sorte de livre ou une boîte d'images qui prétendrait faire le tour d'un pays[25]. » De ce catalogue culturel représentant une partie des États-Unis, l'artiste fabrique une œuvre qui n'a rien d'un collage rudimentaire et purement aléatoire. Il s'agit au contraire d'une réalisation aux qualités sonores subtiles et sophistiquées qui traduisent les exigences de recherche et de composition de l'artiste[26].

—— Jocelyn Robert s'est illustré comme maître de l'art audio, multipliant les projets et les expériences et les réalisant souvent en collaboration avec d'autres artistes ou dans leur sillage. La présence de Michael Snow, qui fréquente régulièrement les studios d'Avatar depuis leur ouverture, n'est pas négligeable. Alors que la réalisation du coffret *Michael Snow 3 phases* les réunit, Jocelyn Robert profite des pauses pour enregistrer, à l'insu de Snow, des petits segments pianistiques directement influencés par son style. À chaque jour, il tente d'apprendre un peu de son jeu, accumulant des extraits qu'il utilisera ensuite comme « mémoire différée ». L'inventaire des séquences de *Under the Influence* a été assemblé au cours des mois qui ont suivi la production du coffret de Michael Snow. Certains des sons utilisés se retrouvent également dans le projet *JazzBasters*, réalisé en 1999.

—— Les collaborations de Jocelyn Robert sont également fréquentes dans des expérimentations radiophoniques. Par exemple, *Dumpster Diving with Nixon*, émission radio réalisée en 2002 pour Radio Basse Ville, Québec, lui permet d'exprimer une certaine vision de la mondialisation, avec des sons de différentes cultures extraits de plusieurs disques de *World Music*. Les sons, mixés à l'aide du logiciel MRN créé à Avatar par David Michaud et Pierre-André Arcand, sont groupés en plages identifiées suivant un registre géopolitique qui traduit aussi bien l'humour de l'artiste que la lucidité de sa lecture du monde : *Arborigenics*, *Afrimerica*, *Eastrope*, etc. Le projet, annoncé sous trois titres différents (*Dumpster Diving with Nixon*, *Qwerty* et *The Qwerty's*) a connu 14 variations graphiques pour l'emballage.

or in their wake. The presence of Michael Snow, who has worked at the Avatar studios regularly since they opened, is not negligible. When the recording *Mickael Snow 3 phases* brought the two together, Robert took advantages of breaks at the sessions to record brief segments at the piano in a style directly influenced by Snow's. Every day, he tried to learn something from the way he played, accumulating excerpts to be used later as a "deferred memory." The repertoire of sequences in *Under the Influence* was put together in the months that followed the production of Snow's CDs. Some of the sounds used are also found in *JazzBasters*, done in 1999.

—— Collaboration is also frequent in radio experiments. For example *Dumpster Diving with Nixon*, a radio broadcast realized in 2002 for Radio Basse Ville, Quebec City, enabled the artist to express a vision of globalization, with sounds from different cultures extracted from recordings of music. The sounds, blended with MRN software created at Avatar by David Michaud and Pierre-André Arcand, are grouped in tracks identified according to a geopolitical register that conveys both the artist's humour and the lucidity of his reading of the world: *Arborigenics*, *Afrimerica*, *Eastrope* and the like. The project had three titles (*Dumpster Diving with Nixon*, *Qwerty* and *The Qwerty's*), and the packaging had fourteen different graphic designs.

—— In his audio art projects, Jocelyn Robert experiments with two contexts of intervention: modifying an existing space by adding sound elements; and creating, on an analogue or digital support, a virtual audio space with sounds taken from existing environments. In both situations, he endeavours to fashion a sonic framework permeable to reality, as if a sensitive porosity existed between them. Robert's audio art production acts like a seismograph, communicating sparse, invisible environmental data.

___ Dans ses projets d'art audio, Jocelyn Robert s'attache à expérimenter deux contextes d'intervention : soit il modifie un espace existant par l'ajout d'éléments sonores, soit il crée, sur un support magnétique ou numérique, un lieu sonore virtuel au moyen de sons prélevés dans des environnements existants. Dans ces deux situations, il s'emploie à façonner un cadre sonore perméable à la réalité, comme s'il existait entre les deux une porosité sensible. La production d'art audio de Jocelyn Robert prend l'aspect d'un sismographe qui traduit de façon perceptible des données invisibles ou éparses de notre environnement.

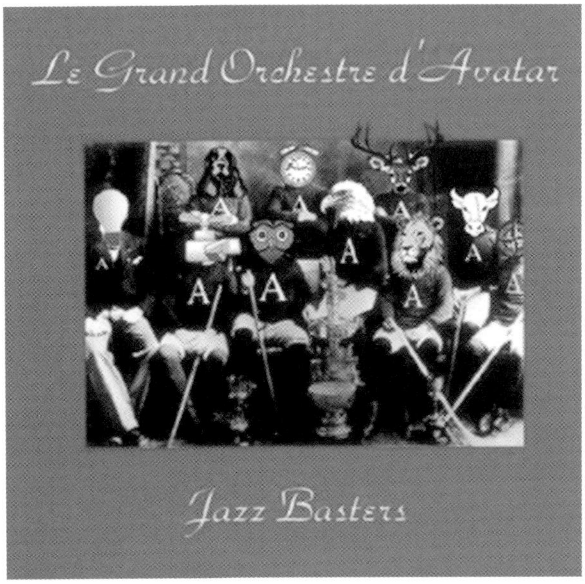

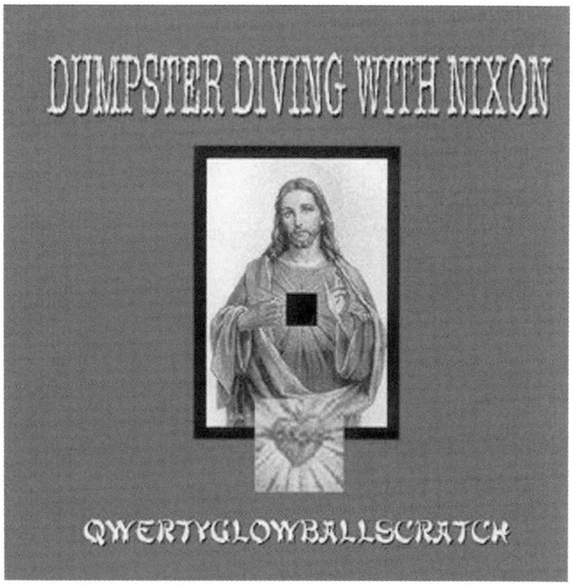

—— « Il m'arrive souvent, explique Jocelyn Robert, d'écrire un texte qui sera utilisé par la suite comme structure d'un travail radio qui sera ensuite réinjecté dans une performance qui deviendra matière d'un phonogramme qui générera une installation… L'activité est unique et continue, les formes qu'elle prend sont issues des matériaux disponibles, des opportunités, du temps qui passe ou de celui qu'il fait[27]. » Pourtant, plusieurs travaux d'écriture conservent leur réalité textuelle initiale. À les considérer dans leur ensemble, plus d'une vingtaine, il y a lieu de dégager une typologie des écrits de Jocelyn Robert, qui se détaillerait ainsi : les commentaires accompagnant ses propres œuvres, les textes de présentation d'expositions s'étant déroulées alors qu'il dirigeait Avatar entre 1999 et 2001 et les projets d'écriture de nature plus expérimentale impliquant souvent des mises en forme et en page spécifiques. On pourrait ajouter une autre manière de les classifier : ceux destinés à des lectures radiophoniques et ceux réalisés pour des publications spécifiques. D'emblée, j'ai souhaité que certains textes figurent dans cette exposition comme des œuvres en soi, pouvant être associées aux autres corpus (sonores et visuels) de l'artiste. La mise en exposition de quelques textes a impliqué des considérations à la fois conceptuelles et muséographiques mais les aspects qui ont guidé le choix de les exposer relèvent de leur potentiel de spatialisation, de leur visualité, et de leur particularité à déjouer la lecture à voix haute et à dévier le sens sur des voies multiples.

—— Ainsi, *Oui/Non*, texte radiophonique écrit pour le symposium *Radio Rethink* en 1992, est exemplaire des manipulations que fait subir Jocelyn Robert à la langue française. Il faut dire qu'il prend ici pour point de départ un lipogramme de Georges Perec (1936-1982), membre bien connu de l'Oulipo et dont l'œuvre s'est construite sur les contraintes formelles les plus invraisemblables. De fait, il n'y a rien d'étonnant quand on constate les multiples jeux de sens et d'effets que pratique Jocelyn Robert par le tissage de son, de textes et d'images, qu'il s'y soit intéressé. Il explore donc *La disparition* (1969), ce roman lipogrammatique portant sur une série de disparitions dont celle d'un certain Anton Voyl et dans lequel l'auteur s'interdit l'usage de la lettre *e*, pour en extraire deux fragments dans lesquels il s'emploie à produire de nouvelles contraintes : la permutation des lettres *o*, *u*, *i*, dans un segment de chacun des deux fragments et leur remplacement par le *e* dans l'autre fragment. Il en résulte un texte destiné à l'écoute

ŒUVRES-TEXTES_

TEXT-BASED WORKS_

—— "It often happens," Jocelyn Robert says, "that I write a text that is subsequently used as the basis of a radio work that is then reinjected in a performance that becomes the material for a phonogram that will generate an installation… The activity is unique and continuous, the forms it takes are the result of the materials available, the opportunities, the passing time and what the weather is like."[27] However, several text works conserve their initial textual reality. In considering the more than twenty of them as a whole, the following categories become clear: comments on his own works; introductory texts to exhibitions that took place while he was director of Avatar, from 1999 to 2001; and more experimental writing projects often involving specific forms and layouts. Another way of classifying them would be those meant to be read on the radio and those specific to publications. From the start, I wanted certain texts to be a part of this exhibition as works in themselves, to be associated with the artist's other corpora, audio and visual. Exhibiting texts raises both conceptual and museographic issues, but what guided the choice of the texts had to do with their potential for spatialization, their visuality and their particularity of thwarting reading aloud and diverting their meaning onto multiple paths.

—— *Oui/Non*, a radio text for the 1992 symposium "Radio Rethink," exemplifies the manipulations that Jocelyn Robert subjects the French language to. Here, his point of departure is a lipogram of Georges Perec (1936-1982), the well-known Oulipo member whose work is built upon the most improbable formal constraints. It is no surprise that Robert should be interested in it, given his frequent plays of meaning and effect, interweaving sound, text and image. In exploring *La disparition* (1969) – a lipogrammatic novel dealing with a series of disappearances, including that of a certain Anton Voyl, in which the author abstains from using the letter *i* – Robert excerpts two fragments in which he introduces further constraints: the permutation of the letters *o*, *u* and *i* in one segment of each fragment and their replacement by *e* in the other. The result is a text meant to be heard on the radio, a rupture with Perec's project. And in fact, it was read live on the radio by Hank Bull and Rober Racine at the Banff Centre in 1992, transposing into the space of sound the anomalies visible in the graphic transcription of the text exhibited here. But strangely enough, more than a hearing of it, its graphic presence accentuates the place and importance of vowels in French and shows how their permutation, carried to the extreme, can result in loss of meaning.

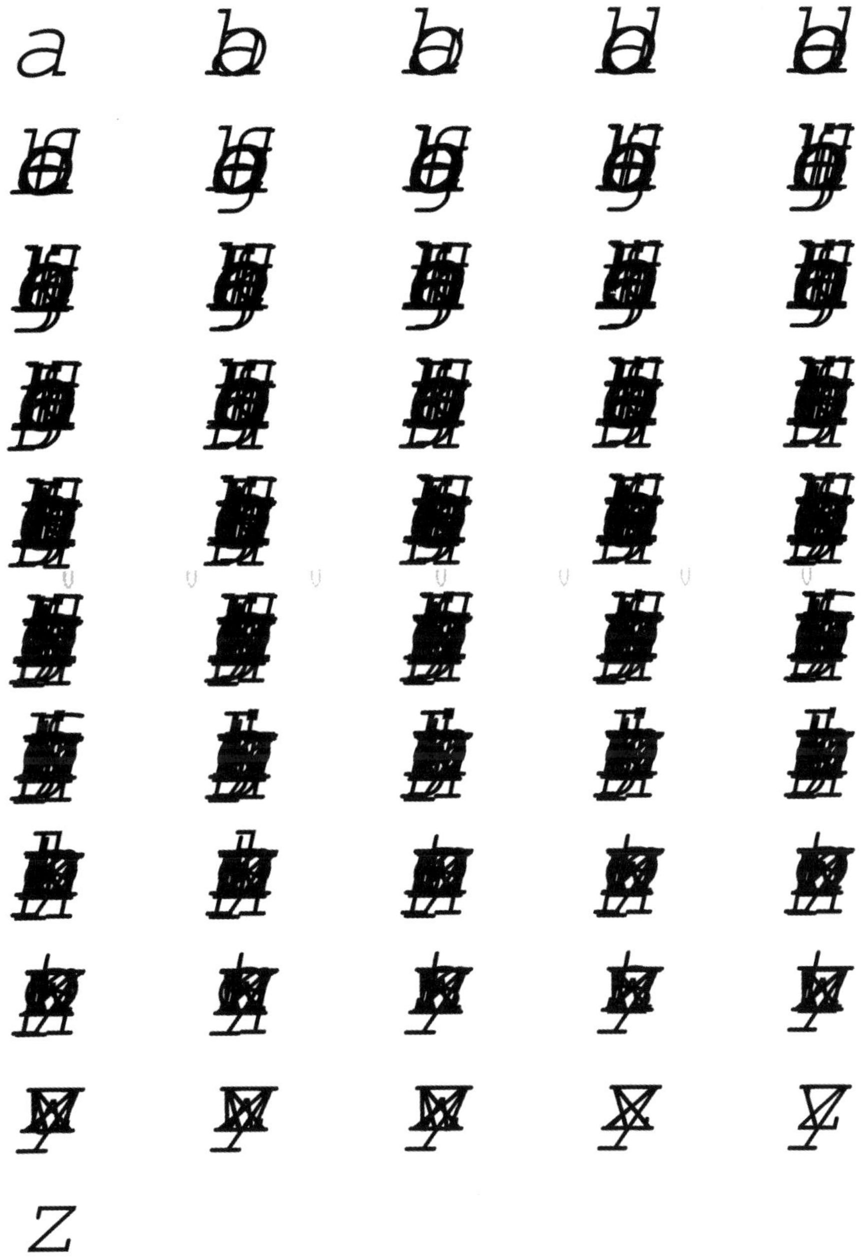

Untitled

radiophonique, en rupture avec le projet de Perec. En effet, ce texte a été lu à la radio en direct par Hank Bull et Rober Racine au Banff Centre en 1992, transportant dans l'espace sonore les anomalies visibles dans la transcription graphique du texte exposé ici. Mais dans sa réalité graphique, il finit, étrangement, par exacerber plus qu'à l'écoute, la place et l'importance qu'occupent les voyelles dans les mots de la langue française et par montrer combien leur permutation, poussée à l'extrême, peut entraîner la disparition du sens.

—— La même année, Jocelyn Robert crée un texte graphique intitulé *Untitled*, écrit pour une publication dirigée par Jeanne Randolph, *The City Within*, réalisée dans le cadre de la résidence *Rhetoric, Utopia & Technology*, au Banff Centre. Ce travail porte aussi sur la dimension graphique de la langue et plus particulièrement sur l'alphabet. L'artiste produit une grille des 26 lettres de l'alphabet et transcrit à la fois leur redoublement et leur effacement. Il embrouille la séquence des lettres dans un aller et retour graphique qui produit des nœuds de lettres transcrites les unes sur les autres, ne nous laissant que les extrémités de la nébuleuse alphabétique comme véritable repère.

—— Avec *Art Against Temperance*, œuvre très singulière réalisée en 1995 pour l'édition de Semiotext(e) sur le Canada, il utilise comme matériau de base le *Manifeste du Front de libération du Québec*, pour le soumettre à un outil de transformation le rendant méconnaissable, le correcteur d'orthographe de la version anglaise de Microsoft Word. Il y a lieu de signaler, dans ce travail, non pas une politique, mais une attention à la chose politique. Il se produit une telle déviation de la portée du manifeste que cela a fait dire à juste titre à Christof Migone que l'artiste y « revendique une plénitude trouée, il rate et dérape le succès que serait la signification pure, il archéologise la dépouille de sa charge sclérosée, il joue avec cet enjeu qu'est le langage pour remettre en cause son tissage et ses nœuds[28] ». On pourrait également, comme en musique, envisager de telles expériences comme acte d'écriture en contrepoint, le texte source étant la ligne mélodique et les effets de sa reconduction par Jocelyn Robert, une réplique qui cherche à dégager, à désengager le langage, à le *manifester*.

—— Finalement, une autre œuvre-texte a été intégrée à l'exposition, *Les scaphandres*. Jocelyn Robert a imaginé, pour l'exposer, le procédé

—— The same year, as part of a Rhetoric, Utopia and Technology residency at the Banff Centre, Robert created a graphic text entitled *Untitled* for *The City Within*, a publication headed by Jeanne Randolph. This work too has a bearing on language's graphic dimension, particularly the alphabet. The artist produced a grid of the 26 letters and at the same time transcribed their intensification and their obliteration. He scrambled the sequence of letters in a graphic round trip that produced knots of letters overlaid on one another, leaving only the extremities of the alphabetic nebula as a landmark.

—— The singular *Art Against Temperance* (1995), realized for an edition of Semiotext(e) on Canada, is based on the manifesto of the Front de libération du Québec, transformed beyond recognition by Microsoft Word's English spell check. It is worth pointing out that this work does not embody a political policy but an attention to politics. So great a deflection of the manifesto's scope is produced that Christof Migone was rightfully moved to say that in it the artist "is calling for a fullness that is full of holes. He misses and overshoots the success of pure meaning. He sifts through the calcified, sclerotic semantics, he plays with the challenge of language and challenges its *tissage*, its knotting."[28] One could also consider such experiments as an act of writing in counterpoint, as in music, the source text being the melodic line and the effects of its renewal by Jocelyn Robert an answer that seeks to dislodge language, to *manifest* it.

—— The exhibition includes one more text work, *Les scaphandres*. To exhibit it, Jocelyn Robert imagined the videographic process of unwinding, to inscribe the idea of motion in the reading of the text. The words appear, only to be immediately effaced, conferring upon the experience of reading a temporal dimension intensified by a challenge to memorization that could leave the enigma of the narrative hanging. In all Robert's texts, writing is a bit of language wrested from speech. As in several projects involving words and narration, for example the audio works and the video installations *Catarina* and *Quelques écarts de la mémoire de Catherine*, it is a matter of fragments broken, torn, extracted from speech or feigning the ability to be said. They require that one consent to humility before our difficulty of understanding, hearing, reading. Despite the exhibited texts' share of humour, meaning and legibility, standing before them we are ghosts of voices. We experience a loss of voice.

du défilement vidéographique afin d'inscrire l'idée du mouvement dans la lecture du texte. Les mots apparaissent pour s'effacer aussitôt, donnant à l'expérience de la lecture une dimension temporelle doublée d'un défi de mémorisation qui pourrait laisser pendante l'énigme du récit. Dans tous ses textes, l'écriture de Jocelyn Robert est un morceau de langage arraché à la parole. Comme dans plusieurs projets impliquant des mots et de la narration, par exemple dans les œuvres audio ou les installations vidéo *Catarina* ou *Quelques écarts de la mémoire de Catherine*, il s'agit de fragments brisés, déchirés, dépris de la parole ou feignant de pouvoir se dire. Ils réclament que l'on consente à l'humilité devant notre difficulté de comprendre, d'entendre, de lire. Debout devant ces textes exposés, nous sommes, malgré la part d'humour, la part de sens, la part lisible, des fantômes de voix. Nous expérimentons la voix perdue.

Oui.

Oui, affirma Aloysius Swann, voici parcouru jusqu'au bout, jusqu'au fin mot, l'insinuant circuit labyrinthal où nous marchions d'un pas somnambulant. Chacun, parmi nous, offrit sa contribution, sa participation. Chacun, s'avançant plus loon dans l'obscur du non-dit, a ourdi jusqu'à sa saturation, la confoguratoon d'un discours qui, au fur qu'il grandissait, n'abolissait l'hasard du jados qu'au prox d'un futur apparaossant sans solution, à l'unstar d'un fanal n'ollumonant qu'un trop court onstant la portion d'un parcuurs, lurs n'offrant au fuyard qu'un jalon monomal, fol d'Aroana tuujuurs rumpu, n'autorosant qu'un pas à la foos. Franz Kafka l'a dot avant nuus : ul y a un but, maus ul n'y a aucun parcours ; nous nommons parcours nus dubutatuuns.

Nuus avancuuns puurtant, nuus nuus rapprochoons à tout onstant du poont funal, car ul fallaut qu'ul y aut un puunt fonal. Parfoos, nous avons cru savuur : ul y avaut tuujuurs un "ça" puur garantur un "Quoo ?", un "jados", un "aajuurd'huu", un "tuujuurs", justufuant un "Quand ?", un "car" dunnant la raasan d'un "Puurquuu ?".

Meas saas nus sulutuuns transparaussaut tuujuurs l'ullusoon d'un savoor tetel/qaa n'appartant jamaus à aucun parmu nuus, nu au prutaguns, nu au screveen,/na à maa quu fus sun luyal prucunsul, nuus cundamnant aunso à desceerer/sans fan, naurrussant la narratuun, uurdussant sun ful uduot, gressessent/sen/vean charabaa, sans jamaas abautur à l'unsultant puunt cerdenel,/l'herezen,/l'anfana aù tuut paraussaut s'unur, uù paraussaut s'effrer/le/seleteen,/
mees/nees/epprechent/d'en/pas, d'an macran, d'an angstram, du fatal enstent,/ee,/
n'eyent/ples/peer/nees/l'embege/cancaars d'an dascaurs quu, tuut à la fuus,
nees/enesseet,/nees/censteteaat, naas trahassaat,
le/mert,/
le/mert/eex/deegts/d'eereen,/
le/mert/eex/deegts/geerds,/
le/mert/ee/ve/s'ebement/l'enscrepteen,/
le/mert/qee,/à jemees,/gerentet/l'emmeceleteen/d'an Albam qa'an hastraan
en/jeer/e/cre/peeveer/neercer,/
le/mert/nees/e/det/le/fen/de/remen./

1/2 J Robert 1992

Non.

Non : dans l'insignifiant circuit du signal ici dit, il n'y a aucun salut. L'on a cru qu'Anton, ou qu'Augustus, avait connu la mort sans pouvoir s'ouvrir du torturant tracas qui l'assaillait. Mais non ! Il a connu la mort pour n'avoir pu, pour n'avoor su s'ouvrir, pour n'avoir pas rugit l'insignifiant nom, l'onsognifiant son qui aurait à jamais, aussitôt, abolit la Saga où nous vagossons. Car nous avons construot, nous taosant, un Talion qui nous puursuot aujourd'huo ; nous avons tu la damnatoon, nous n'avons pas dot sun num, lors nous punot la Damnatoon dont nous ognorons tout: Nous avuns cunnu, nuus connaotrons la Mort, sans jamaos pouvoor la fuor, sans jamaas savuur puurquoo nous mourrons, car, ossus d'un Tabou dont nous nammans l'Autuur sans jamaus puuvoor l'approfondor jusqu'au bout (saahaat vaun, puusqu'aussutut dot, aussotôt transcrot, ol aboloraot l'ambaga paavuur du duscuurs uù nous survovons), nous taorons toujours la Laa qaa naus agut, nuus laussant cruupor, nous laossant mouror dans l'Andavalgataan qau nuurrut sa prupagatuon…

Ten/dascaars, dat alars Amaary, a plus d'umpact qu'ul n'y paraut. Maus nees/avans accampla an sa grand parcaurs ! Quu auraut cru d'aburd qu'ul seffereat d'an Daspara, d' an Antan Vayl muurant, suucudant, uu partant ee/leen/ paar naas valaar an su culussal tracas ? Maus, quuuqu'à tuut enstent/nees/sechaans qa'al n'y a dans nas actaans, dans nas prupus qe'eblegeteens,/qa'al n'y a pas an mat fartaat, car tuut y a, ullucu, sa jestefeceteen,/denc/sa sagnafacataan, an crauraut parcuurur un roman à tereers,/en/remen/neer/à l'anstar d'an Matharun, d'an Jan Patacka, d'un Heffmenn,/d'en/Belzec/event/Veetran, Garaat, Pans aa Rastagnac, aa l'emegeneteen/sens/cenfens/ne/canflats d'an scrabaaallard gagnant platut mel/sen/peen/à feerner/jeer/ser/jear san falaa paur la luvrausun du juur seevent,/cemptebelesent/sens/fen/se/peganataan, alagnant jasqa'à plas saaf se/perteen,/se/reteen/d'encengres/grebeaallas, pradaat un ful narratuf dunt l'effebeleteen/pereet/serter/de/sellen/cartacal taat à faat ramalla d'un duux denge/eex/strevegents/dedes,/tent y serget à teet/enstant an hasard devegeent/peesent,/dereet-en,/sen/ensperetean dans an chaax aassa descentene/qe'encenstent,/eesse/greteet/qe'enstenctaf !

2/2 J Robert 1992

4

Jocelyn Robert m'a dit un jour qu'il est impossible de montrer une de ses œuvres avec une seule image, qu'il en faut toujours au moins deux. J'ai bien failli lui répondre, depuis ma position de commissaire, qu'il est impossible d'exposer plus d'une œuvre d'un artiste sans générer et devoir assumer, dans l'espace de l'exposition, cette zone de mystère que produisent les hésitations, les défaillances, les bégaiements, les déphasages. En y pensant bien, j'ajouterais volontiers qu'il m'est essentiel, lorsque je réalise une exposition, de penser cet interstice, cet entre-deux qui n'est pas un vide, cette tension qui naît de la rencontre entre les œuvres exposées et qui m'amène à les percevoir autrement, à les considérer comme *œuvres s'exposant*.

—— Je situe cette notion par rapport à celle d'*œuvre exposée*, développée par Jean-Marc Poinsot, selon laquelle l'œuvre contemporaine est étroitement liée à ses conditions d'énonciation et d'exposition – en particulier lors du réglage de sa première mise en vue –, et que l'on doit prendre en compte ses *récits autorisés* pour en assurer l'inscription dans l'espace, dans le discours et dans l'histoire. Pour ma part, j'essaie de développer depuis quelques années l'idée d'*œuvre s'exposant* à partir d'une réflexion muséologique intimement associée à ma pratique de l'exposition[29]. Je m'emploie à tenter de *dé*prendre l'œuvre de ses discours au profit d'une assomption de ses silences et en faveur de ses conditions d'abandon, lorsque celle-ci non pas s'impose mais en impose, parce que sont alors dessaisies toutes les retenues et brisées toutes les résistances. L'*œuvre s'exposant* encourt des situations inédites ; elle se présente d'abord seule au regard. De fait, elle s'autoreprésente. Elle se prête à des résonances nouvelles lorsqu'elle voisine avec d'autres objets artistiques; elle se commet, se compromet lorsqu'elle entre en contact avec des temps et des récepteurs divers. Elle agit comme objet transitionnel et, peut-être parvient-elle à combler l'absence. Selon les différentes manières de la montrer, l'œuvre expose la complexité de ses mécanismes, s'expose à des jeux de perception non moins complexes mais surtout, nous expose à son inépuisable polysémie, en fonction des voisinages, des contextes, des époques et des regards.

—— Plusieurs raisons font qu'un commissaire se penche un jour, avec plus d'insistance, sur la pratique d'un artiste. Parmi celles qui me moti-

L'ŒUVRE S'EXPOSANT_
ou comment laisser l'œuvre se *re*commencer à chaque fois

THE WORK EXHIBITING ITSELF_
toward allowing the work a new start at every appearance

Jocelyn Robert told me one day that it is impossible to show one of his works in a single image, that it always takes at least two. Speaking as an exhibition curator, I almost answered that it is impossible to exhibit more than one work by an artist without generating, and having to accept responsibility for, the mystery zone that hesitations, weaknesses, stammering and phase differences produce in the exhibition space. And if I think about it, I would add that when I mount an exhibition, one of its essential elements is the chink, the in-between that is not a vacuum, the tension that arises from the encounter of the exhibited works, inducing me to perceive them in another way, to look upon them as *works exhibiting themselves*.

—— I locate this notion in relationship to that of the *work being exhibited* developed by Jean-Marc Poinsot, who believes that contemporary works are closely tied to their conditions of enunciation and exhibition (in particular during the adjustments made the first time they are shown) and

4

that their *authorized statements* should be taken into consideration to ensure their inscription in space, discourse and history. For the past few years, I have been developing the idea of the *work exhibiting itself*, based on a museological reflection intimately associated with my exhibition practice.[29] I attempt to disentangle the work from its discourse in favour of an assumption of its silences and condition of abandonment, when it is not imperative but imposing, because then all reticence is gone and all resistance broken. The *work exhibiting itself* incurs unusual situations; first, it shows itself alone to the gaze. In fact, it is a self-representation. It lends itself to new resonances in proximity to other artistic objects; it commits itself, compromises itself when it enters in contact with various times and receptors. It acts as a transitional object and perhaps succeeds in filling an absence. According to the different ways of showing a work, it exhibits the complexity of its mechanisms, exposes itself to plays of perception no less complex, and above all, exposes us to its inexhaustible plurality of meanings, as a function of contexts, proximities, periods and gazes.

—— Several things lead a curator to one day turn her attention more insistently to an artist's practice. Among those that drew me toward Jocelyn Robert is the share of unconscious representation that arises from certain characteristics of his projects, where the indexical values of what creates

vent à l'égard du travail de Jocelyn Robert, c'est la part de représentation inconsciente qui naît de certaines caractéristiques de ses projets, où les valeurs indicielles de ce qui fait image sont sans cesse déviées vers le risque de l'oubli, de la perte ou de l'absence, que ce soit dans les bris visuels et narratifs ou dans les silences qui peuplent plusieurs travaux sonores. Dans les trouées qui scandent le rythme de ses œuvres il y a l'espace du souffle, la trace d'une ombre qui se presse contre le visible ou l'écho d'un geste qui assurent, paradoxalement, un effet de *continuum*, une fluidité parfois hésitante, voire floue, mais qui n'est en aucun cas du vide.

___ Exposer plusieurs travaux de Jocelyn Robert ne nous plonge pas seulement dans une culture de l'image et du son comme ressort de l'expression et ne nous incite pas uniquement à considérer ses sources (le cinéma, la vidéo, la photographie, l'imagerie numérique, la littérature, l'environnement quotidien). Exposer plusieurs travaux de Jocelyn Robert nous fait prendre acte des supports, des modes de diffusion et des principes de présentation de ses œuvres, au moyen de mécanismes qui mettent notre regard sur ses gardes. Car les conditions d'existence de chaque œuvre se livrent dans l'apparition et l'évanouissement, la matérialité et la transparence, la mise au point et le flou ; autant de stratégies qui placent l'image en sursis et le spectateur en suspens. Ici, les œuvres de Jocelyn Robert sont jouées ensemble, sont *traitées* sans cloison, sans *retrait*. Dans le champ d'ombre que produit le faible éclairage de l'espace d'exposition, elles sont soutenues par une lueur commune qui nous aide à baliser le périmètre, à repérer les sources d'images et de lumière, à distinguer quelques traces sonores. On peut se glisser aisément dans ces passages d'ombre et de lumière, s'approcher des images sans les effaroucher, parce qu'elles sont fragiles comme le monde, parce qu'il ne saurait être question qu'elles disparaissent, parce qu'elles sont mises en scène dans l'exposition pour produire de la mémoire et du « jadis ».

___ La fabrication des expositions, la façon de jouer ensemble des œuvres dans un espace et de les faire entrer en relation repose sur une manière et une dérive involontaires de la mémoire et du désir. Car entre les œuvres, dans la lumière qui cherche à les joindre ou à les isoler, dans le nombre de pas qu'il faut faire pour passer de l'une à l'autre, dans le maillage qui assure un lien entre elles et avec l'espace, réside une tension née des œuvres s'appelant, se réclamant, s'exposant. Cette force

X X X X X X X X X X X X X

an image are ceaselessly diverted toward the risk of oblivion, loss and absence, whether in visual and narrative breaks or in the silences that occupy several aural works. In the gaps that articulate the rhythm of his works there is breathing room, the outline of a shadow that presses itself against the visible or the echo of a gesture that paradoxically ensures a continuum, a sometimes hesitant, even blurred, fluidity that is, however, by no means empty.

___ Exhibiting several works by Jocelyn Robert at once not only plunges us into a culture of image and sound as a springboard to expression, not only incites us to consider his sources (cinema, video, photography, digital imaging, literature, the routine environment) but also makes us aware of the works' supports, modes of distribution and principles of presentation through mechanisms that put our gaze on guard. For the conditions of existence of each work are revealed through an appearing and fading, materiality and transparency, focus and blur – all strategies that put the image on borrowed time and the spectator in suspense. Here, Robert's works are played out together, *treated* without being partitioned off, without *retreat*ing. In the shadow of the dimly lit exhibition space, they are sustained by a common glint that aids us in sweeping the perimeter, pinpointing the images' and the light's sources, separating several traces of sound. One may slip easily into these passages of shadow and light, approach the images without scaring them off, because they are fragile, like all the world, because there can be no question of their disappearing, because they are set out on display to produce memory and a sense of yore.

___ Fabricating exhibitions, playing works off against each other in a space and making them enter into a relationship, rests upon an involuntary manner and drift of memory and desire. For, between the works, in the light that unites or isolates them, in the number of steps it takes to pass from one to the other, in the mesh that links them to each other and to the space, resides a tension born of the works' calling out to each other, clamouring, exhibiting themselves. This force of attraction is like a cursor moving between the objects – but a free cursor, adept at engendering flexible associations in order to sustain the perception of the ever-changing nature of space. This potential of attraction allows one to believe that immobility is a slowness imperceptible to the naked

d'attraction est comme un curseur qui crée du mouvement entre les objets exposés, mais un curseur libre, habile à engendrer des associations souples pour soutenir la perception du caractère toujours changeant de l'espace. Ce potentiel d'attraction permet de croire que l'immobilité est une lenteur qui n'est pas perceptible à l'œil nu (Lucrèce)[30] et que le rapport entre la forme et l'espace ne produit pas que du creux, du négatif. Ainsi, l'exposition, dans sa forme et dans le mouvement rendant possible sa découverte, est un trajet, une trajectoire. Ceux du corps regardant, ceux du regard incarné. « Pour bien voir, dit Jocelyn Robert, il faut tantôt une loupe, tantôt un plan. Un microscope ou un avion[31]. » Pour le spectateur agissant dans le sillage de l'exposition, dans ses méandres et selon ses énigmes, un autre type de mouvement se crée. Il s'agit d'une inclinaison, d'une position d'écoute et de regard rendant plus audible, mieux lisible et surtout visible un double pacte qui s'édifie entre les mots et les sons aléatoires, et entre les figures et les aléas de l'image, afin qu'il soit possible, là, entouré des œuvres, debout devant elles, de se saisir du monde comme construction poétique de l'humain.

Louise Déry

eye (Lucretius)[30] and that the relationship between form and space does not produce only a hollow, a negative. Thus, the exhibition, in its form and in the movement that makes it possible to view it, is a path and a trajectory: those of the observing body, those of the embodied gaze. "In order to see properly," Jocelyn Robert says, "you sometimes need a magnifying glass, sometimes a floor plan. A microscope or an airplane."[31] For the spectator in the exhibition's wake, reacting to its meandering and enigmas, another type of movement is created – an inclination, a listening and observation posture making it easier to hear, read and above all see the double pact between words and chance sounds, between the figures and vicissitudes of the image, so that, surrounded by the works, standing before them, we can grasp the world as a poetic construction of humanness.

Louise Déry

1 ↘ Entrevue avec l'artiste, Montréal, 25 novembre 2004.
2 ↘ Pascal Quignard, *Le nom sur le bout de la langue*, Paris, Gallimard, Folio, 1993, p. 9-10.
3 ↘ Texte de Jocelyn Robert paru dans le communiqué de presse de l'exposition *Catarina et autres travaux récents*, Oboro, Montréal, du 14 septembre au 19 octobre 2002.
4 ↘ Transcription à partir d'une documentation audiovisuelle de l'œuvre.
5 ↘ *Idem.*
6 ↘ *Idem.*
7 ↘ Pascal Quignard, *Le sexe et l'effroi*, Paris, Gallimard, 1994, p. 11.
8 ↘ *Cabinet des curiosités*, Québec, La chambre blanche, 1990.
9 ↘ Jean-Luc Nancy, *À l'écoute*, Paris, Galilée, 2002, p. 14.
10 ↘ Lorna Brown, *A Set of Suspicions*, Vancouver, Artspeak Gallery, 2000, p. 20 (traduction de l'auteure).
11 ↘ Sara Diamond, *Computer Voices / Speaking Machines*, Banff, Walter Phillips Gallery, The Banff Centre, 2001, p. 10 (traduction de l'auteure).
12 ↘ Jean Louis Schefer, *Du monde et du mouvement des images*, Paris, Éditions de l'étoile / Cahiers du cinéma, 1997, p. 8 (Collection Essais).
13 ↘ Karim Larose, « Musique, non-musique et nouvelles technologies », *ETC Montréal*, Montréal, n° 41 (mars/avril/mai 1998), p. 12.
14 ↘ Jocelyn Robert http://collections.ic.gc.ca/axeneo-7/1998/RobertJ1.html
15 ↘ Jean Louis Schefer, *op. cit.*, p. 18.
16 ↘ *Idem.*
17 ↘ Je pense entre autres à *Serene Velocity* (1970) d' Ernie Gehr, filmé à la caméra fixe dans le corridor vide d'une université. Le cinéaste a pris chaque image individuellement (quatre images pour chaque position), en modifiant l'objectif à chaque série de photogrammes en raison d'une certaine durée et sur une certaine distance. Les prises de vue connaissent ensuite certaines variations des paramètres et forcent l'attention sur la persistance de la vision.
18 ↘ Georges Didi-Huberman, « L'image *est* le mouvant », dans les actes du colloque « Devenir Bergson », Montréal, *Intermédialités, histoire et théorie des arts, des lettres et des techniques*, n° 3, printemps 2004, p. 17.

NOTES_

NOTES_

1 ↘ Interview with the artist, Montreal, November 25, 2004.
2 ↘ Pascal Quignard, *Le nom sur le bout de la langue* (Paris: Gallimard, "Folio" series, 1993), pp. 9-10.
3 ↘ Text by Jocelyn Robert in the press release for the exhibition *Catarina et autres travaux récents*, Oboro, Montreal, September 14 to October 19, 2002.
4 ↘ Transcribed from audio-visual documentation of the work.
5 ↘ Idem.
6 ↘ Idem.
7 ↘ Pascal Quignard, *Le sexe et l'effroi* (Paris: Gallimard, 1994), p. 11.
8 ↘ *Cabinet des curiosités* (Quebec City: La chambre blanche, 1990).
9 ↘ Jean-Luc Nancy, *À l'écoute* (Paris: Galilée, 2002), p. 14.
10 ↘ Lorna Brown, *A Set of Suspicions* (Vancouver: Artspeak Gallery, 2000), p. 20.
11 ↘ Sara Diamond, *Computer Voices/Speaking Machines* (Banff: Walter Phillips Gallery, The Banff Centre, 2001), p. 10.
12 ↘ Jean Louis Schefer, *Du monde et du mouvement des images* (Paris: Éditions de l'étoile/Cahiers du cinéma, 1997), p. 8 ("Essais" series).
13 ↘ Karim Larose, "Musique, non-musique et nouvelles technologies," *ETC Montréal* [Montreal], no. 41 (March/April/May 1998), p. 12.
14 ↘ Jocelyn Robert, http://collections.ic.gc.ca/axeneo-7/1998/RobertJ1.html.
15 ↘ Schefer, *Du monde*, p. 18.
16 ↘ Ibid.
17 ↘ I am thinking of, among others, *Serene Velocity* (1970) by Ernie Gehr, filmed with a stationary camera in an empty hall at a university. The filmmaker took each image individually (four images for each position), changing the lens for each series of stills in consideration of duration and distance. The shots then underwent variations of parameter, fixing attention on the persistence of vision.
18 ↘ Georges Didi-Huberman, "L'image *est* le mouvant," in the proceedings of the colloquium "Devenir Bergson" [Montreal], *Intermédialités, histoire et théorie des arts, des lettres et des techniques*, no. 3 (Spring 2004), p. 17.

19 ↘ Jocelyn Robert, dans Louise Provencher, « Entretien avec Jocelyn Robert », *Espace*, Montréal, n° 59 (printemps 2002), p. 7.

20 ↘ Jocelyn Robert, dans *Jocelyn Robert et l'art en nœuds libre*, Québec, La Bande Vidéo, 2002, DVD.

21 ↘ Jocelyn Robert a précisé qu'il ne se percevait aucunement comme un musicien et que s'il fallait l'inscrire dans une certaine tradition musicale, ce serait celle de l'Écossais Steve More dont un disque, au milieu des années quatre-vingt, l'avait beaucoup frappé en raison d'un contenu produit uniquement à partir d'enregistrements ambiants, *A Quiet Gathering*. Il signale aussi volontiers l'influence de Brian Eno, à qui son travail a été comparé. Mais il préfère parler de ses réalisations comme d'objets sonores et non de musique. Karim Larose, *loc. cit.*, p. 11-14.

22 ↘ Jocelyn Robert, dans Louise Provencher, *loc. cit.*, p. 7.

23 ↘ Karim Larose, *loc. cit.*, p. 11-14.

24 ↘ Intitulé *Music and Communication in the 21st Century: Variations on Themes of Glenn Gould*, la conférence s'est tenue en septembre 1992 à Toronto, réunissant des compositeurs, performeurs, auteurs, critiques, etc. de tous les coins du monde pour quatre jours d'ateliers, démonstrations technologiques et expositions diverses.

25 ↘ Jocelyn Robert, sans titre, carton d'invitation au lancement du CD, Québec, Le d'Auteuil, 4 juin 1999.

26 ↘ Voir, entre autres, la critique de Mark Sutherland, « Aural Epiphanies Packed in Panache », *Musicworks*, n° 77 (été 2000), p. 56.

27 ↘ Eric La Casa, « Jocelyn Robert », *Revue et corrigée*, Grenoble, n° 43 (mars 2000), p. 19.

28 ↘ Christof Migone, *Jocelyn Robert et l'art en nœuds libre*, *op. cit.*, p. 7 du livret.

29 ↘ J'ai commencé à réfléchir à la question de l'« œuvre s'exposant » lors de la préparation de l'exposition *Point de chute*, réunissant des œuvres de David Altmejd, de Jérôme Fortin, de Raphaëlle de Groot, de Marie-Josée Laframboise et de Manuela Lalic, présentée à la Galerie de l'UQAM en 2001. La réflexion s'est faite sur une assise muséologique plus définie que d'habitude, sous l'effet d'une conscience plus marquée de mon travail dans une galerie universitaire et des possibilités de voir l'exposition comme un phénomène d'essai, dans un espace qu'il est naturel d'envisager comme un laboratoire.

30 ↘ Pascal Quignard, *Le sexe et l'effroi*, op. cit., p. 64.

31 ↘ Jocelyn Robert, « 20 moments blancs lents », dans *Temporalité*, Québec, La chambre blanche, 2000, p. 33.

19 ↘ Jocelyn Robert, in Louise Provencher, "Entretien avec Jocelyn Robert," *Espace* [Montreal], no. 59 (Spring 2002), p. 7.

20 ↘ Jocelyn Robert, in *Jocelyn Robert et l'art en nœuds libre/Jocelyn Robert and the Art of the Free Fall Knot*, DVD (Quebec City: La Bande Vidéo, 2002).

21 ↘ Jocelyn Robert has specifically said that he does not in any way perceive himself as a musician and that if he did come within a musical tradition, it would be that of the Scot Steve More, whose recording *A Quiet Gathering* from the mid-1980s made quite an impression on him because of its content produced solely from recordings of ambient sounds. Robert also openly acknowledges the influence of Brian Eno, whose work his has been compared to. But he prefers to speak of what he does as sound objects, not music. See Larose, "Musique, non-musique," pp. 11-14.

22 ↘ Jocelyn Robert, in Provencher, "Entretien," p. 7.

23 ↘ Larose, "Musique, non-musique," pp. 11-14.

24 ↘ Entitled "Music and Communication in the 21st Century: Variations on Themes of Glenn Gould," the conference, held in September 1992 in Toronto, brought together composers, performers, authors, critics, etc. from all over the world for four days of workshops, technological demonstrations and various exhibitions.

25 ↘ Jocelyn Robert, untitled, invitation to the CD launch at the Auteuil, Quebec City, June 4, 1999.

26 ↘ See, among others, the review by Mark Sutherland, "Aural Epiphanies Packed in Panache," *Musicworks*, no. 77 (Summer 2000), p. 56.

27 ↘ Eric La Casa, "Jocelyn Robert," *Revue et corrigée* [Grenoble], no. 43 (March 2000), p. 19.

28 ↘ Christof Migone in *Jocelyn Robert and the Art of the Free Fall Knot*, booklet, p. 7.

29 ↘ I began thinking about this idea of the "work exhibiting itself" while preparing the exhibition *Point de chute*, which included works by David Altmejd, Jérôme Fortin, Raphaëlle de Groot, Marie-Josée Laframboise and Manuela Lalic, at the Galerie de l'UQAM in 2001. My thoughts grew out of a more sharply defined museological foundation due to a heightened awareness of my work in a university gallery and the possibilities of seeing the exhibition as a trial phenomenon, in a space that it seemed quite natural to look upon as a laboratory.

30 ↘ Quignard, *Le sexe et l'effroi*, p. 64.

31 ↘ Jocelyn Robert, "20 moments blancs lents," in *Temporalité* (Quebec City: La chambre blanche, 2000), p. 33.

QUAND LA MÉCANIQUE DES MOLÉCULES LES PLUS INTRIQUÉES S'INSÈRE DANS LES CASES PRÉVUES À CET EFFET AU COEUR MÊME DES MÉANDRES DU POUVOIR, LE SENS DES AIGUILLES D'UNE MONTRE N'A PLUS RIEN À VOIR AVEC LE SOLEIL.

ENTRE LES TUILES LUISANTES ET LES VELOURS TENDUS, LA TRANCHE DE DEUX CHOSES L'UNE.

ON PASSE BIEN SÛR PAR LES HAUTS CRIS. LA CONVULSION EST D'ABORD VOCALE, AVANT DE METTRE EN MOUVEMENT LE CUBITUS, LA GIROFLÉE, L'AMBIDEXTRE, L'HYPOTHÈSE, JUSQU'À SECOUER LES GRANDES ORGUES LOVÉES EN CIRCONVOLUTIONS INFÉRIEURES ET REPASSER L'ÉNERGIE AINSI CUMULÉE AU MOUVEMENT CONTRAIRE D'AUTRES MOLÉCULES, PLUS SIMPLES CELLES-LÀ.

LE LEVIER. RIEN NE SE CRÉE.

ET LA MARTINGALE S'EMBALLE, DEUX PAS DE PLUS ET C'EST LE VIDE, AVEC FRACAS.

*****

ON A COMMENCÉ À FAIRE DES SCAPHANDRES PARCE QU'ON AVAIT ARRÊTÉ DE FABRIQUER DES ARMURES.

NOUS SOMMES ALLÉS À LA GARE. SOUS L'HORLOGE EN BOIS AVEC DES ANGUILLES EN BOIS, L'AIR ÉTAIT JAUNE DE PARTOUT. LES MARCHES GRISES ET RONDES GLISSAIENT SOUS LA SEMELLE. ÇA SENTAIT L'ÉGLISE.

LES PIERRES SUINTAIENT DE PLUS EN PLUS, À MESURE QUE L'ESCALIER SE TRANSFORMAIT EN TUNNEL, QUELQUE CHOSE COMME LE MÉTRO DE LONDRES PENDANT LA DEUXIÈME GUERRE, AVEC DES COUCHETTES SUSPENDUES UN PEU PARTOUT DANS UN GRAND CORRIDOR VERT PÂLE, DES BOÎTES PLEINES D'INTITULÉS, DE MAGAZINES FRIPÉS OU DE FRIPES MAGASINÉES. ÇA SENTAIT AUSSI LE VIEUX, COMME CELUI-LÀ COUCHÉ MAIGRE. SA COUVERTURE DE LAINE RUDE ÉTAIT ROUGE RUDE, AVEC UN PEU DE NOIR RUDE. QUELQUE CHOSE QUI LAISSE PASSER L'AIR ET LE FROID ET L'EAU.

AU FOND, LES MURS. ÇA SENTAIT LA CORDE ET L'ENCENS MÉTALLIQUE DE TUYAUX SURCHAUFFÉS. DANS LA COUR DERRIÈRE LES ARBUSTES GRIS, UN GROS CHAT GRIS LACÉRAIT LA BASE D'UN ARBRE, PENDANT QU'AUTOUR DU TRONC VOISIN, UN TROUPEAU DE PIGEONS TOURNAIENT À LA QUEUE LEU LEU, CREUSANT DANS LA NEIGE MOUILLÉE UN RAVAGE CIRCULAIRE QUI EN DISAIT LONG SUR L'ÉTAT DES CHOSES.

LES TRAINS ONT TOUJOURS DES DESSOUS HUILEUX. LES SONS QUI ÉMANAIENT D'EUX VIBRAIENT DANS L'AIR JAUNE ET BLEU. COMMENT REPLIER LES DOIGTS DANS LES GANTS ? SUR LA PAUME ? TOUS ENSEMBLE ? RIEN N'Y FAIT. LA GLACE DEVRAIT POURTANT LAISSER PLACE À UNE MANIÈRE DE PRINTEMPS, OU AU MOINS UN RÉCHAUFFEMENT PASSAGER, QUELQUE CHOSE DONT ON POURRAIT DIRE QU'IL Y A ENCORE, OU PEUT-ÊTRE, OU MÊME AU CAS OÙ OU SI JAMAIS. RIEN N'Y FAIT.

LES BOÎTES SE FONT ENCORE EN CARTON. LE PAIN EN TRANCHES, LA TÊTE EN AVANT. LA TABLE EN BOIS BRUN RECÈLE QUANTITÉ DE MICRO-ORGANISMES: DES PETITES QUANTITÉS MOLLES QUI BOUGENT EN PETITE QUANTITÉ.

C'EST BEAU LES MICRO-ORGANISMES. ÇA GROUILLE UN PEU, ÇA DORT. ÇA FLOTTE COMME DANS UN VERRE, OU DANS L'EAU D'UN COIN D'ŒIL. ÇA S'ENTOURE DE PETITES BULLES ET DE PETITS GRAINS DE CHOSES. ÇA PULLULE. ÇA RAPPELLE LES PETITES COCHONNERIES QUE L'ON VOIT QUAND ON SE REGARDE DANS LES YEUX TOURNÉS VERS LE CIEL LE MATIN.

DANS L'ESPÈCE DE CORRIDOR TROP LARGE, UN ÉCLAIRAGE VIOLENT, BLANC VIOLENT. UNE RANGÉE DE PETITES PORTES VERTICALES, TOUTES IDENTIQUES : ÉTROITES ET NUMÉROS. DES DATES OU DES LOGEMENTS. L'ODEUR TRANSVERSALE DU PAPIER MOUILLÉ. POURQUOI LES PORTES SONT-ELLES TOUTES SI OBSTINÉMENT, SI CATÉGORIQUEMENT VERTICALES ? ON A COMMENCÉ À APPRIVOISER LES CHEVAUX PARCE QUE POUR LES ÂNES ON S'Y ÉTAIT PRIS TROP TARD.

QUAND LE GRAND CORPS S'ÉBRANLA, LE PETIT AUSSI. JE SUIS REVENU EN ZIGZAGUANT ENTRE LES PAVÉS.

*****

DANS LES PLANCHES DES PLANCHERS DE BOIS BRUN SOMBRE, IL Y A COMME UNE SORTE D'HUILE QUI DONNE À L'AUBE UNE MANIÈRE DE CIRAGE. D'AUCUNS DIRAIENT D'ÉPIDERME, OU DE PATINE.

UN TÉLÉPHONE EN BAKÉLITE, NOIR COMME DE RAISON, UNE PLANTE VERTE COUVERTE DE POUSSIÈRE SANS EN AVOIR L'AIR, DES USTENSILES SALES, DES LETTRES EN PROVENANCE, D'AILLEURS COMME DE RAISON, UN GRILLE-PAIN EN MÉTAL ET UN SAC EN PLASTIQUE, DES MOTTES DE MOUTONS ICI ET LÀ, DE CET AMALGAME DE CHEVEUX, DE TISSUS ET D'AUTRES TRUCS INNOMMABLES DANS LESQUELS IL FAUT BIEN, DE TEMPS À AUTRE, ÉCHAPPER SON PAIN.

LE CRI DU TÉLÉPHONE EST UNE ARME. À DEUX TRANCHANTS. RETIRER CET EXCALIBUR DES LIMBES QUI SE DÉROULAIENT AUTOUR DES PATTES DE CHAISES ÉTAIT BIEN AU-DESSUS DES FORCES HUMAINES EN PRÉSENCE. IL FALLUT TEMPORISER. D'ABORD, PUIS. DANS CET ORDRE. ET LÀ, IL ÉTAIT TROP TARD. MAIS BON.

DANS LES MOUVEMENTS LENTS QUE DÉCRIVENT LES EXTRÉMITÉS DU CORPS DANS SON DÉPLACEMENT D'UN LIEU À UN AUTRE, IL Y A LA CLEF D'UN SOMMEIL DE LA CENSURE QUI NOUS GUETTE QUAND NOUS PENSONS ASSIS. TOUTE UNE CIVILISATION QUI SE SOUMET À L'EXCISION DES FACULTÉS MOBILES DE SON NERF PRINCIPAL. LES VERTUS RÉDEMPTRICES DES ORGANES TÉLÉPHONIQUES SONT ENCORE À DÉMONTRER.

QUAND L'AIR RÉSONNE COMME ÇA, SA COULEUR CHANGE, PASSE DU JAUNE AU VERT, LE BLEU DES YEUX ÉTANT ACCORDÉ À L'IMAGE SONORE DES MILLIONS DE PETITES BÊTES EN CUIVRE QUI COURENT LE LONG DES FILS EN RANGÉES SERRÉES ANIMÉES PAR LE DÉFILÉ DES PALES DE TURBINES DES BARRAGES COMME AU LAC.

ON A COMMENCÉ À FAIRE DES SCAPHANDRES PARCE QU'ON EN AVAIT ASSEZ DES TÉLÉPHONES MOUILLÉS.

LES SCAPHANDRES_

JOCELYN ROBERT
1998

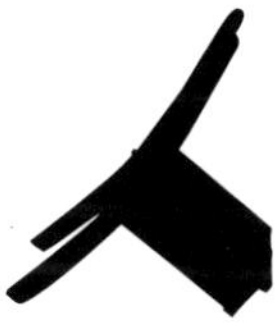

BIOBIBLIOGRAPHIE_

1. EXPOSITIONS INDIVIDUELLES_

Nous avons inscrit les noms de l'état, de la province et du pays lors de la première mention d'une ville.

2005

/. *Jocelyn Robert. L'inclinaison du regard*, Galerie de l'UQAM, Montréal (Québec, Canada).
/. *Espèces et quasi-espèces*, Espace F, Matane (Québec, Canada).
/. *Jocelyn Robert*, VOX, centre de l'image contemporaine, Montréal.

2003

/. *Catarina*, Grunt Gallery, Vancouver (Colombie-Britannique, Canada).
/. *Ground Station*, avec Daniel Jolliffe, Surrey Art Gallery, Surrey, (Colombie-Britannique, Canada).

2002

/. *Catarina*, Séquence, Chicoutimi (Québec, Canada).
/. *L'invention des animaux*, Aceartinc, Winnipeg (Manitoba, Canada).
/. *L'invention des animaux*, Neutral Ground, Régina (Saskatchewan, Canada).
/. *Catarina et autres travaux récents*, Oboro, Montréal.
/. *Leçon de piano*, avec Émile Morin, Avatar, Québec (Québec, Canada).

2001

/. *La salle des nœuds 3*, avec Émile Morin, *Computer Voices / Speaking Machines*, Walter Phillips Gallery, The Banff Centre, Banff (Alberta, Canada).

2000

/. *La salle des nœuds 2.4*, Outer Ear Festival of Sound, Experimental Sound Studio, Chicago (Illinois, États-Unis).
/. *La salle des nœuds 2.3*, avec Émile Morin, Festival du nouveau cinéma, Société des arts technologiques, Montréal.
/. *La salle des nœuds 2.2, Pedestrian Movements*, avec Daniel Jolliffe, Artspeak Gallery, Vancouver.
/. *La salle des nœuds 2.1*, avec Émile Morin, *Mois multi*, Studio d'essai de Méduse, Québec.

1999

/. *La salle des nœuds 2*, avec Émile Morin, Symposium d'art actuel de Moncton, lors du Sommet de la francophonie, Moncton (Nouveau-Brunswick, Canada).

1994

/. *Le balcon de Montfort*, Obscure, Québec.

1993

/. *AB Box*, avec Diane Landry, Obscure, Québec.

1991

/. *Environ 8 000 kilomètres*, avec Diane Landry, Obscure, Québec. Circulation 1991 : Musée régional de la Côte-Nord, Sept-Îles (Québec, Canada), 1992 : Skol, Montréal, 1993 : Art Gallery of Newfoundland and Labrador, Saint-Jean (Terre-Neuve, Canada) ; Helen Pitt Gallery, Vancouver ; Open Space, Victoria (Colombie-Britannique, Canada) ; Galerie Sans Nom, Moncton ; Langage Plus, Alma (Québec, Canada).

/. *Machines*, L'imagier, Aylmer (Québec, Canada).

1988

/. *Bonjour Dürer*, L'œil de poisson, Québec.

1987

/. *400 blocs de béton et chaux*, avec Diane Landry, Université Laval, Québec.

2. EXPOSITIONS COLLECTIVES_

2005

/. *Résonance. Le projet corps électromagnétiques*, Oboro et Occurrence, Montréal / œuvre présentée : *Saint-Georges et le dragon*.

2004

/. *Timelength*, Galerie Leonard & Bina Ellen, Université Concordia, Montréal / œuvre présentée : *Catarina*.
/. *Frottements*, Musée national des beaux-arts du Québec, Québec / œuvre présentée : *L'eau de l'air*.

2003

/. Bienal de video y nuevos medios de Santiago, Museo de Arte Contemporáneo, Santiago (Chili) / œuvre présentée : *L'invention des animaux*.
/. *Points of Entry*, avec Daniel Jolliffe, Moving Image Center, Auckland (Nouvelle-Zélande) / œuvre présentée : *Ground Station : version portable*.
/. *Manif d'art 2*, Manifestation internationale d'art de Québec, Québec / œuvres présentées : *Politique d'intérieur*, *L'invention des animaux*, *Vermeer*, *Colville*, *Snowmobile* et *Zeit und Wetter*, avec Louis Ouellet.
/. Stanford University, Stanford (Californie, États-Unis) / œuvre présentée : *The State of the Union*.

2002

/. *Transmediale.02*, International Media Art Festival Berlin, Haus der Kulturen der Welt, Berlin (Allemagne) / œuvre présentée : *L'invention des animaux*.

2001

/. *Bruits de fond – 50e anniversaire*, Centre d'arts Orford, Orford (Québec, Canada) / œuvre présentée : *Environ 8 000 kilomètres : ouïe*, avec Diane Landry.

2000

/. *L'art dans le monde*, Passage de Retz, Paris (France) / œuvre présentée : *Quelques écarts de la mémoire de Catherine*.

1998

/. *Archimède*, Axe Néo-7, Hull (Québec, Canada) / œuvre présentée : *Vermeer*.
/. *Temporalité*, La Chambre Blanche, Québec / œuvre présentée : *20 moments blancs lents*.

1996

/. *La parallaxe*, événement en réseau télématique, Québec, Portneuf (Québec, Canada) et Innsbruck (Autriche) / œuvre présentée : *La petite parallaxe*, avec Émile Morin, Louis Ouellet, Roger Morin et autres.

1995

/. *I Am Listening / J'écoute*, Galerie Glendon, Université York, Toronto (Ontario, Canada).

1994

/. *Chaos Never Died: Relating with Active Technologies*, Bellevue Art Museum, Seattle (Washington, États-Unis) / œuvre présentée : *Les réseaux 6 : From Babel*.

1993

/. *Influxus*, Gallery 400, Chicago / œuvre présentée : *Circa*.
/. 7e Printemps électro-acoustique, parc Lafontaine, Montréal / œuvre présentée : *Les réseaux 5 : nids d'oreilles*.
/. Biennale internationale d'art de groupe, Marseille (France) / œuvre présentée : *Les réseaux 4 : les abattoirs*, avec Diane Landry.

1992

/. Computers and Human Interaction Conference, Monterey (Californie, États-Unis) / œuvre présentée : *AB Box*.

1990

/. 1ère Biennale d'art actuel de Québec, L'œil de poisson, Québec / œuvre présentée : *Les réseaux 3 : pièges à voix*.
/. *Cabinet des curiosités*, La Chambre Blanche, Québec / œuvre présentée : *Centaure*.

1987

/. *Hommage à Marcel Duchamp*, McIntosh Gallery, University of Western Ontario, London (Ontario, Canada) / œuvre présentée : *Shaved*.

3. CONCERTS, PERFORMANCES ET MANŒUVRES_

2004

/. *Compatible/Downloadable*, Festival d'automne à Paris, des œuvres dans la ville II, Conservatoire national supérieur de musique et de danse de Paris.
/. *La foire aux malaises*, manœuvre collective organisée par *Folie/Culture*, Église Saint-Roch, Québec.

2003

/. *Le chemin des machines*, performance télématique lors de *Machine 08, Mois multi*, Méduse, Québec et Stanford University, Stanford.
/. *Radio Free America*, FADO Performance Inc Festival, Toronto.

2002

/. *Spoonfulls of Splinters*, *Send + Receive Festival*, Winnipeg.

2001

/. Performance avec Émile Morin et Pascale Landry, Symposium *Human Voice / Computer Vox*, Walter Phillips Gallery, The Banff Centre, Banff.

2000

/. Performance avec le GOD'AR (le Grand orchestre d'Avatar), *Atopie textuelle est une cause qui se perd*, Salle Multi de Méduse, Québec.
/. Performance avec le GOD'AR, Festival international de musique actuelle de Victoriaville, Victoriaville (Québec, Canada).
/. Concert lors de *Tic. Toc*, International Festival of New Performance, University of Victoria, Victoria.
/. Performance avec le GOD'AR, Festival *Musique au présent*, Le d'Auteuil, Québec.
/. Performance lors du *Happening multimédia*, Hall du Musée de la civilisation, Québec.
/. Performance avec le GOD'AR, *Vidéaste recherché(e)*, Complexe G, Québec.
/. *Le piano flou*, *New Music Series*, Wesleyan University, Middletown (Connecticut, États-Unis).

1999

/. *Sans titre, improvisation collective*, avec Paul Dutton, Laetitia Sonami et Diane Landry, Salle Multi de Méduse, Québec.
/. *Les nouveaux manipulateurs*, avec le GOD'AR, Festival *Musique au présent*, Le d'Auteuil, Québec.

1997

/. *Le piano flou*, Vancouver Electronic Arts Festival, Western Front, Vancouver.
/. *La meute des loups*, avec le GOD'AR, 3e Symposium en arts visuels de l'Abitibi-Témiscamingue : *Vingt mille lieues / lieux sur l'esker*, Amos (Québec).
/. *Recettes de performances à faire soi-même* et *Les Stations Delacroix*, avec Christof Migone, 3e Symposium en arts visuels de l'Abitibi-Témiscamingue : *Vingt mille lieues / lieux sur l'esker*, Amos.
/. *Station to Station*, performances téléphoniques avec David Michaud et Boris Firquet, *Recycling the Future*, Documenta VIII, Cassel (Allemagne).
/. *Le grand résonateur, 1ère partie*, performances téléphoniques avec David Michaud, Christof Migone, Éric Létourneau et Kathy Kennedy, *Recycling the Future*, Ars Electronica Center, Linz (Autriche) et Avatar, Québec.
/. *Le vent dans les oreilles*, manœuvre urbaine avec Fabrice Montal et Christof Migone, Québec.

1996

/. *La grande diagonale*, avec le collectif Avatar, *Rivers and Bridges*, projet diffusé sur le réseau Ars Acustica, Linz (Autriche).

1995

/. Performance lors du 3rd Audio Art Festival: *Sztuka Dzwieku*, Center for Contemporary Art, Varsovie (Pologne).
/. Performance lors du 3rd Audio Art Festival: *No Borders in Music*, Cracovie (Pologne).
/. *Pentium vs Kasparov*, Music Gallery, Toronto.
/. *Echos / La grande ourse*, Obscure, Québec.
/. Performance, Galerie Articule, Montréal.

1993

/. *Sans titre*, Festival del Mes del Performance, Centro Cultural Ex-Teresa Arte Alternativo, Mexico (Mexique).
/. *Performance télématique Toronto-Québec*, avec John Oswald, Don Ritter et David Rokeby, *Le corps amplifié*, Obscure, Québec.
/. *C comme C*, 2e version, Chapelle du Bon-Pasteur, Québec.
/. *Castafiore*, avec Bruit TTV, *Électro-communication*, Maison de la culture Frontenac, Montréal.

1992

/. *Hinterland : première partie*, lors de *Clair de terre*, Planétarium de Montréal, Montréal.
/. Performance lors d'*Interzone*, Festival d'In(ter)vention 7, Le Lieu, centre en art actuel, Québec.
/. *C comme C*, avec Bruit TTV et Recto-Verso, Obscure, Québec.
/. *Le piano flou*, lors de *Music and Communication in the 21st Century: Variations on Themes of Glenn Gould*, The Glenn Gould International Conference, Canadian Broadcasting Corporation, Toronto.
/. *Version portable #2*, lors des *Pitch Concerts* de John Oswald, Sound Symposium, Saint-Jean (Terre-Neuve).
/. Performances avec Holly Small et Bruit TTV, Sound Symposium, Saint-Jean (Terre-Neuve).
/. *Version portable #1*, Galerie Sans Nom, Moncton.
/. Performances avec Bruit TTV et Arbo Cyber Théâtre (?), Galerie Sans Nom, Moncton.
/. *Moulin à paroles*, avec David Rokeby, *Les minutes vidéo*, Obscure, Québec.

1991

/. Performance avec Arbo Cyber Théâtre (?), *Les 20 jours du théâtre à risque*, Québec.
/. Concerts avec Bruit TTV. Tournée : Obscure, Québec; Music Gallery, Toronto; Saw Gallery, Ottawa (Ontario, Canada).
/. *Internement*, avec Diane Landry, Congrès ANNPAC/RACA, Aire de service pour œuvres et œuvres d'art, Saint-Raymond de Portneuf (Québec).
/. Performance avec Bruit TTV, *Polyphonix 16*, Théâtre Périscope, Québec.
/. *Toward the Grand Piano*, Music Gallery, Toronto.

1990

/. Performance avec Arbo Cyber Théâtre (?), *Les 20 jours du théâtre à risque*, Montréal.
/. Concert avec Bruit TTV, Festival international de musique actuelle de Victoriaville, Victoriaville.
/. Performance lors de *Itérations*, Fondation Danaé, Pouilly (France).
/. Performance avec Arbo Cyber Théâtre (?), Obscure, Québec.

4. DISCOGRAPHIE (CD AUDIO, CÉDÉROMS ET DISQUES VINYLES)

2004

/. *Talking Crosswalks*, CD audio collectif.- Vienne : Pumpkin Records, 2004.- approx. 80 min.

2003

/. *11 h.*- compilation CD audio.- Québec : OHM éditions, 2003 (œuvres de Jocelyn Robert et autres : *Jazz Basters*, 35 min 45 s, *Excavation sonore / mars 2000*, 39 min 54 s, *Le Grand Orchestre d'Avatar*, 57 min 46 s et *Souk Souk*, 47 min 58 s).

/. *Ground Station*, avec Daniel Jolliffe.- CD audio duo.- Surrey : Surrey Art Gallery, 2003.- 48 min 7 s.- comprend un livret avec des textes de Liane Davison et de Tapio Mäkelä.

/. *QWERTY: Radio Free America*.- CD audio solo.- Toronto : FADO Performance Inc, 2003.- 73 min 47 s.

/. *Slow Scarfs from the Split Eyed Buddha*.- cédérom solo (inséré dans le n° 188 de *Spirale*).- Montréal : Spirale, 2003.- approx. 12 min en boucle.

2001

/. *Writing Aloud: the Sonics of Language*.- compilation CD audio (inséré dans la publication *Writing Aloud: the Sonics of Language*).- Los Angeles : Errant Bodies Press et Ground Fault Recordings, 2001 (œuvre de Jocelyn Robert : *En plein champ*, 5 min 38 s).

2000

/. *Les montagnes brusques*.- CD audio solo (inséré dans le n° 77 de la revue *Inter*).- Québec : *Inter*, 2000.- 19 min 24 s.

/. *Erratum #3*.- compilation CD audio.- Besançon : Erratum, 2000 (œuvre de Jocelyn Robert : *Quelques écarts de la mémoire de Laetitia*, 12 min 44 s).

1999

/. *Le crachecophage*, avec Laetitia Sonami.- CD audio duo.- Québec : OHM éditions, 1999.- 37 min 41 s.

/. *Canned Gods: a Typical Afternoon in the Backyard in Phoenix, Arizona*.- CD audio solo.- Québec : OHM éditions, 1999.- 42 min 10 s.

1998

/. *20 moments blancs lents*.- CD audio solo.- Québec : OHM éditions, 1998.- 39 min 57 s.

/. *Compost II*.- CD audio collectif.- Québec : OHM éditions, 1998.- 30 min.

/. *Miniatures concrètes*.- compilation CD audio.- Montréal : Empreintes DIGITALes, 1998 (œuvre de Jocelyn Robert : *Prélude à des Dieux en conserves*, 3 min).

/. *Secours aux asphyxiés*.- compilation CD audio (inséré dans la Série 3, n°s 17-18-19-20 de la revue Doc(k)s).- Nice : Z'éditions, 1999 (œuvre de Jocelyn Robert : *Un samedi analytique*, 1 min 23 s).

1997

/. *Compost*.- CD audio collectif.- Québec : OHM éditions, 1997.- 30 min.

/. *3 Phases*.- coffret CD audio de Michael Snow.- Québec : OHM éditions, 1997 (œuvres de Michael Snow et de Jocelyn Robert : *2 Solitudes*, 9 min 17 s et *Edallab Indelibile*, 4 min).

1996

/. *La théorie des nerfs creux*.- CD audio solo.- Québec : OHM éditions, 1996.- 41 min 31 s.

/. *Anniversaire de l'art*.- compilation CD audio.- Québec : Éditions Intervention, 1996 (œuvres de Jocelyn Robert : *La ville autocrate*, 59 s, *La ville phallocrate*, 30 s et *La ville écocrate*, 29 s).

/. *Radio Folie/Culture*.- CD audio collectif.- Québec : OHM éditions, 1996.- 59 min 35 s.

1995

/. *Le piano flou*.- CD audio solo.- Québec : OHM éditions, 1995.- 132 min 45 s.

/. *Castafiore*, avec Bruit TTV.- CD audio collectif.- Québec : OHM éditions, 1995.- 26 min 54 s.

1994

/. *Ding Dong Deluxe*.- compilation CD audio.- Québec : OHM éditions, 1994 (œuvres de Jocelyn Robert : *Les misères de la foi*, 14 s, *Pianock #2*, approx. 20 s, *Pianock #3*, approx. 20 s, *Pianock #4*, 8 s et *Horaire*, approx. 20 s).

/. *To Step Outside and Keep Walking*.- compilation CD audio.- Toronto : Freedom in a Vacuum et Swinging Axe, 1994 (œuvre de Jocelyn Robert : *Hinterland*, 17 min 57 s).

1993

/. *Ohren Des Kaiser Hirohito*.- compilation CD audio.- Aachen : Dragnet Records, 1993 (œuvres de Jocelyn Robert : *Ballon Testing*, avec Dan Lander, 4 min 29 s et *Sound Silhouette*, avec Patrick Ready, 5 min 4 s).

1992

/. *Bruit TTV*, avec Bruit TTV.- CD audio collectif.- Québec : OHM éditions, 1992.- 71 min 40 s.

1991

/. *Folie/Culture*.- CD audio solo.- Londres : ReR Megacorp, 1991.- 60 min 41 s.

/. *The ReR Quarterly*, Selections from Vol 2.- compilation CD audio.- Londres : Recommended Records, 1991 (œuvre de Jocelyn Robert : *Christifi Crucifixi Ultima Verba*, approx. 5 min 43 s).

1988

/. *Stat Live Moniteur*.- disque vinyle solo.- Londres : Recommended Records, 1988.- 40 min 50 s.

1987

/. *ReR Quarterly*, Vol 2 n° 2.- compilation disque vinyle audio.- Londres : Recommended Records, 1987 (œuvre de Jocelyn Robert : *Christifi Crucifixi Ultima Verba* approx. 5 min 43 s).

5. PROJETS RADIOPHONIQUES, PROJETS AUDIO ET PROJETS EN LIGNE

2004

/. Trame sonore des indicatifs réseaux, Télé-Québec, Montréal.

/. *Le tisserand*, extrait de la trame sonore de *Jimmy Works*, film de Simon Sauvé et Pascal Maeder, Montréal : Atopia Productions.

/. Performance sonore pour *Cross-Fade*, création chorégraphique et vidéo d'Éric Gagnon et Lydia Wagerer, Québec : La Rotonde et La Bande Vidéo.

/. *Les Islomanes*, avec Alain-Martin Richard, sur les ondes de CFIM, Symposium en arts visuels, Îles-de-la-Madeleine (Québec, Canada).

/. *Panatone 7486.C*, Avatar, Québec et Locus Sonus, Aix-en-Provence (France), en ligne [réf. du 31 janvier 2005], accès : http://www.panatone.net/flash/panatone.html.

/. *No Cinema*, avec Jérôme Joy, Yannick Dauby et Christophe Charles, en ligne [réf. du 31 janvier 2005], accès : www.nocinema.org.

2002

/. *San Francisco in 3 Acts*, sur les ondes de ORF Kunstradio, Vienne (Autriche).

/. *Slow Sparks from the Split Voiced Buddha*, émission Excavation sonore, sur les ondes de Radio Basse-Ville (CKIA), Québec.

/. *Dumpster Diving with Nixon*, sur les ondes de Radio Basse-Ville, Québec.

2001

/. *6 Drawers, 4 Spoons*, avec Éric Gagnon et Sari Koski-Vähälä, sur les ondes de Radio Basse-Ville, Québec.

/. *Palabres*, site web collectif *Les bâtisseurs de cathédrales*, Daïmõn, Gatineau (Québec, Canada), en ligne [réf. du 31 janvier 2005], accès : http://lenomdelachose.org/jrobert/pages/projets/halfscarf.dcr

2000

/. *La peur de l'eau*, émission Excavation sonore, sur les ondes de Radio Basse-Ville, Québec.

1999

/. *GOD'AR*, avec le GOD'AR, émission Le navire « Night », sur les ondes de la Chaîne culturelle de Radio-Canada, Montréal.

/. *Les scaphandres*, avec Laetitia Sonami, émission L'espace du son, sur les ondes de la Chaîne culturelle de Radio-Canada, Montréal.

/. *La mémoire de Laetitia*, émission L'espace du son, sur les ondes de la Chaîne culturelle de Radio-Canada, Montréal.

/. *JazzBasters*, avec le GOD'AR et Georges Azzaria, émission Excavation sonore, sur les ondes de Radio Basse-Ville, Québec.

1998

/. *Solstice d'été*, avec le collectif Avatar et le London Musicians' Collective, sur les ondes de Radio Basse-Ville, Québec et Resonance FM, Londres (Angleterre).

1996

/. *La grande diagonale*, avec le collectif Avatar, lors de Rivers and Bridges, en télématique sur les ondes de Radio-Canada, Montréal et d'ORF, Vienne.

/. *Radio Folie/Culture*, avec Diane Landry, André Michaud, Fabrice Montal, Christof Migone, James Partaik, Renaud Paquet et Michel Saint-Onge, sur les ondes de Radio Basse-Ville lors du festival *Folie/Culture*, Québec.

/. *No compassion*, trame sonore pour un drame radiophonique, Radio-Lituanie (Lituanie).

1995

/. *Horizontal Radio*, avec le collectif Avatar, en télématique sur les ondes de CJSR, Edmonton (Alberta, Canada) et d'ORF, Vienne.

1993

/. *Métaniki*, trame sonore de *Simul/Tinguely*, pièce de théâtre et vidéo d'Arbo Cyber Théâtre (?), Québec.

1992

/. *Tractapont / Droit de cité*, avec Bruit TTV, sur les ondes de Radio-Canada, Montréal.

6. TEXTES DE L'ARTISTE

2005

/.« Les scaphandres » dans : Déry, Louise.- *Jocelyn Robert. L'inclinaison du regard*.- Montréal : Galerie de l'UQAM, 2005.- (p. 86-87).

2004

/.« Le roi nu » dans : YYZ.- Toronto.- (2004).- p. [17-19].

2003

/.« L'enregistrement universel continu » dans : Gingras, Nicole.- *Le son dans l'art contemporain*.- Montréal : Éditions Artextes, 2003.- p. 64-65.

/.« De la traduction à la translation » dans : Blain, Dominique et Thecla Schiphorst.- *Piano à numéro*.- Québec : OHM éditions, 2003.- p. 9-16.

2002

/. [non titré].- *Espace*.- Montréal.- N° 59 (printemps 2002).- p. 9.

2001

/.« En plein champs » dans : Migone, Christof et Brandon LaBelle.- *Writing Aloud: the Sonics of Language*.- Los Angeles : Errant Bodies Press et Ground Fault Recordings, 2001.- p. 250-255.

1999

/.« La grammaire du cirque mou » dans : Vigneau, Jean-Yves.- *Eurêka*.- Hull : Axe Néo-7 et Trois-Rivières : Éditions d'art Le Sabord, 1999.- p. [33-40].

1998

/.« Un samedi analytique » dans : *Docks*.- Ventabren.- Série 3, n°s 17-18-19-20 (1998).- p. 240-243.

/.« Vermeer » dans : Vigneau, Jean-Yves.- *Archimède*.- Hull : Axe Néo-7, 1998.- p. [8].

1996

/.« The Code is in the Translation » dans : Schopf, Christine et Gerfried Stocker.- *Memesis: the Future of Evasion*.- Vienne : Springer Verlag, 1996.- p. 355-359.

/.« On Kuivila's Chronic Distance » dans : *Klangkunst*.- Berlin : Akademie der Künste et Munich : Prestel, 1996.- p. 86.

1995

/.« Of the Importance of the Stars in Interior Design » dans : *TechNO for an Answer* (catalogue internet), Hartford : Real Art Ways, 1995.- Hors ligne.

/.« Art Against Temperance (The FLQ Manifesto Through an English Spellcheck) » dans : *Sémiotext(e)*.- New York.- N° 17, vol. 6, n° 2 (1995).- p. 312.

1994

/.« Stratégie parallèle » dans : *Diane Landry. Stratégie parallèle*.- Chicoutimi : Séquence, 1994.- [n. p.].

1993

/.« Les ruses observatoires » dans : *Inter*.- Québec.- N° 57 (été 1993).- p. 44.

/.« Le corps amplifié. Les traductions télématiques simultanées : la technologie des correspondances, 4e partie » dans : feuillet d'Obscure.- Québec : Obscure, 1993.- [n. p.].

/.« Le Very Nervous System de David Rokeby : la technologie des correspondances, 1ère partie » dans : *Musicworks*.- Toronto.- N° 56 (automne 1993).- p. 43-45.

1992

/.« Untitled » dans : Randolph, Jeanne.- *The City Within*.- Banff : The Banff Centre, 1992.- p. [21-22].

/.« Radio Rethink » dans : *Inter*.- Québec.- N° 54 (été 1992).- p. 22-23.

/.« Oui/Non », texte radiophonique pour le symposium *Radio Rethink*, sur les ondes de Radio Free Banff, Banff.

1991

/.« L'art est environnemental » dans : *Inter*.- Québec.- N° 51 (été 1991).- p. 8.

/.« Les réseaux 3 : pièges à voix » dans : *Inter*.- Québec.- N° 51 (été 1991).- *Supplément Première biennale d'art actuel de Québec*, p. 14.

/.« La typologie brownienne : la technologie des correspondances, 2e partie » dans : feuillet d'Obscure.- Québec : Obscure, 1991.- [n. p.].

/.« Le Very Nervous System de David Rokeby : la technologie des correspondances, 1ère partie » dans : feuillet d'Obscure.- Québec : Obscure, 1991.- [n. p.].

/.« Pour des musiques qui n'en sont plus » dans : *Noir d'encre*.- Québec.- Vol. 1, n° 1 (fév./mars/avril/mai 1991).- p. 17.

/.« Don Ritter / Tom Dimuzio » dans : feuillet d'Obscure.- Québec : Obscure, 1991.- [n. p.].

1990

/.« Luc Courchesne : portrait n° 1 » dans : feuillet d'Obscure.- Québec : Obscure, 1991.- [n. p.].

1989

/.« Choice of the Means in Music » dans : *Ré Records Quarterly Magazine*.- Londres.- Vol. 2, n° 3 (novembre 1989).- p. 12-14.

1987

/. [Sans titre].- *Ré Records Quarterly Magazine*.- Londres.- Vol. 2, n° 2 (automne 1987).- p. 60.

7. INFORMATIQUE APPLIQUÉE

2002

/. *Cool Project*, avec David Merrill et Tim Hawkins, NIME Conference, Dublin (Irlande).

2001

/. Réalisation des logiciels pour *Piano à numéros* de Techla Schiphorst et Dominique Blain, Avatar, Québec.

1997

/. Réalisation des logiciels pour le projet de piano mécanique de Michael Snow, Avatar, Québec.
/. Conception de la mécanique audio-informatique pour la production théâtrale *Simul Artaud* d'Arbo Cyber Théâtre (?), Québec.
/. Conception avec Émile Morin de la mécanique informatique pour *Le Phare* de Diane Landry, Innsbruck.
/. Consultant en installation et interaction informatique, The Banff Centre, Banff.

1993

/. Conception avec Émile Morin de la mécanique audio-informatique pour la production théâtrale *C comme c* de Gilles Artaud et des Productions Recto-Verso, Québec.
/. Programmation audio-informatique pour une performance de Stelarc, Obscure, Québec.

8. ADMINISTRATION DES ARTS

1993-2001
/. Membre fondateur et président d'Avatar, association de création et diffusion sonores et électroniques, Québec.

1997-1998
/. Président de Méduse, coopérative de producteurs et de diffuseurs artistiques, culturels et communautaires, Québec.

1993-1998
/. Membre du conseil d'administration et membre du comité exécutif de Méduse, coopérative de producteurs et de diffuseurs artistiques, culturels et communautaires, Québec.

1997
/. Membre du comité consultatif sur les arts multidisciplinaires du Conseil des arts et des lettres du Québec, Québec.

1995-1996
/. Directeur artistique, avec Janos Sugar, de *Rivers and Bridges*, projet de création radiophonique international, organisé par le groupes Ars Acustica (Autriche) et l'EBU, Association des radiodiffuseurs Européens (Suisse).

1994-1996
/. Membre du conseil d'administration de l'association Folie/Culture, Québec.

1990-1993
/. Concepteur et conservateur, avec Émile Morin, de *La création artistique informatisée en temps réel*, Obscure, Québec.

1990-1992
/. Membre du conseil d'administration de la coopérative d'artistes Obscure, Québec.

9. ENSEIGNEMENTS, CONFÉRENCES, ATELIERS ET RÉSIDENCES

2003

/. Professeur, département Intermedia, Mills College, Oakland (Californie, États-Unis).
/. *Social Sculpture / Contextual Art*, chargé de cours, Stanford University, Stanford.
/. *Art and Institution*, table ronde, Live Festival, Grunt Gallery, Vancouver.
/. *Sound Art and Interactive Art*, assistant de Paul DeMarinis, Stanford University, Stanford.
/. Conférence, San Francisco Art Institute, San Francisco (Californie, États-Unis).

2002

/. Conférence, San Francisco Art Institute, San Francisco.
/. Atelier, Aceartinc, Winnipeg.
/. Conférence, Neutral Ground, Régina.
/. Conférence ICI, École des arts visuels et médiatiques, UQAM, Montréal.
/. Atelier, Université McGill, Montréal.
/. Conférence, Université Concordia, Montréal.
/. Oboro, Montréal (résidence).
/. La Bande Vidéo, Québec (résidence).

2001

/. Conférence, Earful Audio Art Festival, Centre for Art Tapes, Halifax (Nouvelle-Écosse, Canada).

2000

/. Atelier, Art Institute of Chicago, Chicago.

1999

/. Conférence lors de *Cartographies. Toward a Definition of New Media Art*, Inter-Society of Electronic Art, Montréal.
/. *Installation sonore*, conférence, Musée de la civilisation, Québec.
/. *Création sonore*, atelier, Daïmõn, Gatineau.
/. *Création sonore*, conférence, Université Laval, Québec.

1998

/. *Recent Works*, conférence, University of Baltimore, Baltimore (Maryland, États-Unis).
/. *Quelques idées*, conférence, Congrès annuel du Conseil des arts et des lettres du Québec, Québec.
/. *Stars, Scores and Stolen Art*, conférence, University of Sheffield, Sheffield.

1998

/. *Unabombing the Art World*, conférence, colloque Curating and Conserving New Media, The Banff Centre, Banff.
/. Le grand résonateur, Ateliers convertibles, Joliette (Québec, Canada).
/. University of Sheffield, Sheffield (Angleterre) (résidence).

1997

/. Western Front, Media Arts Program, Vancouver (résidence).

1996

/. *Le théorème de Fermat*, conférence lors de *La parallaxe*, Salle Multi de Méduse, Québec.

1995

/. Conférence, Regroupement des centres d'artistes autogérés du Québec, Montréal.
/. Atelier, The Banff Centre, Banff.

1994, 1993 ET 1992

/. The Banff Centre, Media and Visual Arts, Banff (résidences).

1993

/. Atelier, Obscure, Québec.

10. PRIX, DISTINCTIONS ET BOURSES

2004

/. Nomination, Prix Reconnaissance, Prix d'excellence des arts et de la culture, Québec.
/. Subvention de réalisation, Conseil des Arts du Canada, Ottawa.

2003

/. Subventions de voyage aux artistes des arts médiatiques, Conseil des Arts du Canada, Ottawa.

2002

/. 1er prix, catégorie Image, *Transmediale.02*, International Media Art Festival Berlin, Berlin.

2000

/. Subvention de réalisation, Conseil des Arts du Canada, Ottawa.

1998

/. Nomination, Prix du rayonnement international, Prix d'excellence des arts et de la culture, Québec.
/. Bourse de type B, Conseil des arts et des lettres du Québec, Québec.

1997

/. Bourse de déplacement, Conseil des arts et des lettres du Québec, Québec.

1995

/. Bourse de type B, Conseil des Arts du Canada, Ottawa.

1994

/. Bourse de longue durée, ministère de la Culture et des Communications, Québec.

1993

/. Bourse de recherche et création, ministère de la Culture et des Communications, Québec.
/. Bourse programme Exploration, Conseil des Arts du Canada, Ottawa.

1992

/. Bourse de recherche et création, ministère de la Culture et des Communications, Québec.

1991

/. Bourse de type B, Conseil des Arts du Canada, Ottawa.
/. Subvention de réalisation, Conseil des Arts du Canada, Ottawa.
/. Bourse de recherche et création, ministère de la Culture et des Communications, Québec.

1990

/. Bourse du programme Exploration, Conseil des Arts du Canada, Ottawa.

1989

/. Bourse de recherche et création, ministère de la Culture et des Communications, Québec.

1987

/. Lauréat, avec Diane Landry, d'*Enformance : les 12 heures*, concours de sculpture publique, Québec.

1984

/. 2e prix de l'École d'architecture, Université Laval, Québec.

11. CATALOGUES, LIVRES ET ARTICLES (SÉLECTION)

2005

/. Déry, Louise.- *Jocelyn Robert. L'inclinaison du regard*.- Montréal : Galerie de l'UQAM, 2005.- 144 p.

/. Fraser, Marie.- *Jocelyn Robert*.- Montréal : Vox, centre de l'image contemporaine, 2005.- DVD inclus.

/. Lamarche, Bernard.- *Manif d'art 2. Bonheur et simulacres*.- Québec : Manifestation internationale d'art de Québec, 2005.- 334 p. Texte de Bernard Lamarche, « Jocelyn Robert. Québec, Canada », p. 64-65 et DVD.

2004

/. Thériault, Michèle.- *Timelength*.- Montréal : Galerie Leonard & Bina Ellen, Université Concordia, 2004.- 120 p.- Autre texte de Stefan Jovanov.

/. Gingras, Nicole.- *Frottements. Objets et surfaces sonores*.- Québec : Musée national des beaux-arts du Québec, 2004.- 51 p. et CD audio.

/. Rochefort, Jean-Claude.- « L'image entre deux états ».- *Le Devoir*.- Montréal.- 28 novembre 2004.- p. E6.

/. Cantin, David.- « Le son en mouvement ».- *Le Devoir*.- Montréal.- 4 septembre 2004.- p. E6.

2003

/. Olhagaray, Néstor.- *6e Bienal de Video y Nuevos Medios de Santiago*.- Santiago : Museo de Arte Contemporáneo, 2003.- 68 p.

/. Lawler-Dormer, Deborah.- *Points of Entry*.- Auckland : Moving Image Center, 2003.- 76 p.

/. Mays, Marianne.- « Next to nothing ».- *Paperwait*.- Winnipeg.- Vol. 5. (2002-2003).- p. 14.

/. Lee, Pamela M.- « Best of 2003: 11 Top Ten ».- *Artforum*.- New York.- Vol. 42, nº 4 (décembre 2003).- p. 128.

/. Campeau, Sylvain.- « Le pavé dans la mare ».- *ETC Montréal*.- Montréal.- Nº 61 (mars/avril/mai 2003).- p. 32-36.

2002

/. Vidal, Jean-Pierre.- *Jocelyn Robert. Catarina*.- Chicoutimi : Séquence, 2002.- 4 p.

/. Migone, Christof.- *Jocelyn Robert et l'art en nœuds libre*.- Québec : La Bande Vidéo, 2002.- cédérom et livret de 12 p.

/. *Poolside: Shift*.- Winnipeg : Video Pool, 2002.- Texte de Rodney Latourelle : « The Modern Uncanny », p. 68-73.

/. Rochefort, Jean-Claude.- « Images en fuite et mots tus ».- *Le Devoir*.- Montréal.- 13 octobre 2002.- p. F8.

/. Provencher, Louise.- « Entretien avec Jocelyn Robert ».- *Espace*.- Montréal.- Nº 59 (printemps 2002).- p. 6-9.

/. Cook, Sarah.- « Computer Voices / Speaking Machines ».- *Mute* (Web Exclusive).- Londres.- 2002.

2001

/. Diamond, Sara.- *Computer Voices / Speaking Machines*.- Banff : Walter Phillips Gallery, The Banff Centre, 2001.- 20 p.- Autres textes de Corinna Ghaznavi, Émile Morin, Jocelyn Robert et David Rokeby.

/. Pontbriand, Chantal.- « Linda Gaudreau, Jocelyn Robert ».- *Parachute*.- Montréal.- Nº 102 (avril/mai/juin 2001).- p. 117-125.

2000

/. Brown, Lorna.- *A Set of Suspicions*.- Vancouver : Artspeak Gallery, 2000.- 6 p.- Autres textes de Randy Lee Cutler, Denis Gautier et Kathleen Ritter.

/. Bousteau, Fabrice.- *L'art dans le monde*.- Paris : Beaux Arts magazine, 2000.- 126 p.- Texte de Kathleen Goggin : « Le son des choses », p. 37.

/. Nadeau, Lisianne.- *Temporalité*.- Québec : La Chambre Blanche, 2000.- 77 p.- Texte de Christof Migone : « 20 sur 20 », p. 33-35.

/. Sutherland, Mark.- « Aural Epiphanies Packed in Panache ».- *Musicworks*.- Toronto.- N° 77 (été 2000).- p. 56.

/. La Casa, Eric.- « Jocelyn Robert ».- *Revue et corrigée*.- Grenoble.- N° 43 (mars 2000).- p. 16-19.

/. Giles, Linda.- « Tic. Toc Festival: International Festival of New Performance, Victoria ».- *Vie des arts*.- Montréal.- Vol. 44, n° 178 (printemps 2000).- p. 70.

/. Pereira, Rogelio.- « Avatar : Pierre-André Arcand, Jocelyn Robert y Christof Migone.- *Ólobo*.- Cuenca.- N° 1 (décembre 2000).- En ligne [réf. du 31 janvier 2005], accès : http://www.uclm.es/artesonoro/oloboava.html.

1998

/. Donovan, Erin.- « Thinking is a Noisy Process ».- *Musicworks*.- Toronto.- N° 71 (été 1998).- p. 59-60.

/. Larose, Karim.- « Musique, non-musique et nouvelles technologies ».- *ETC Montréal*.- Montréal.- N° 41 (mars/avril/mai 1998).- p. 11-14.

1996

/. Young, Gayle.- *I am Listening / J'écoute* (catalogue vidéo).- Toronto : Galerie Glendon, Université York, 1996.- 28 min.

1993

/. *Livret d'exposition Skol, programmation 1992-1993*.- Montréal : Skol et Paje, 1993.- 52 p.- Texte de Doyon/Demers : « Environ 8 000 kilomètres », p. 46-49.

/. Arcand, Pierre-André.- « AB Box ».- *Inter*.- Québec.- N° 57 (été 1993).- p. 43.

1992

/. Michaud, Andrée.- « Impressions of Canada ».- *Front*.- Vancouver.- Vol. 3, n° 5 (mai/juin 1992).- p. 27.

/. Cron, Marie-Michèle.- « Impression de tristesse ».- *Le Devoir*.- Montréal.- 26 septembre 1992.- p. C13.

1991

/. Chamberland, Roger, Richard Martel et Yvan Pageau.- *De la performance à la manœuvre*.- Québec : Éditions Intervention, 1991.- 36 p.

/. Michaud, Andrée.- [non titré].- Québec : Obscure, 1991.- [n. p.].

/. Dumont, Jean.- « Carnets de route ».- *Le Devoir*.- Montréal.- 13 juin 1991.- p. B7.

1990

/. Pelletier, Sonia.- *Itérations*.- Montréal : Regroupement des centres d'artistes autogérés du Québec, 1990.- 20 p.

Installations

Machines, 1991
Sculpture active
Pièces de bois récupérées, vis, p. 63

I Had a Canary, but It's Not Dead Yet, 1992
Installation interactive avec effets sonores
Piano, moteurs, table, nappe, couverts, chaises, p. 6, 7, 60, 61

AB Box, 1993-2005
Extrait d'une installation réalisée avec Diane Landry
Gobelets en verre, ampoules électriques, ordinateur, synthétiseur, haut-parleur et podium, p. 8, 9, 62

Vermeer, 1996
Projection vidéo en boucle, sans son, 3 min 24 s
Projecteur, lecteur DVD, p. 10, 11

Snowmobile, 1996
Installation vidéo numérique, sans son, 18 s
Écran à cristaux liquides, ordinateur, p. 12, 13

The State of the Union, 2002-2003
Installation avec projection vidéo en boucle, effets sonores, 11 min 34 s
Projecteur, lecteur DVD, objets, p. 14, 15, 16, 17, 65

Cafe Dolci, 2004
Installation vidéo numérique, sans son, 40 s
Écran à cristaux liquides, ordinateur, lutrin, p. 18-19, 66, 67

Fontaine, 2005
Installation avec projection vidéo en boucle, sans son, 7 min 44 s
Projecteur, lecteur DVD, chaise, boîte en carton, p. 20, 21, 22, 23

Œuvres sonores

Le piano flou, 1995
CD double audio solo, 132 min 45 s
OHM éditions, Avatar, Québec
La photographie en frontispice du coffret est une œuvre de Diane Landry, p. 25, 70

La théorie des nerfs creux, 1996
CD audio solo, 41 min 31 s
OHM éditions, Avatar, Québec, p. 25, 68, 69

Canned Gods: a Typical Afternoon in the Backyard in Phoenix, Arizona, 1999
CD audio solo, 37 min 41 s
OHM éditions, Avatar, Québec, p. 72

Under the Influence, 1999
CD audio solo, non publié, 44 min 50 s, p. 73

Dumpster Diving with Nixon, 2002
Émission radiophonique solo, 58 min 43 s
Radio Basse Ville, Québec, p. 75

Œuvres-textes

Oui/Non, 1992
Texte radiophonique
Banff, Alberta, p. 28-29, 79

Untitled, 1992
Texte graphique, p. 27, 77

Art Against Temperance, 1995
Texte réalisé pour l'édition de Semiotext(e) sur le Canada, p. 30

Les scaphandres, 1998
Projection vidéo du texte, p. 26, 31, 86, 87

indique que les œuvres dans cette liste ont étés exposées

Politique d'intérieur, 2002
Installation vidéo, p. 38, 39, 128, 129

Quelques écarts de la mémoire de Catherine, 2000
Installation audio et vidéo, p. 43, 44, 45

Centaure, 1990
Ready-made aidé, p. 46

Bonjour Dürer, 1988
Installation photographique
3,5 x 13 m, p. 48

Les réseaux 3 : pièges à voix, 1990
Manœuvre
Piézo vibreurs, p. 49

Les réseaux 5 : nids d'oreilles, 1993
Manœuvre
Piézo vibreurs, pierres, p. 50, 51

Jocelyn Robert et Diane Landry
Les réseaux 4 : les abattoirs, 1993
Manœuvre et installation
Ballons, seaux, eau, piézo vibreurs, p. 52

Jocelyn Robert et Diane Landry
Environ 8 000 kilomètres, 1990-1993
Performance et installation
Objets, photos, trame sonore, p. 53

Pentium vs Kasparov, 1995
Performance
Échiquier, 64 haut-parleurs, p. 54

Jocelyn Robert et Émile Morin
Leçon de piano, 2002
Installation audio vidéo informatique, p. 56, 57, 138, 139, 140, 141

L'invention des animaux, 2001-2002
Installation audio vidéo informatique, p. 59, 124, 125

Jocelyn Robert et Émile Morin
Espèces et quasi-espèces, 2004
Installation vidéo électronique, p. 114, 115, 116, 117

Jocelyn Robert et Émile Morin
La salle des nœuds 2, 1999
Installation audio vidéo informatique, p. 118, 119

Jocelyn Robert et Émile Morin
La salle des nœuds 3, 2001
Installation audio vidéo informatique, p. 120, 121, 122, 123

Jocelyn Robert et Daniel Jolliffe
Ground Station, 2003
Installation audio informatique, p. 126, 127

Colville, 1996
Projection vidéo en boucle, sans son, p. 130, 131

Catarina, 2002
Installation audio, vidéo, informatique, p.132, 133

It Should Not Be Cancer, 2002
Installation audio, vidéo, p. 134, 135

Jocelyn Robert et Diane Landry
Internement, 1991
Performance, p. 136, 137

LISTE DES ŒUVRES REPRODUITES_

ARCHIVES_

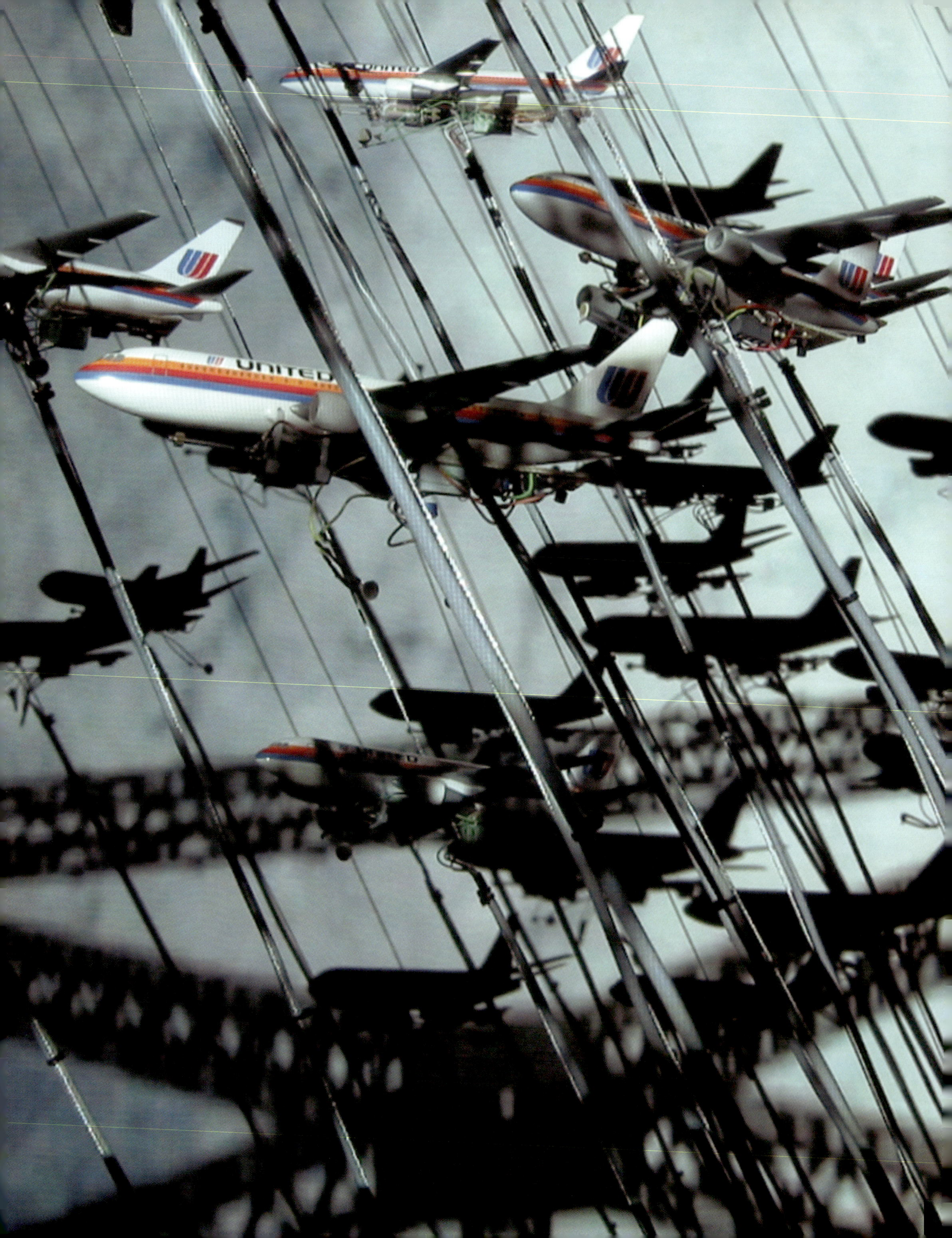

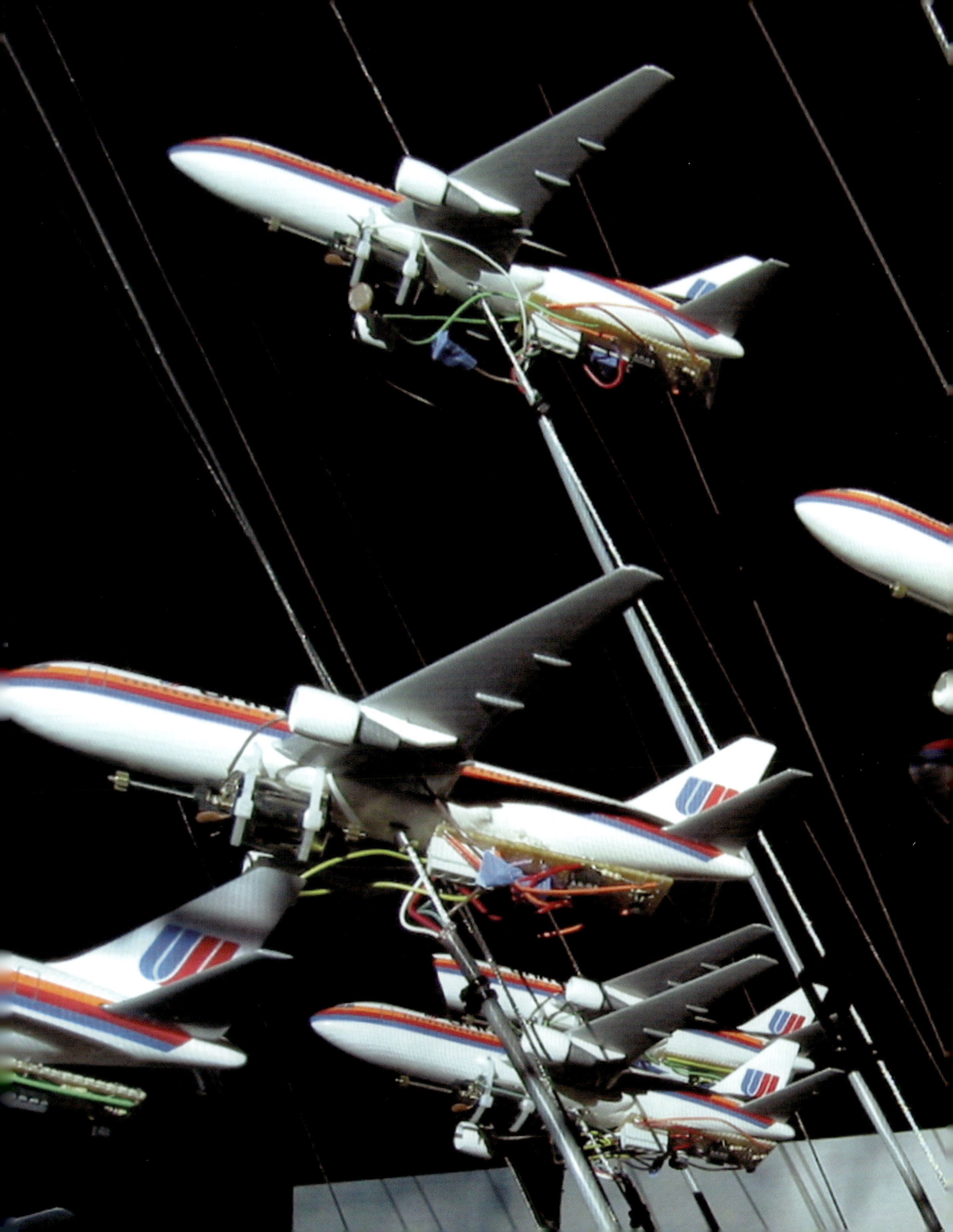

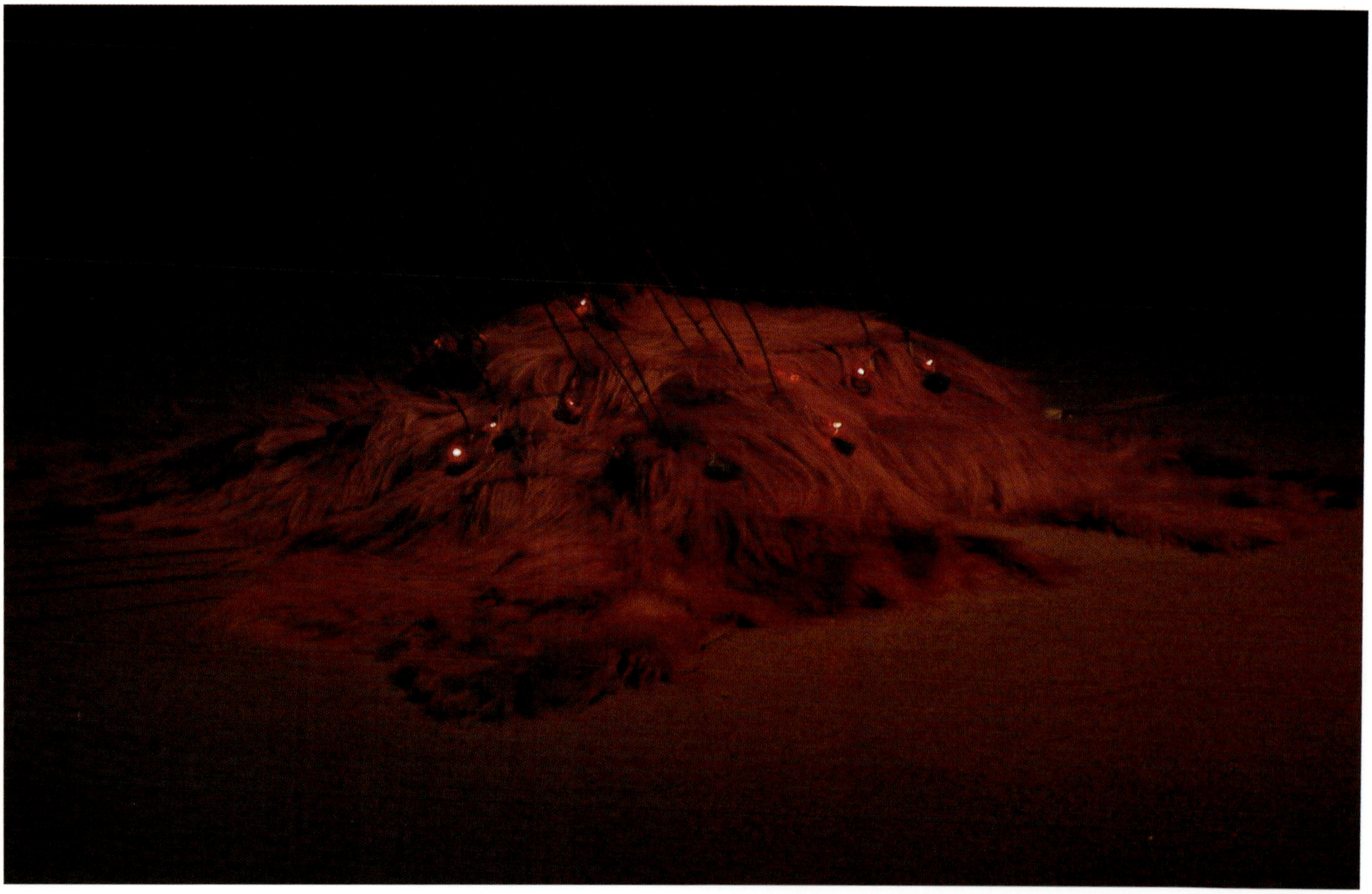

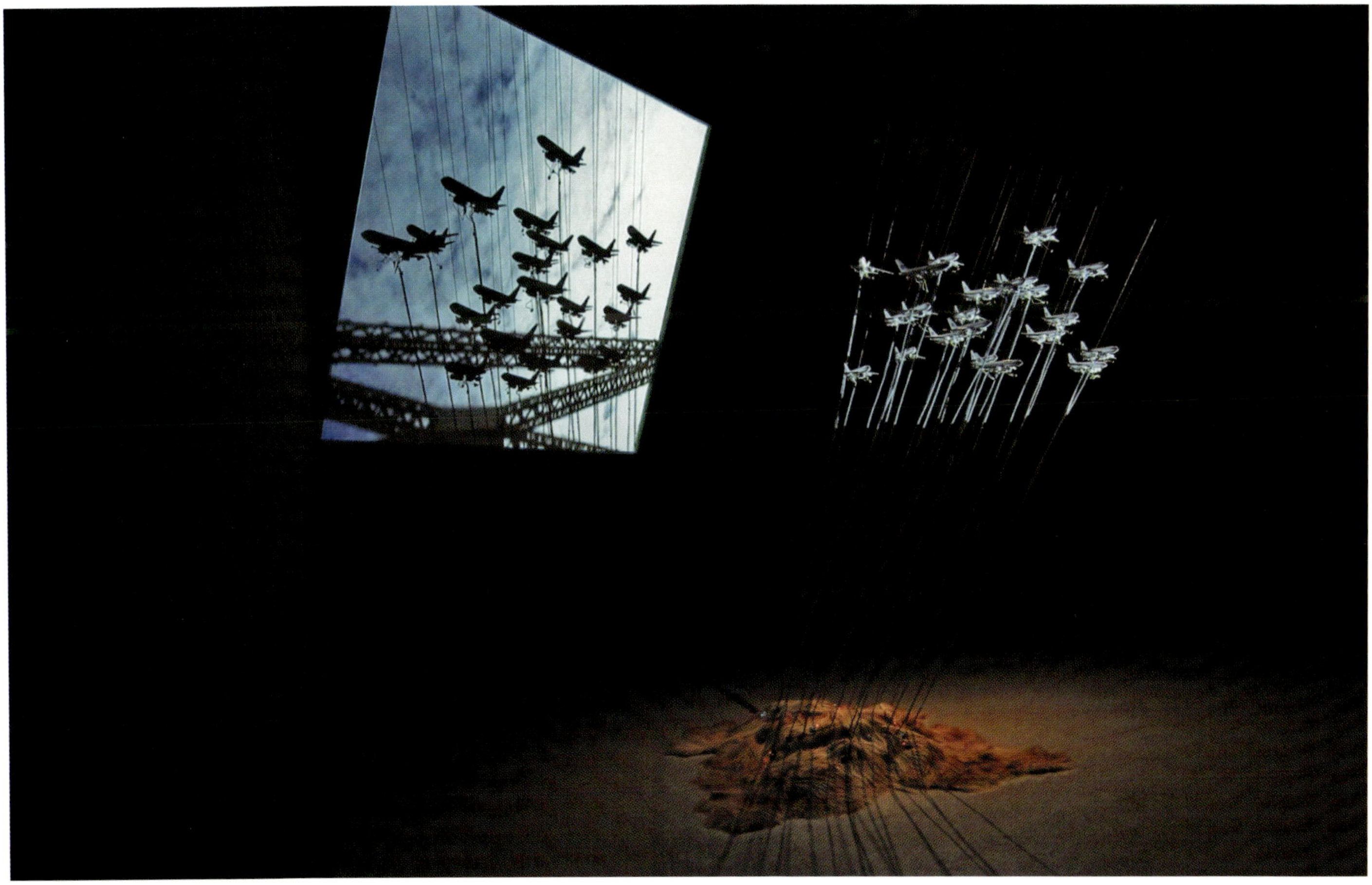

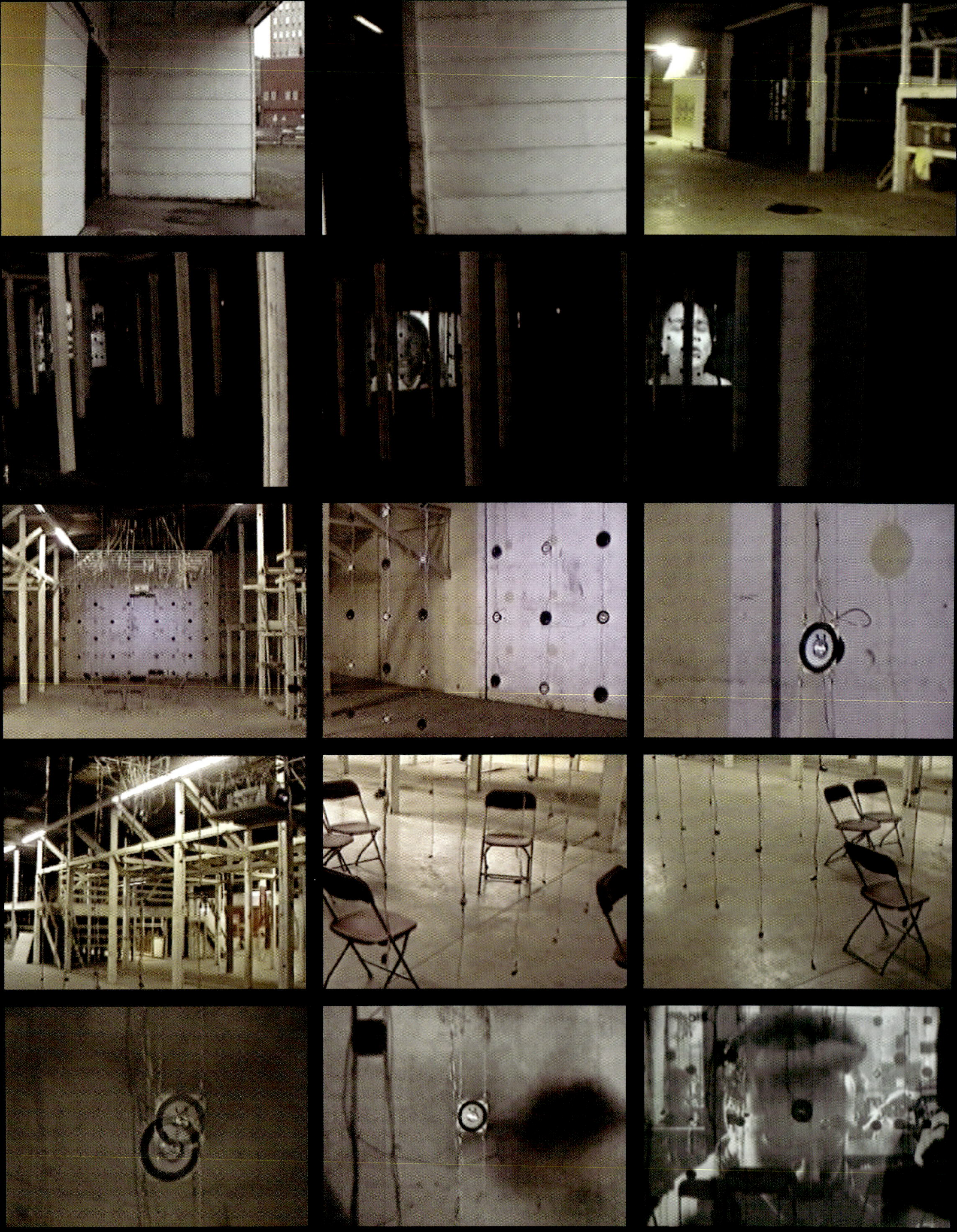

La salle des nœuds 2

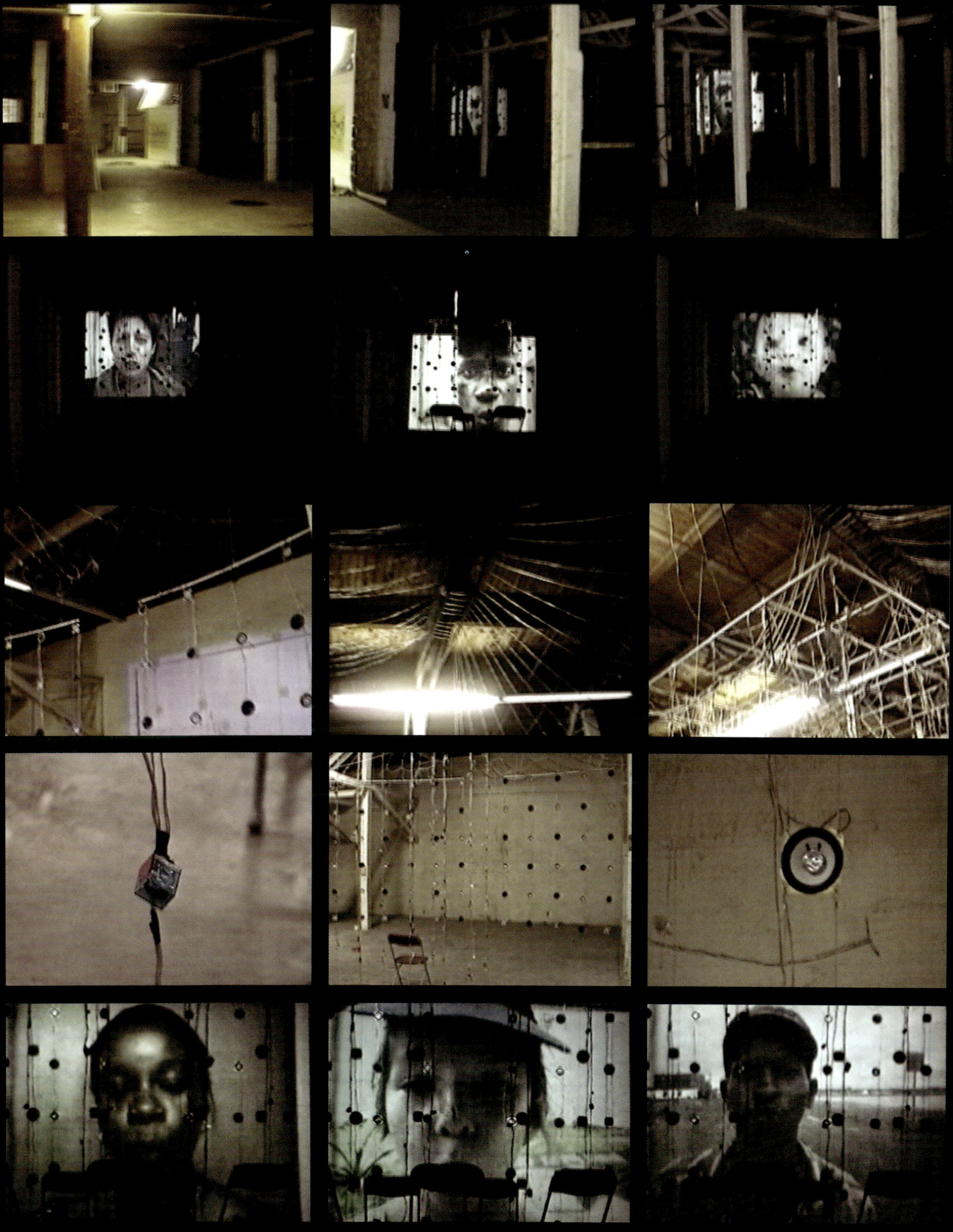

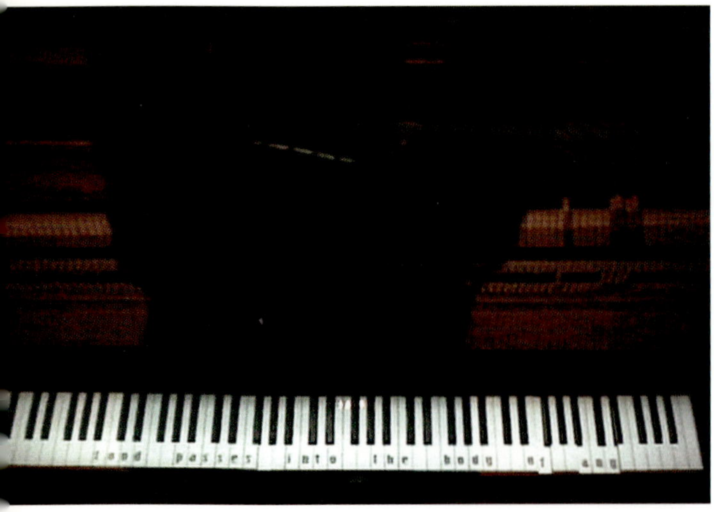
passes into the body of

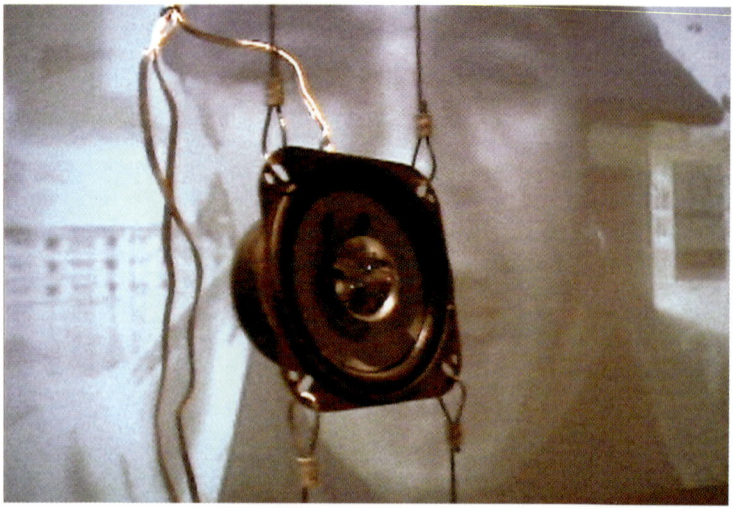

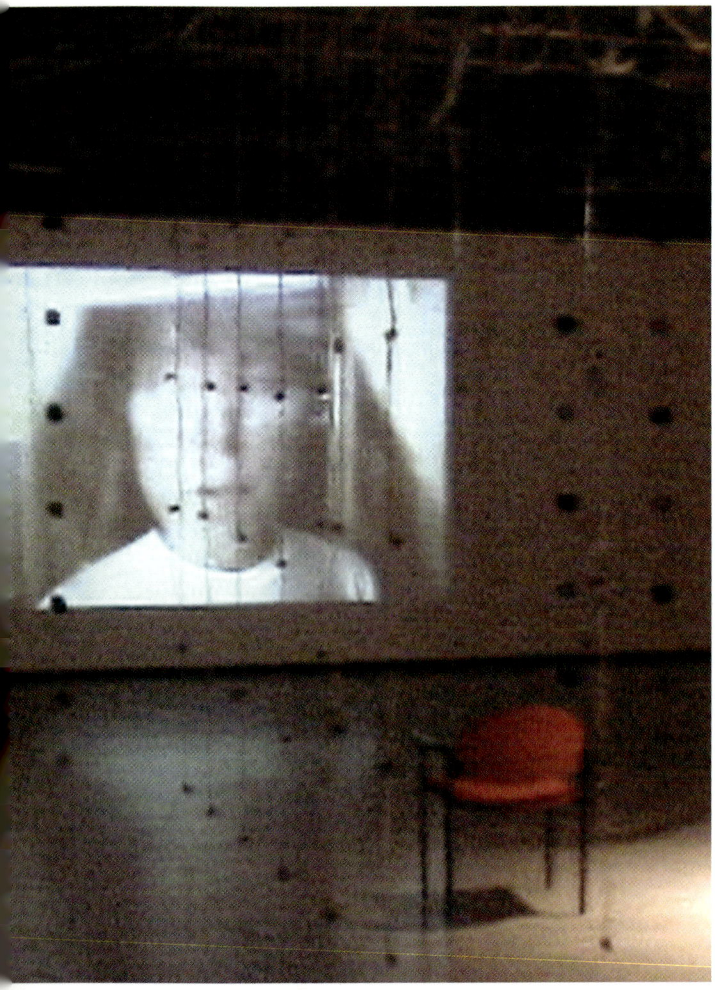

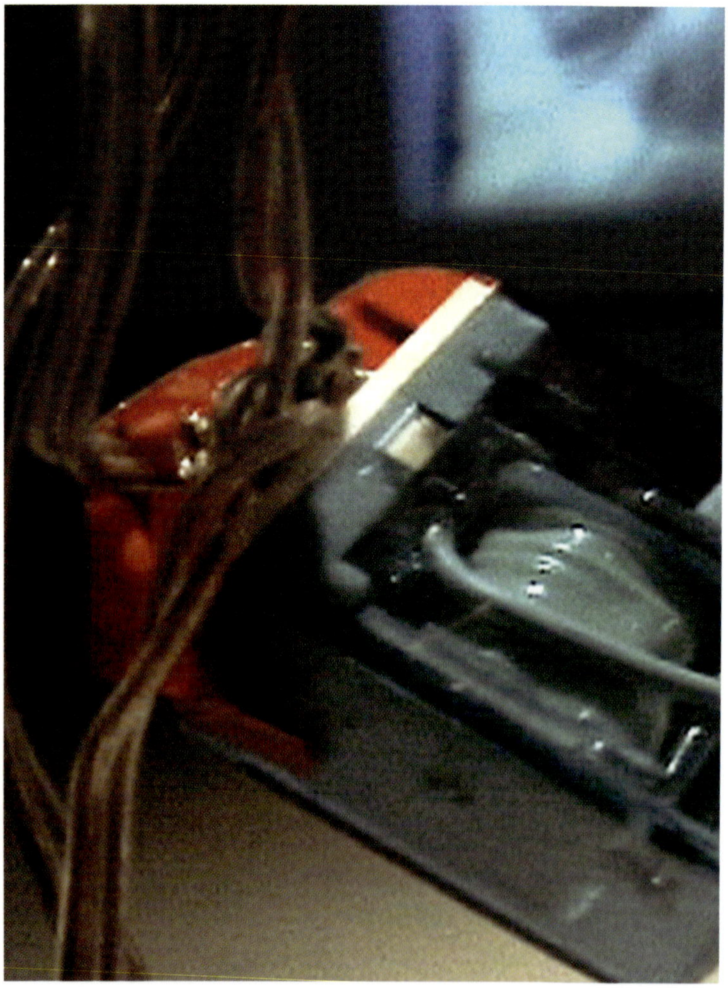

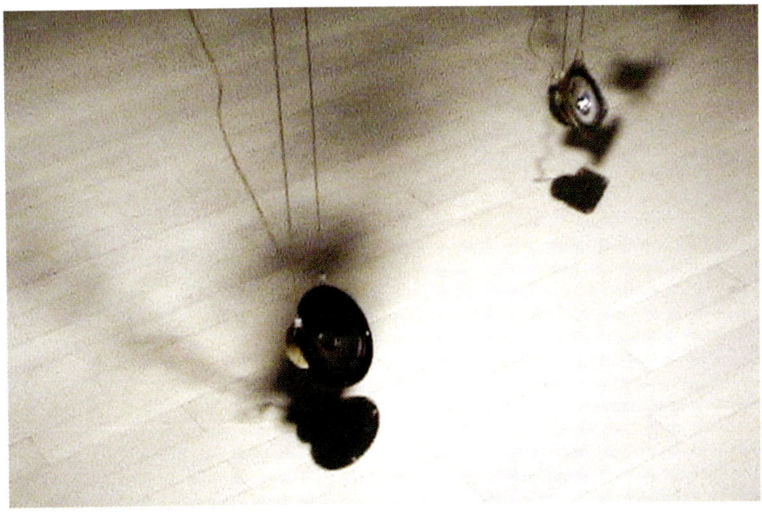

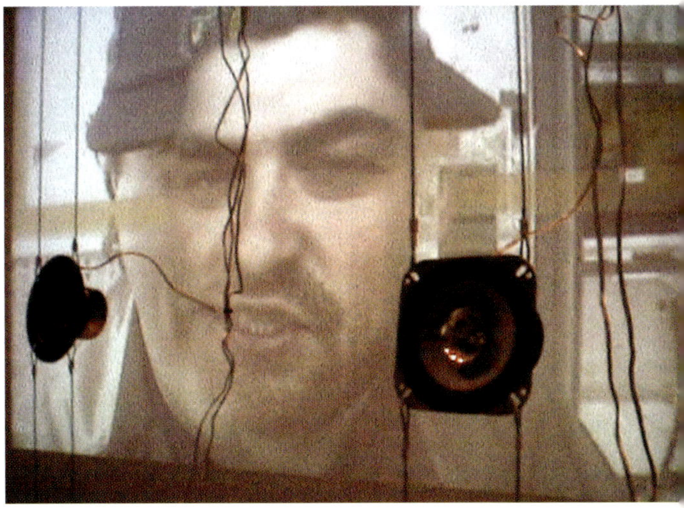

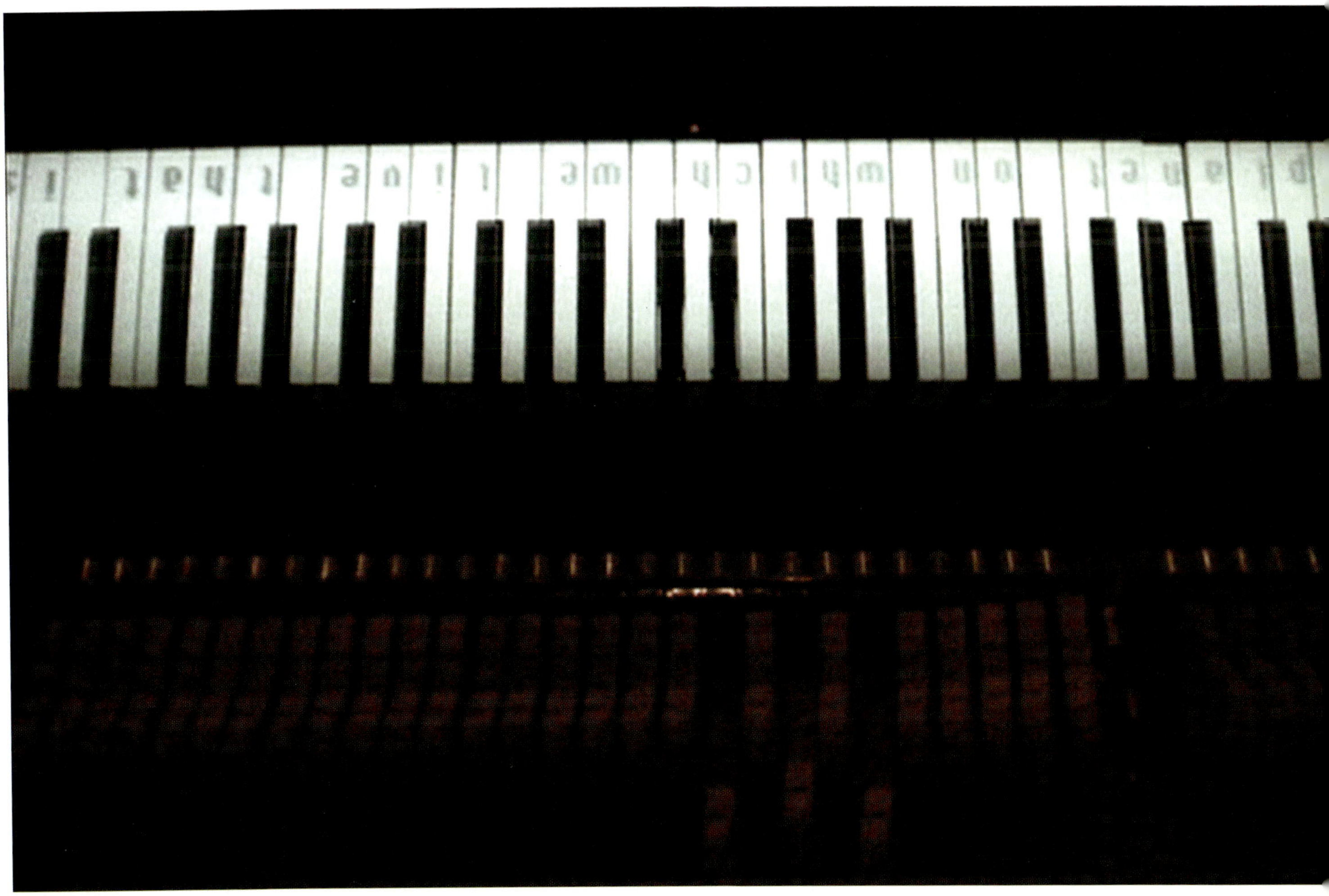

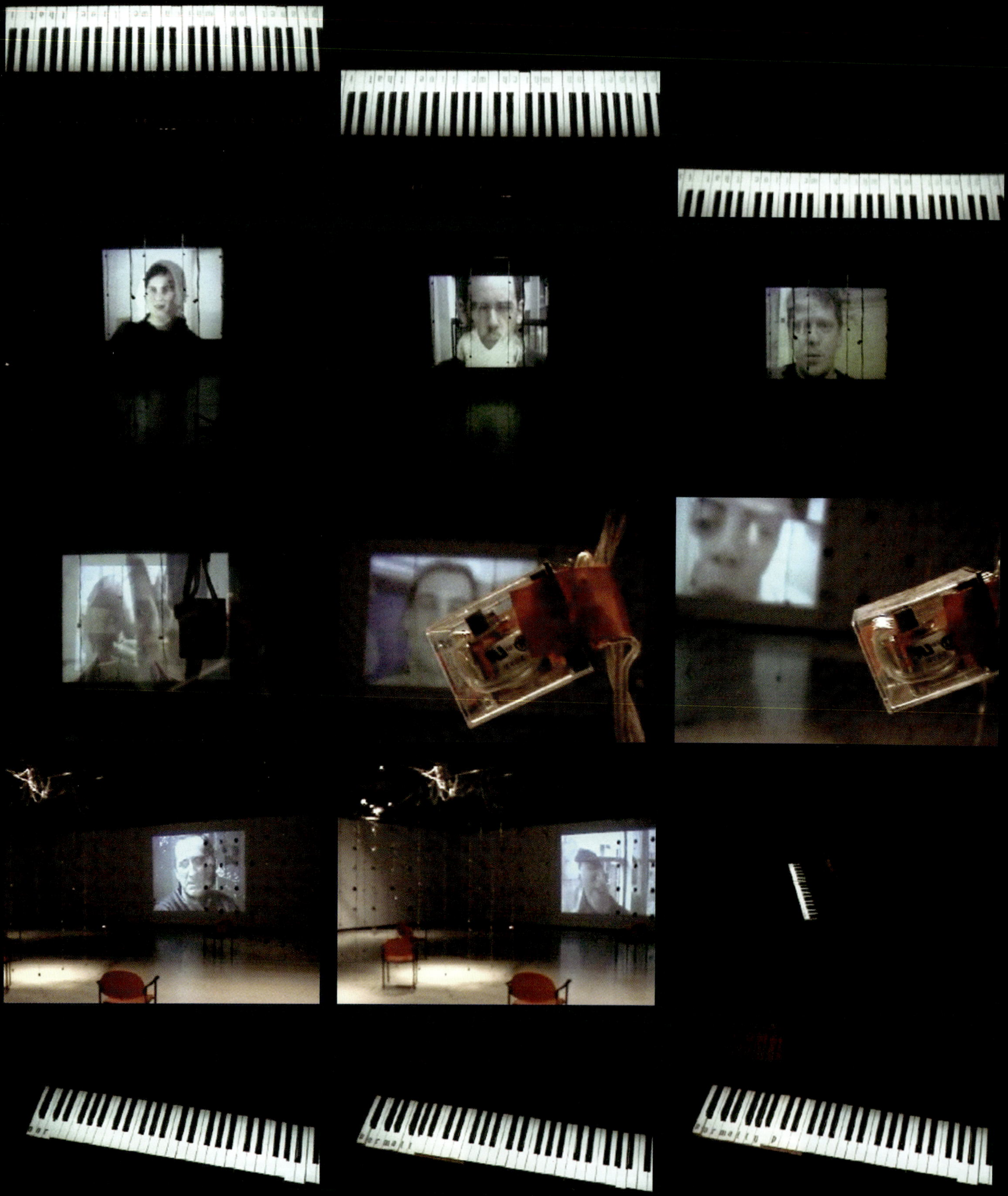

La salle des nœuds 3

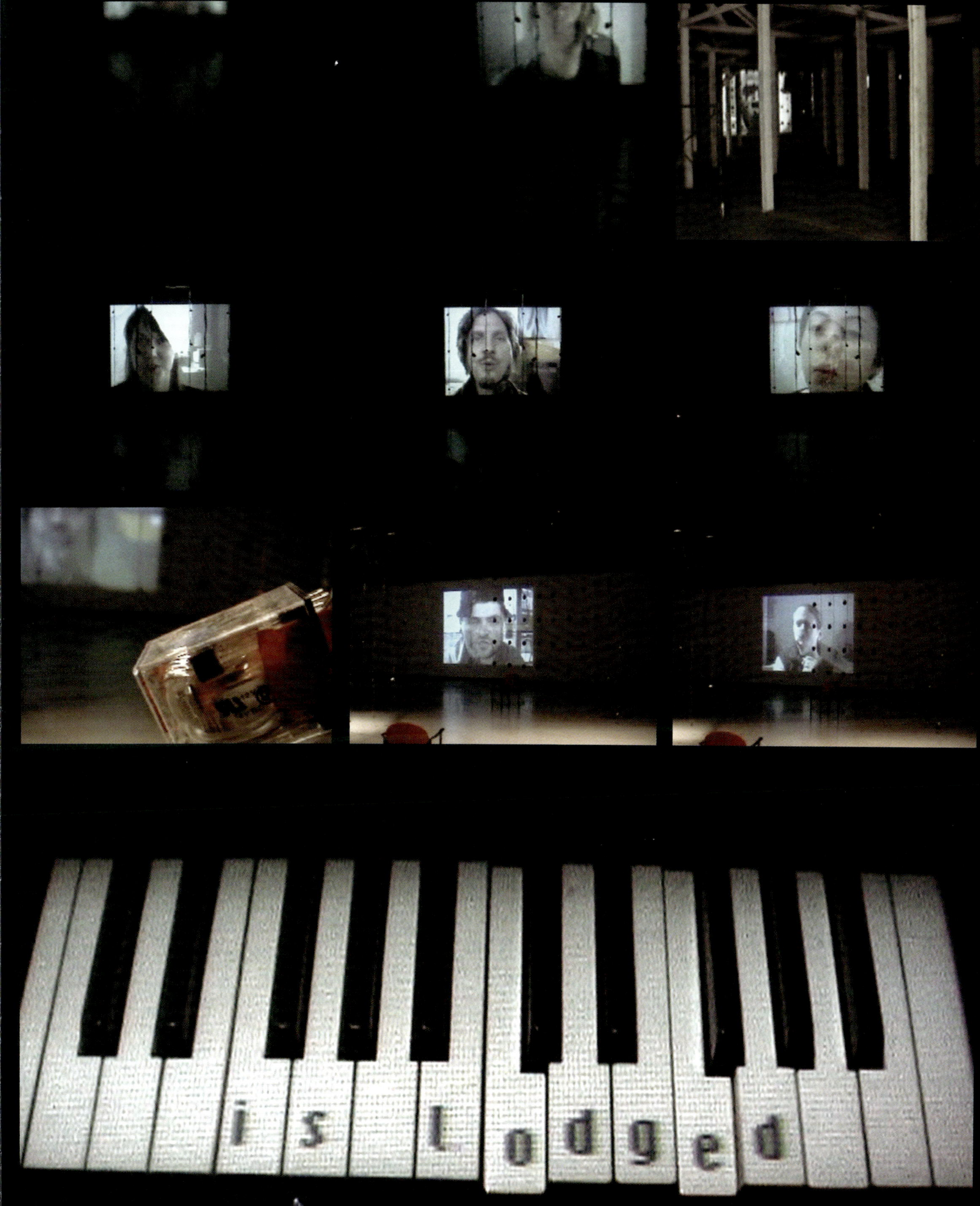
is lodged

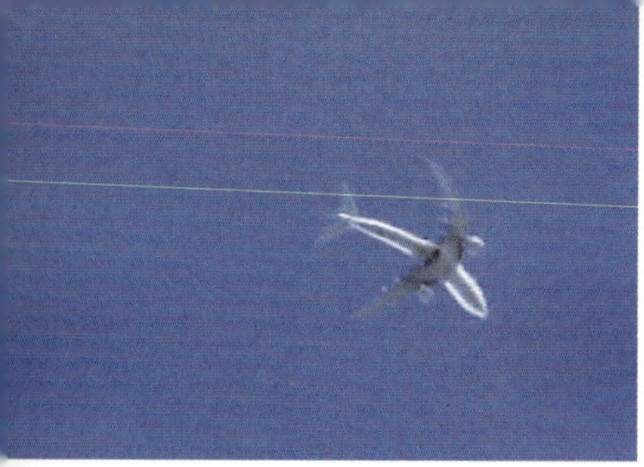
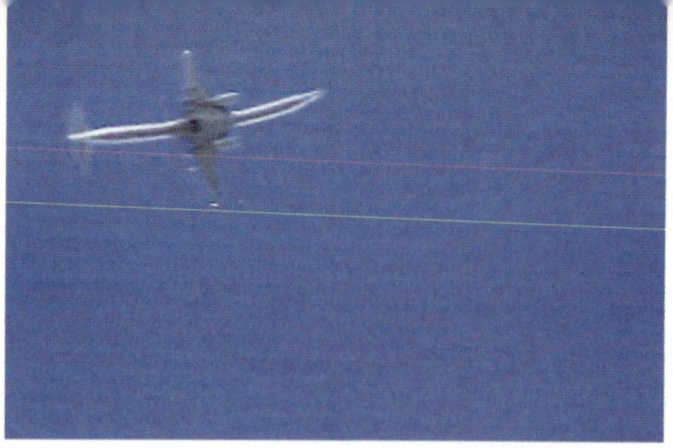
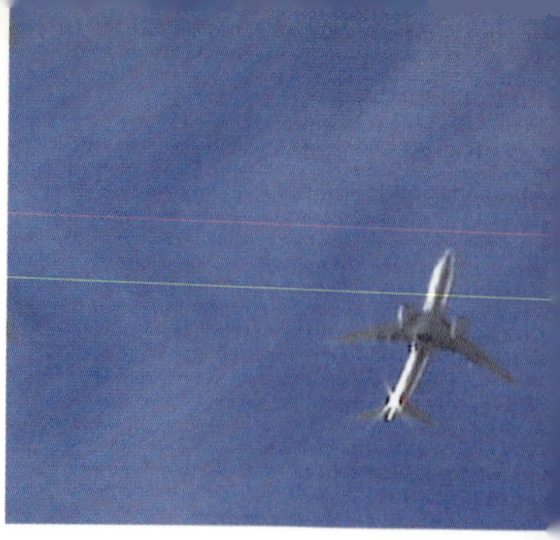
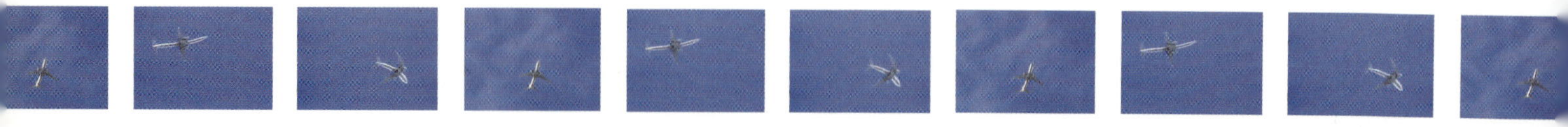

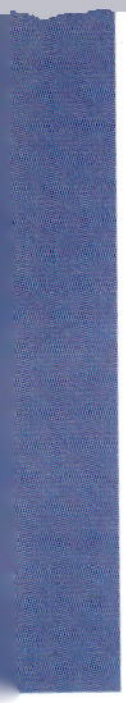
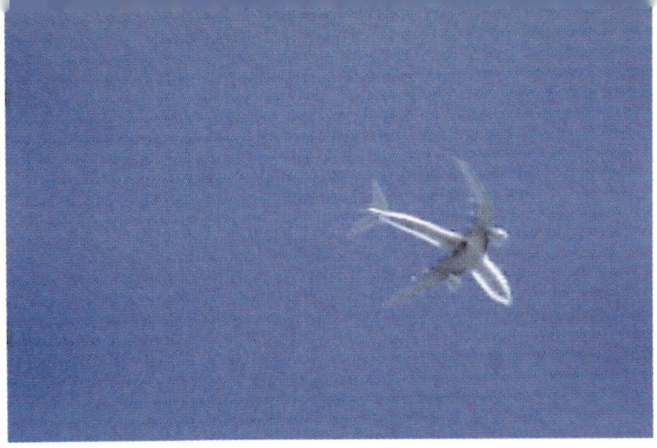
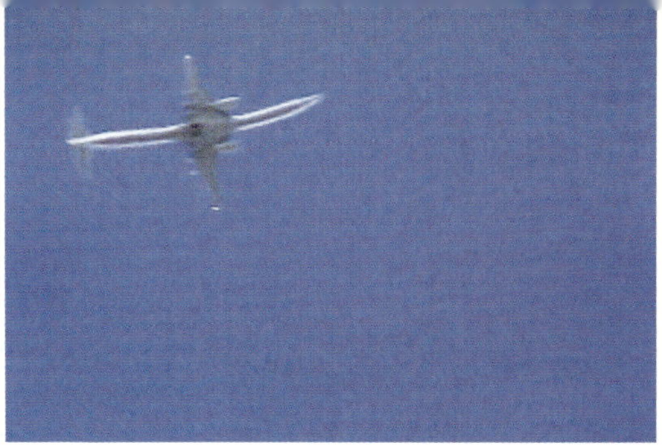

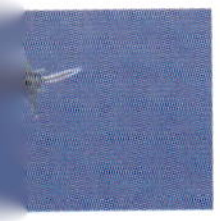
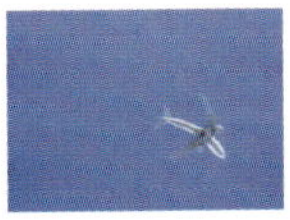
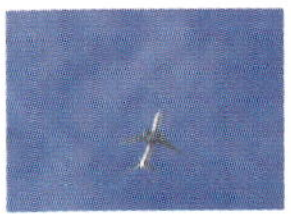
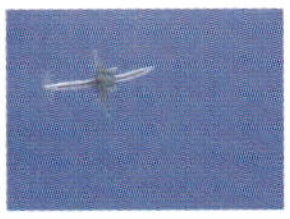
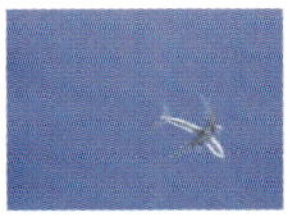
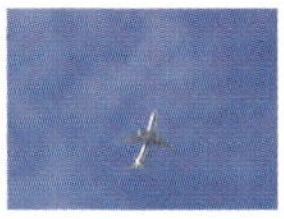
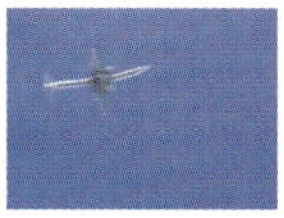
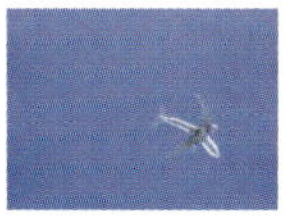
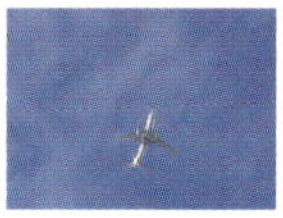
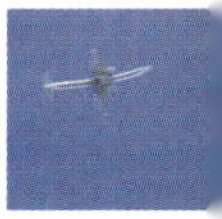

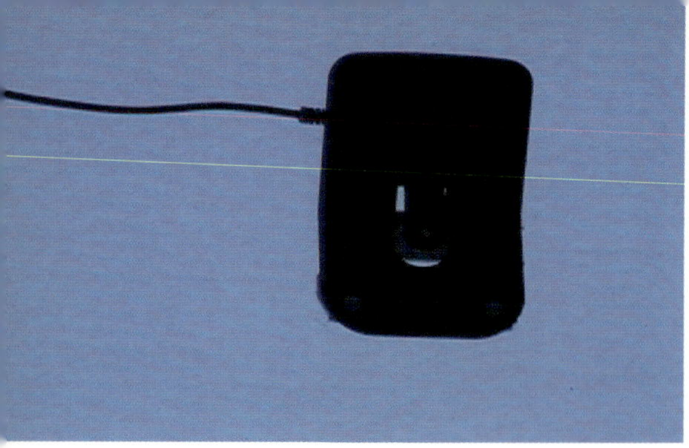

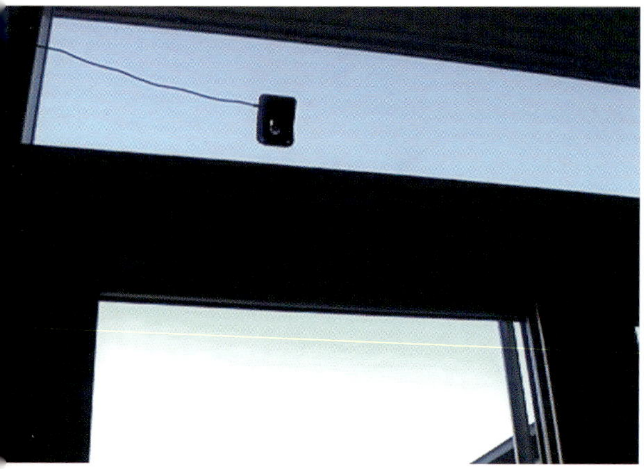

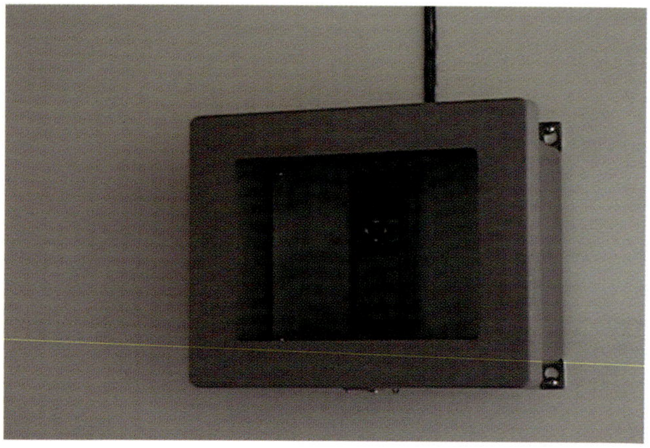

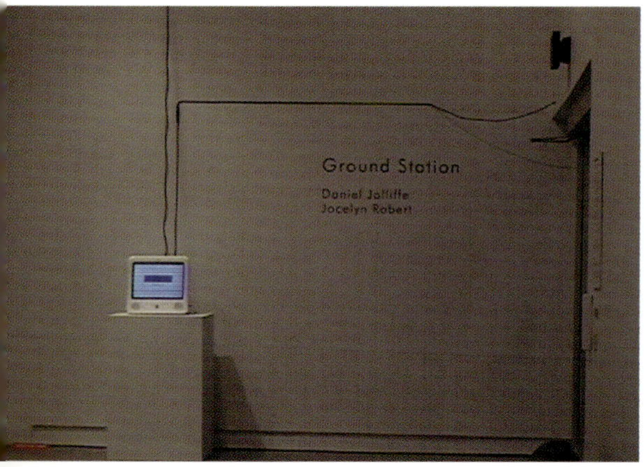
Ground Station
Daniel Jolliffe
Jocelyn Robert

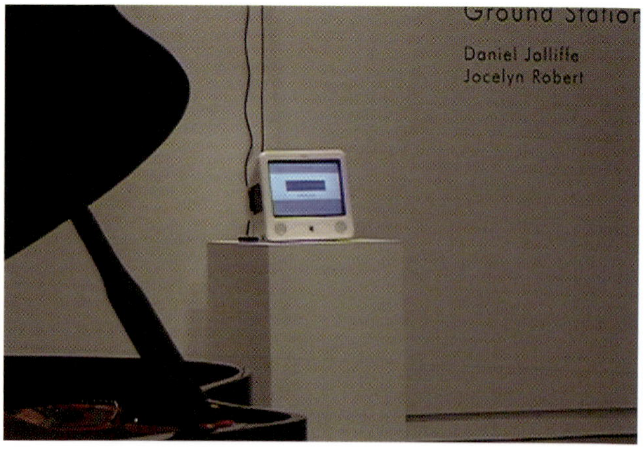
Daniel Jolliffe
Jocelyn Robert

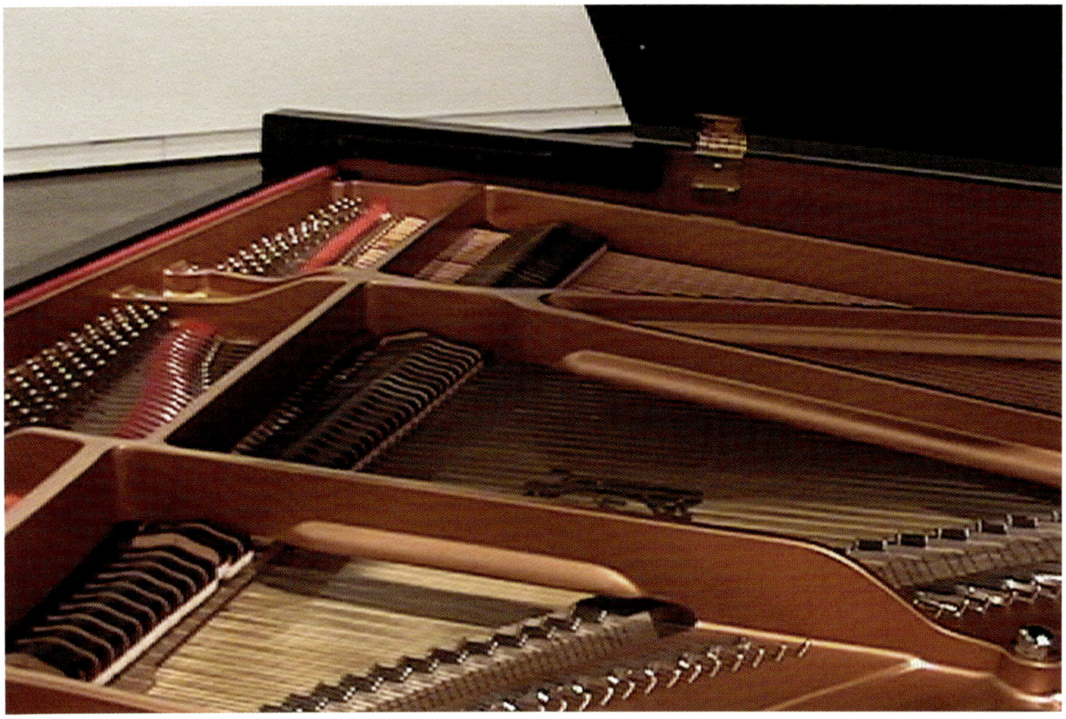

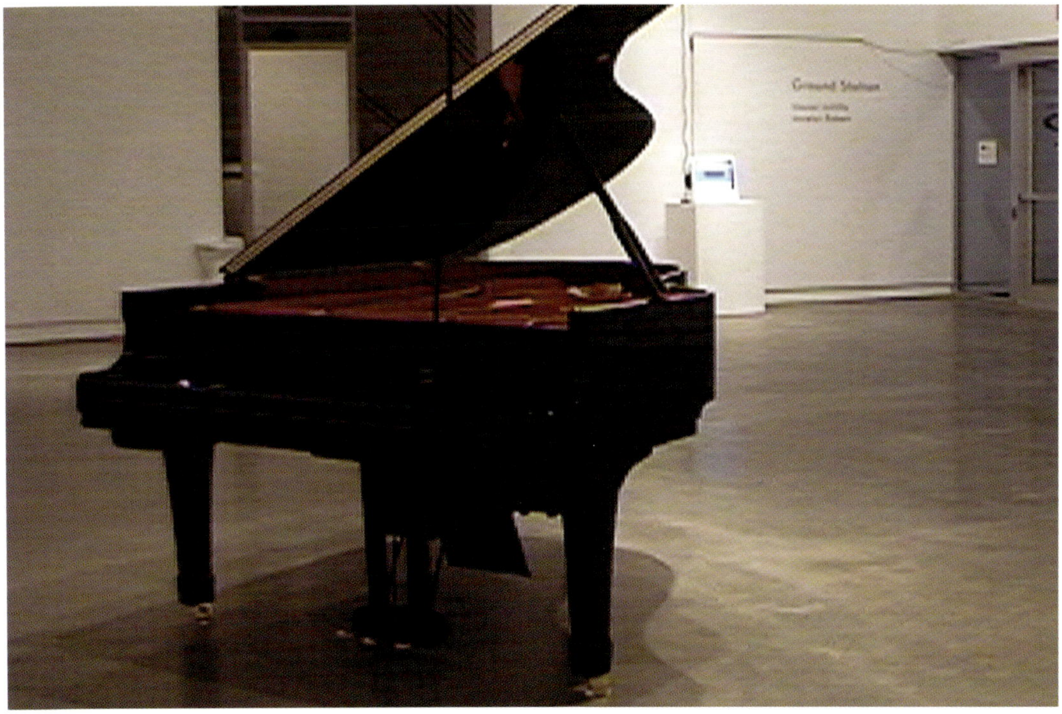

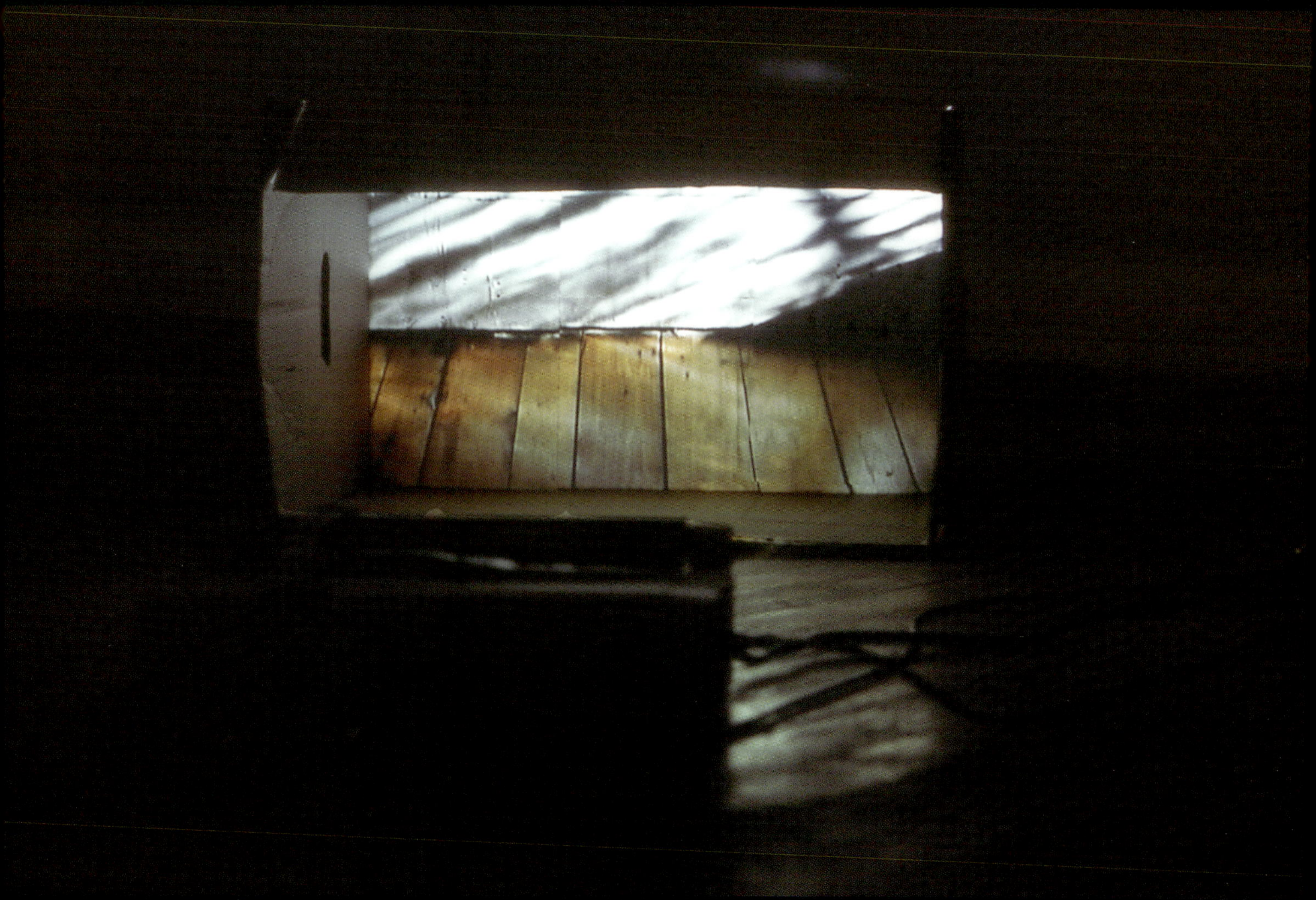

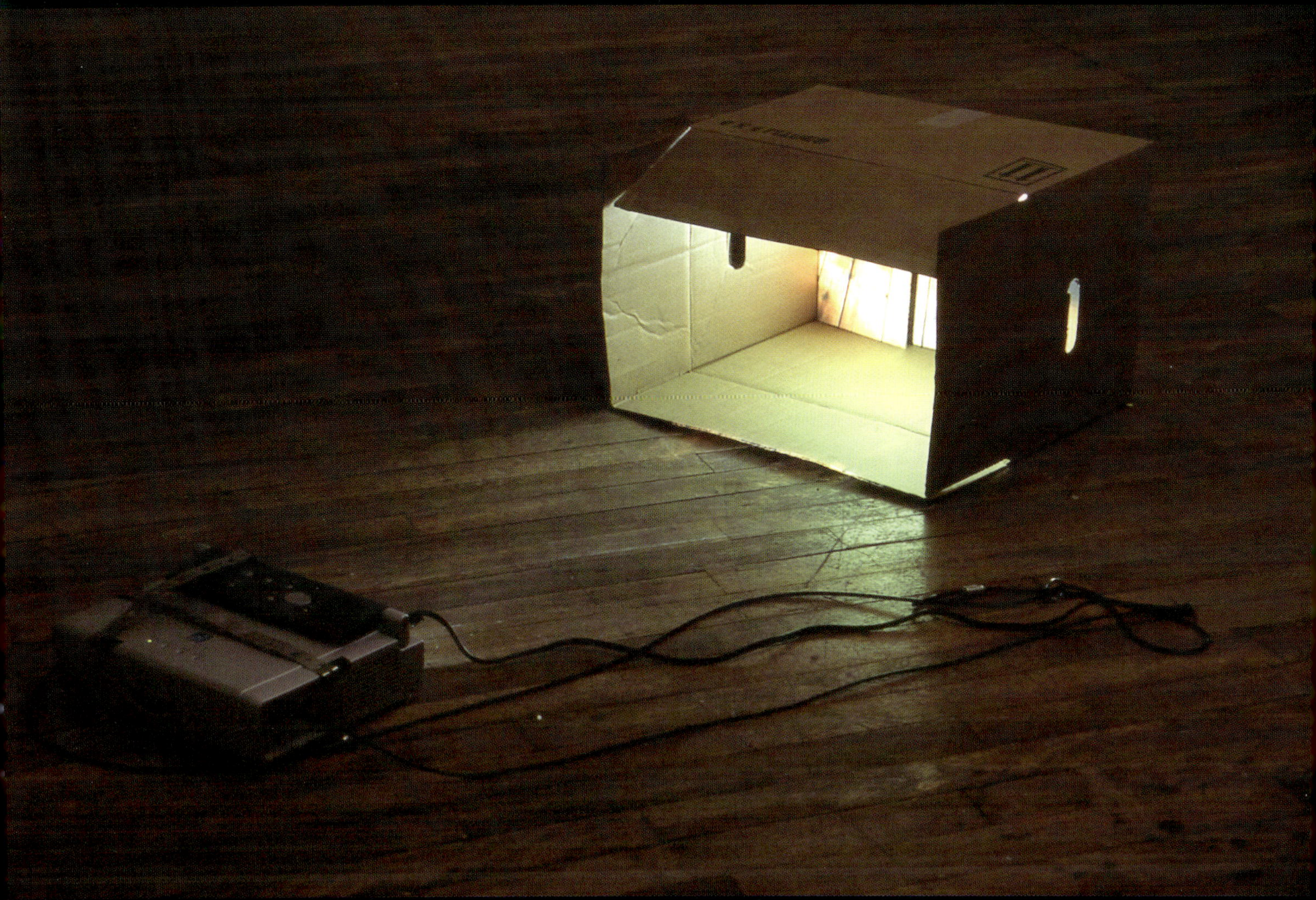

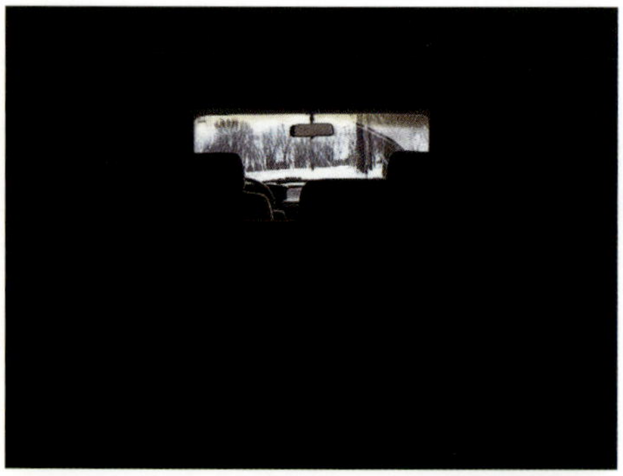
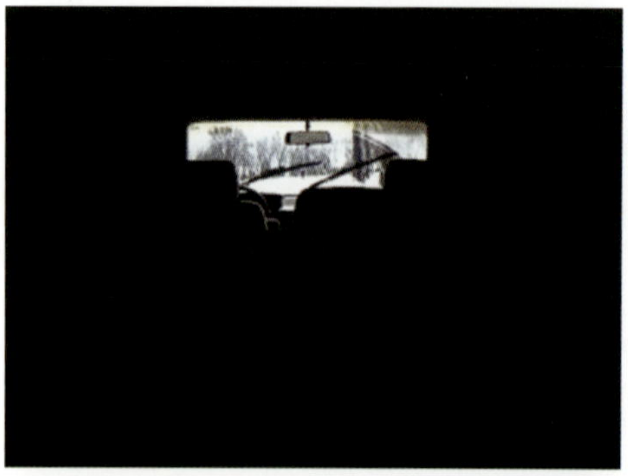
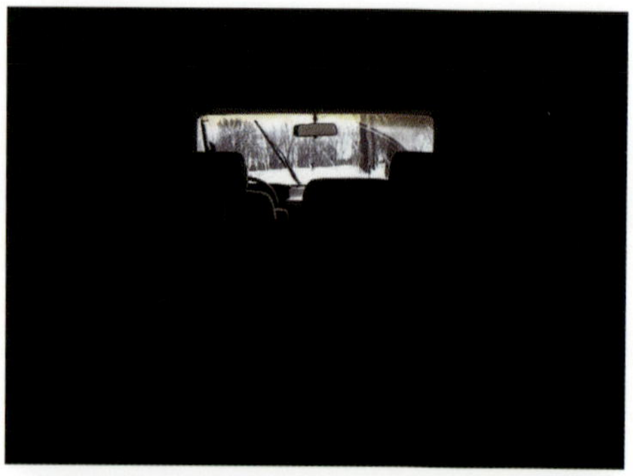
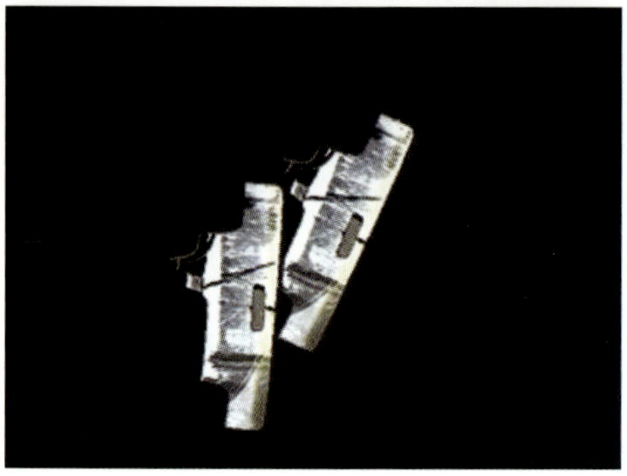
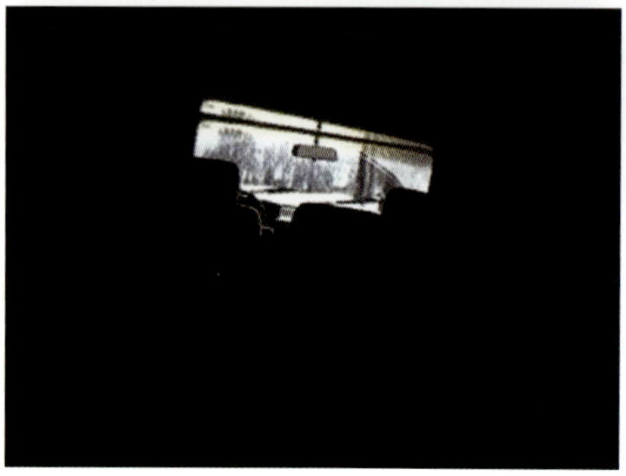
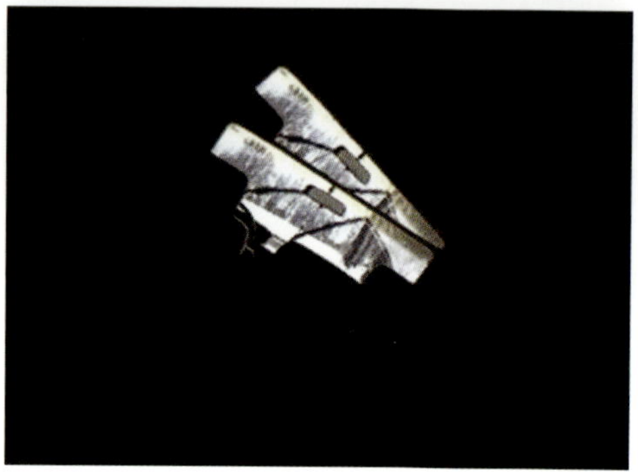

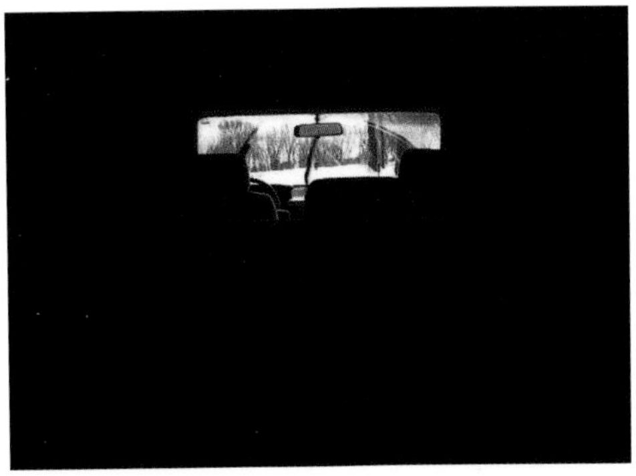
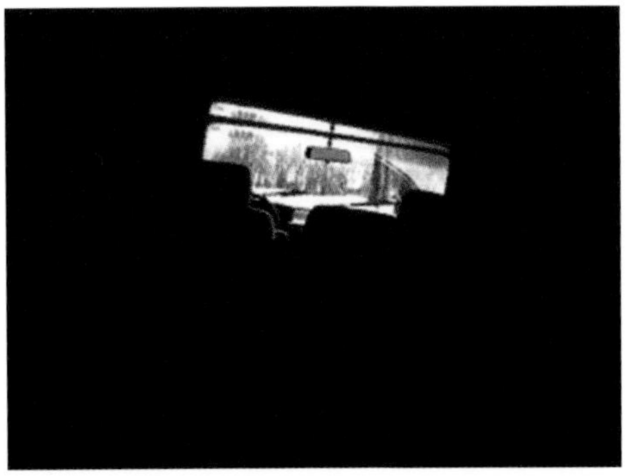
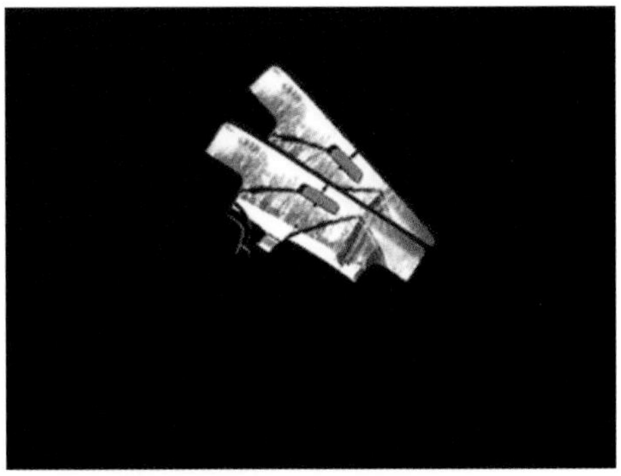
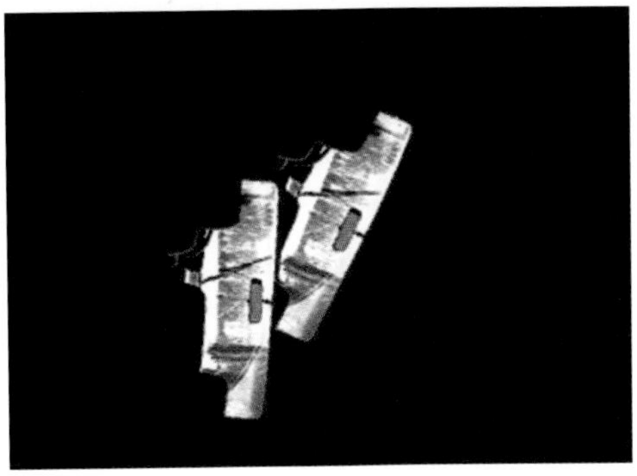
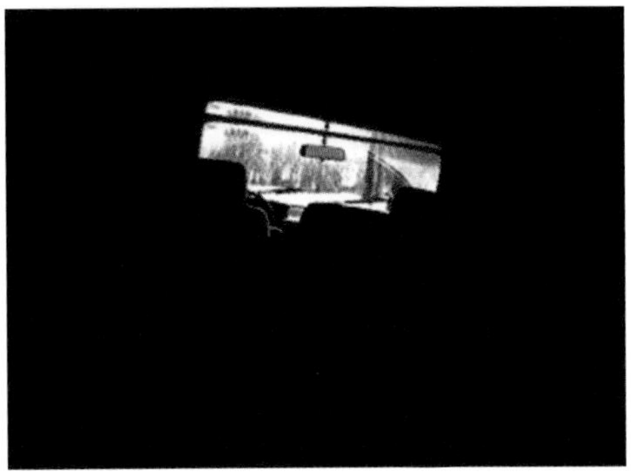
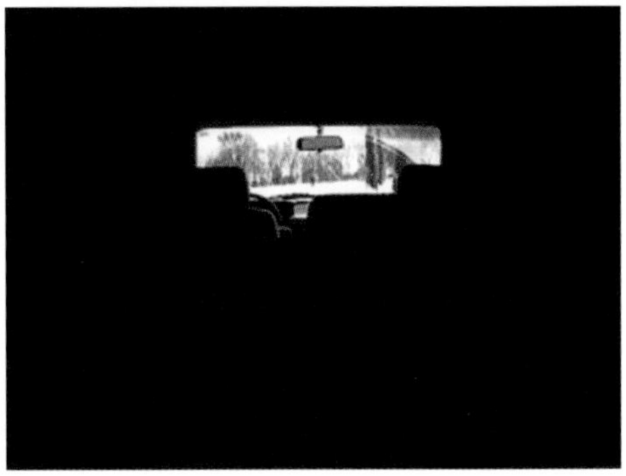

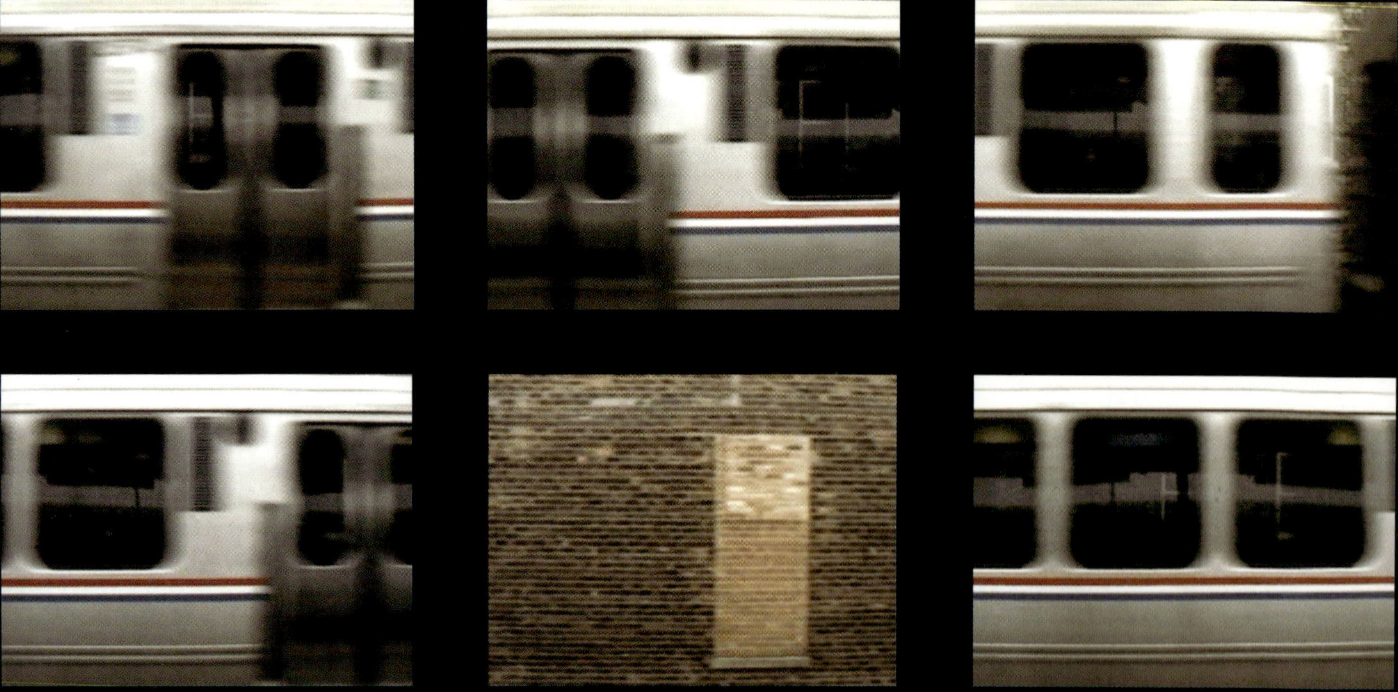

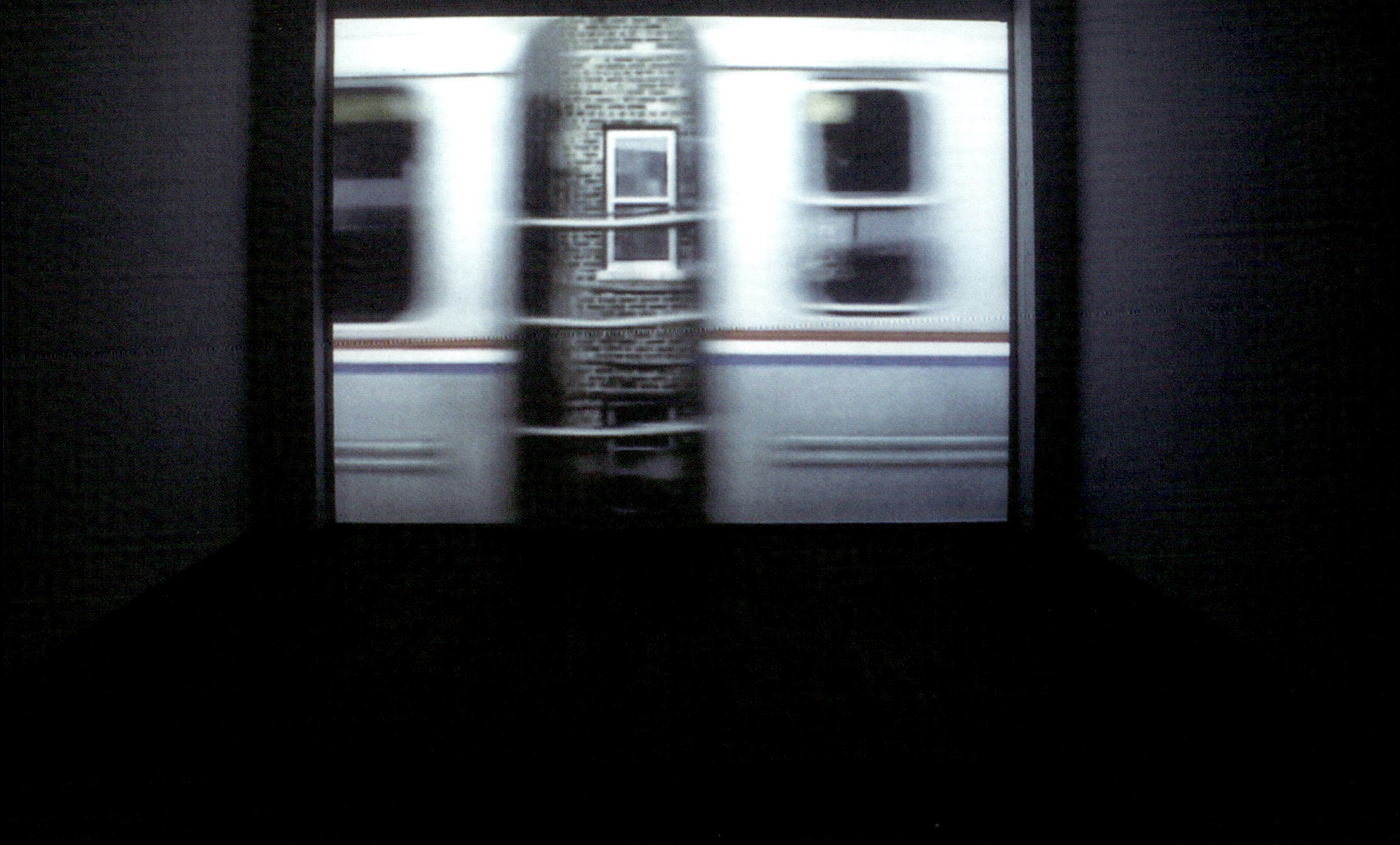

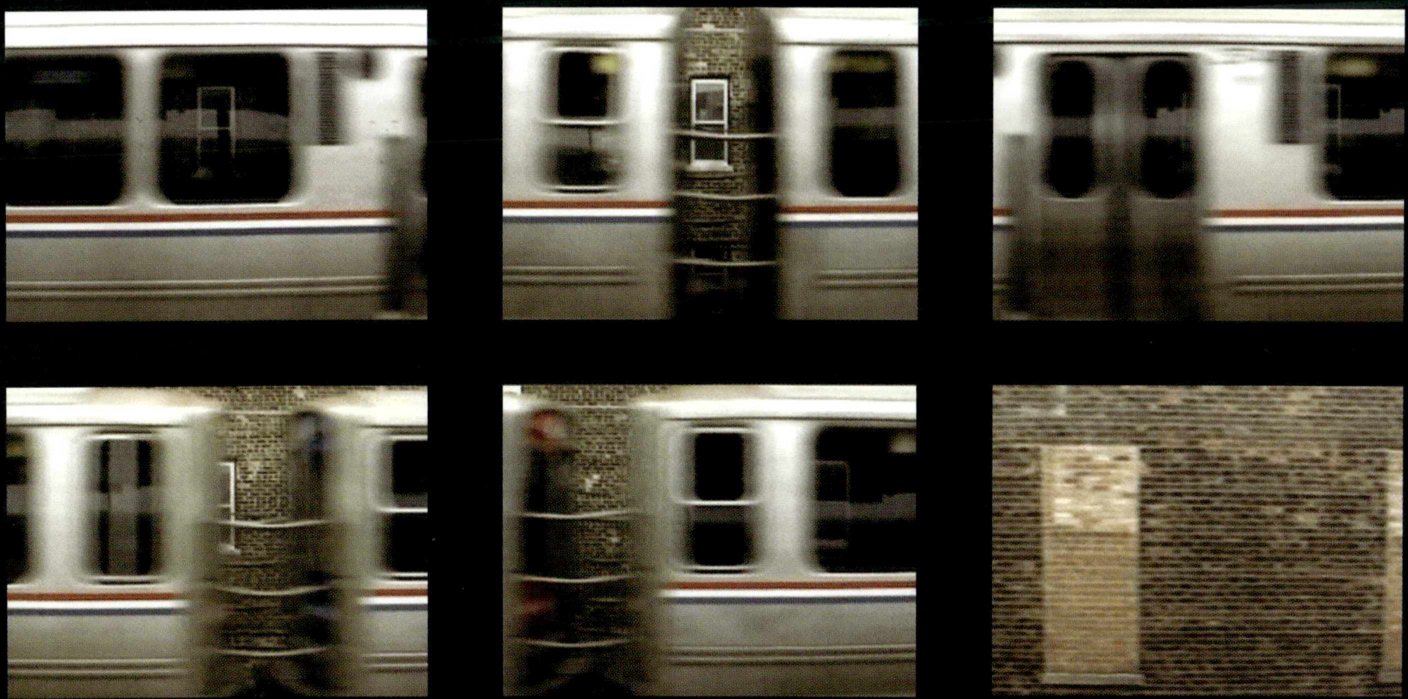

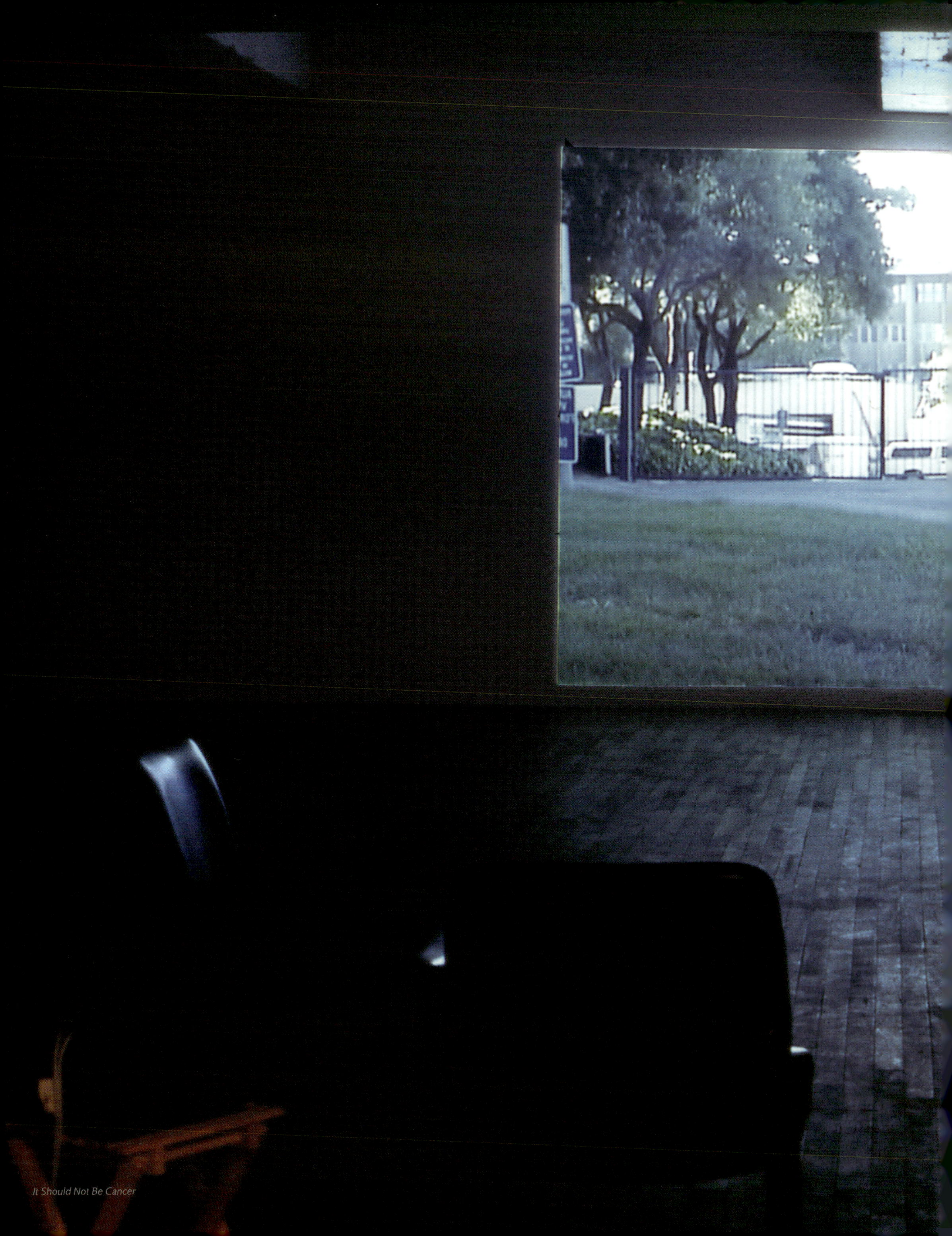

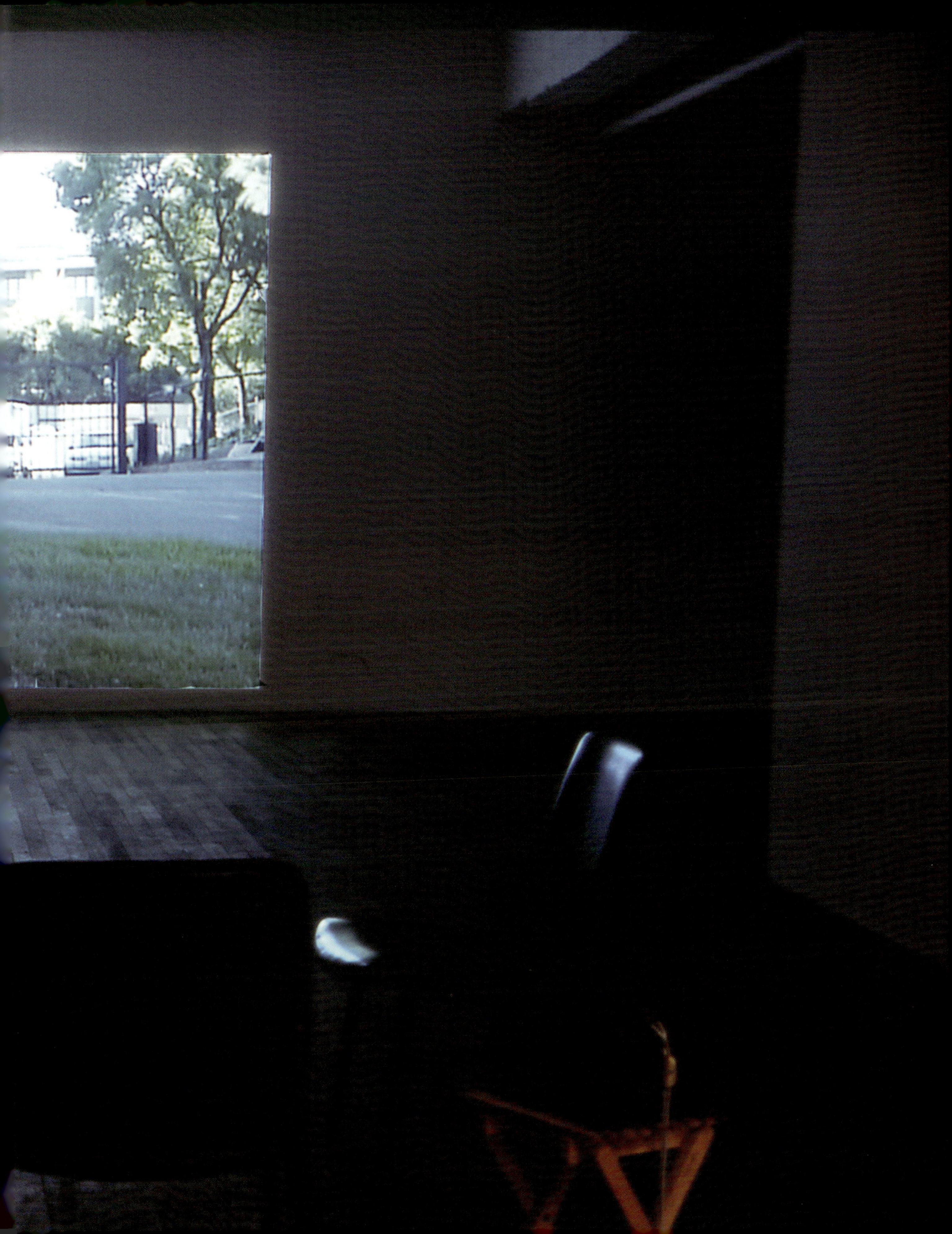

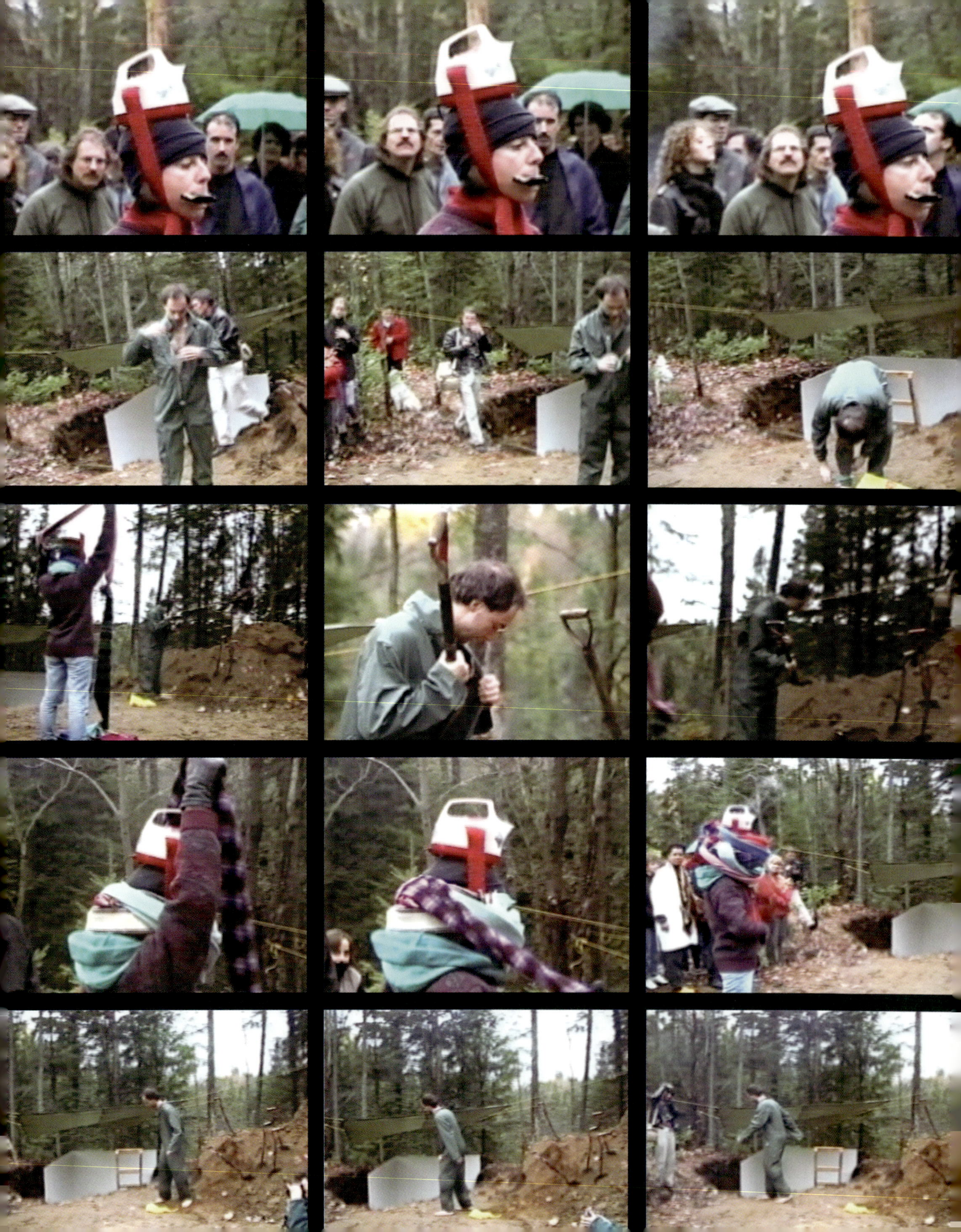

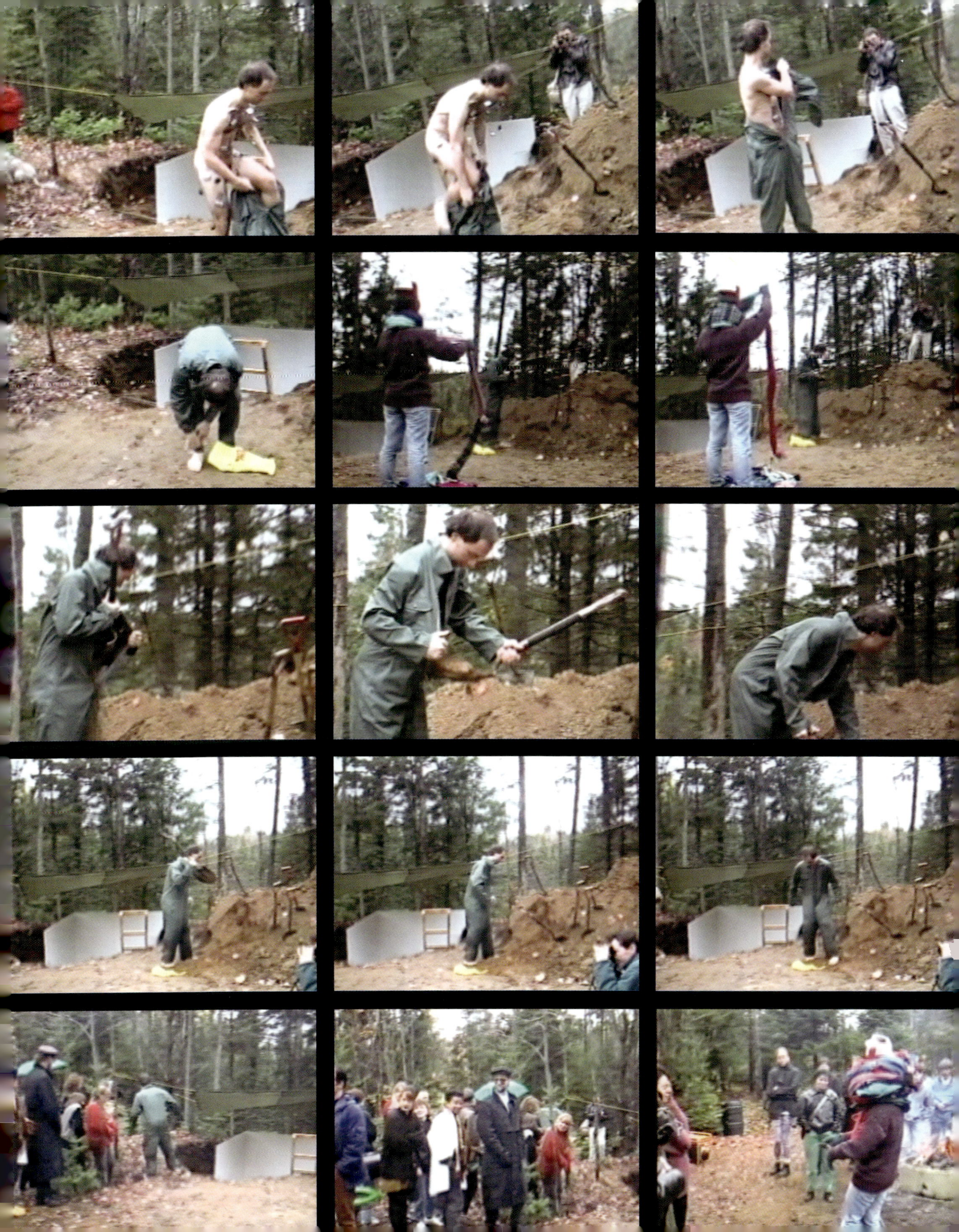

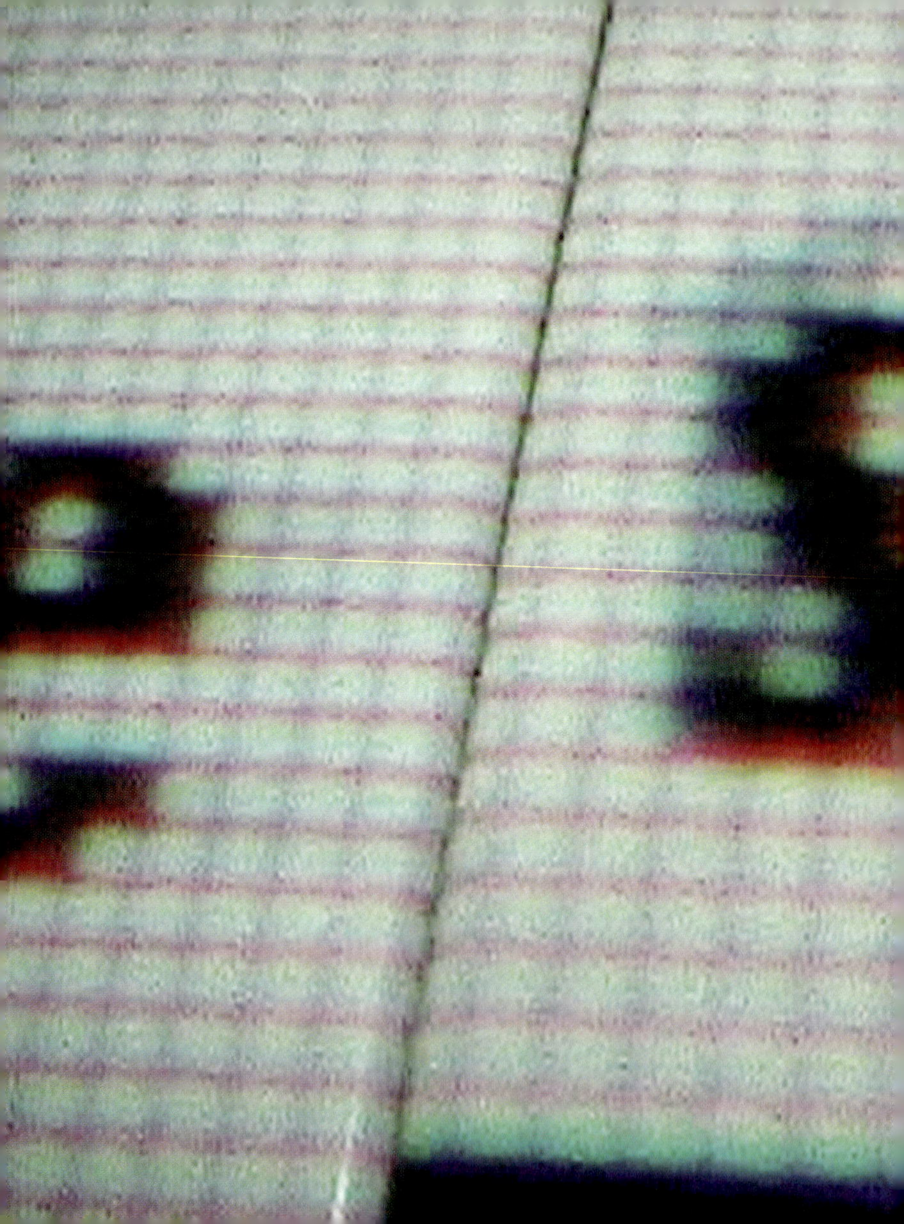

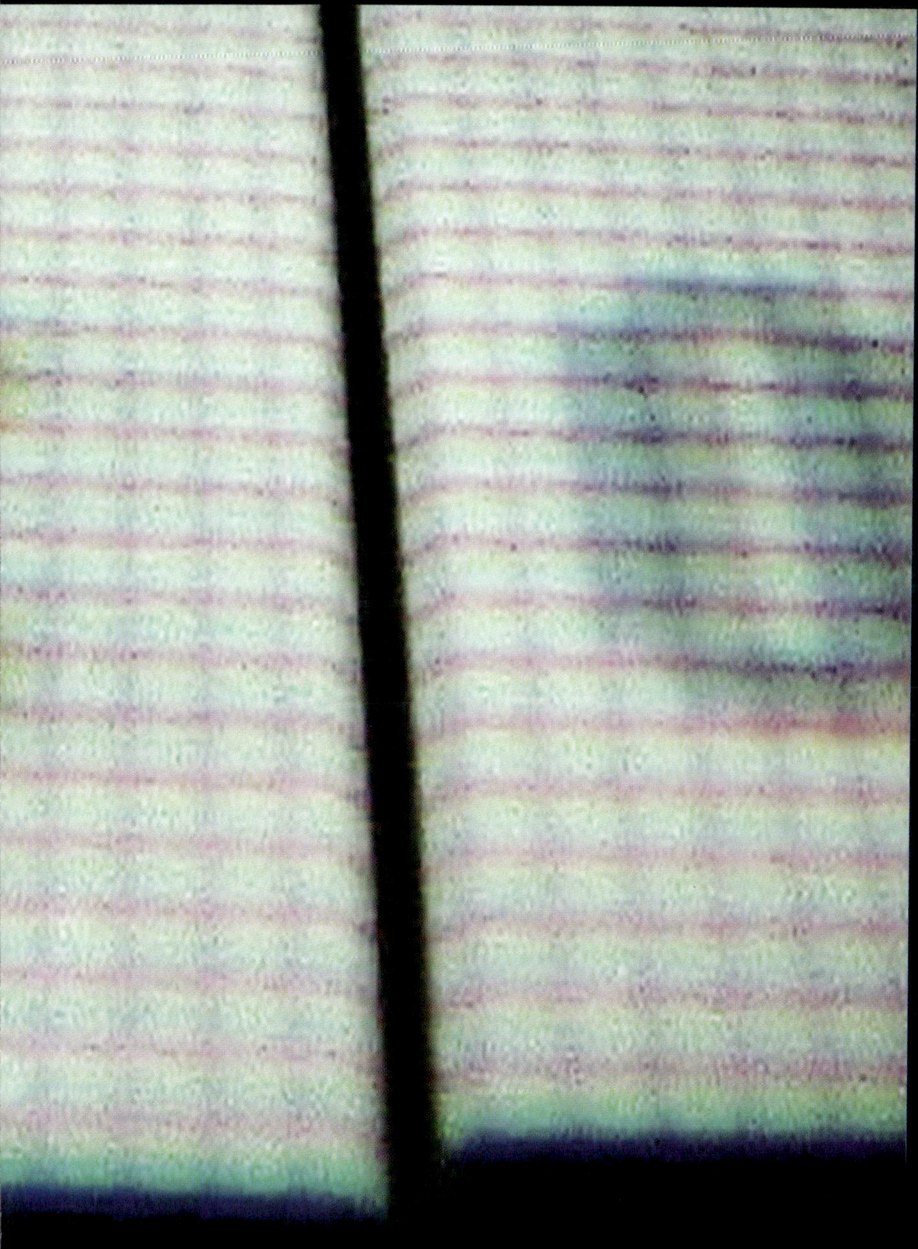

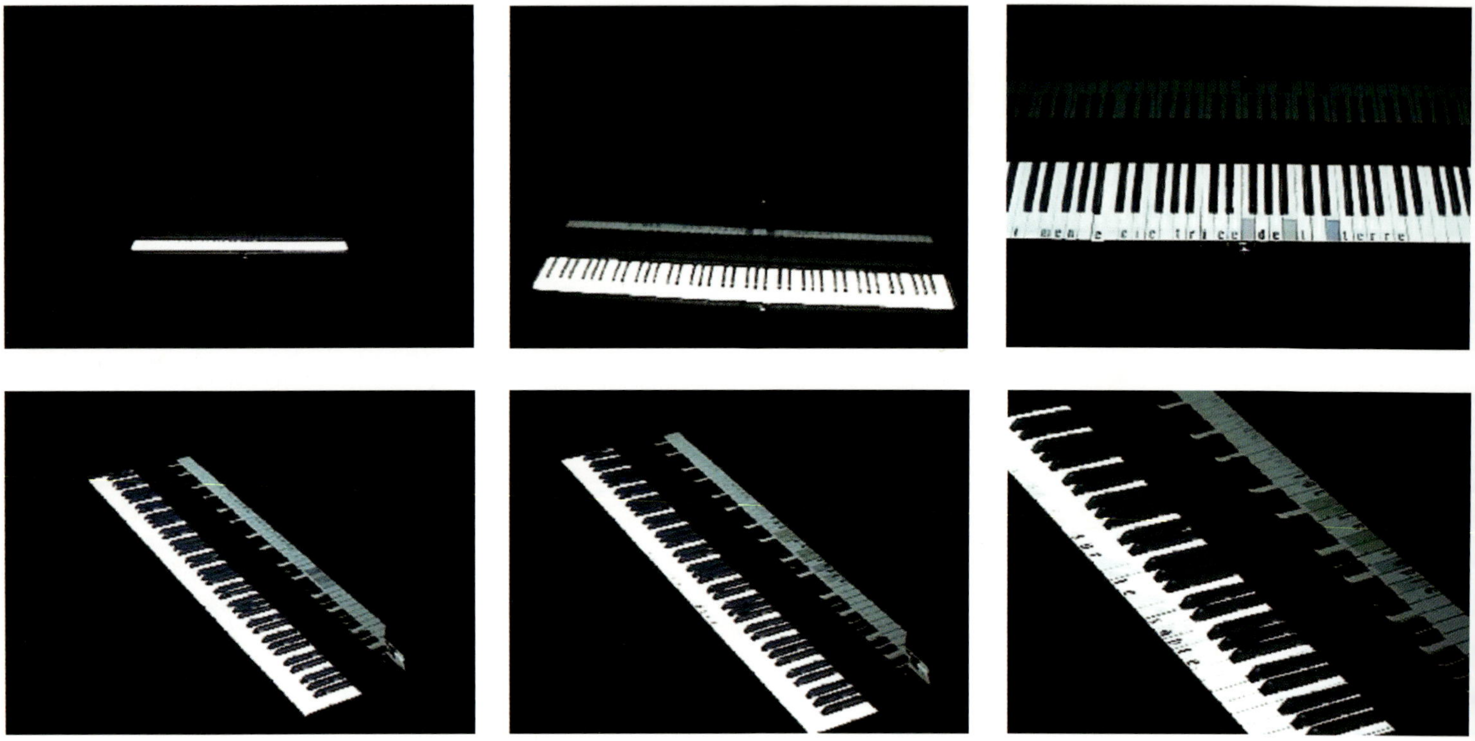

Leçon de piano

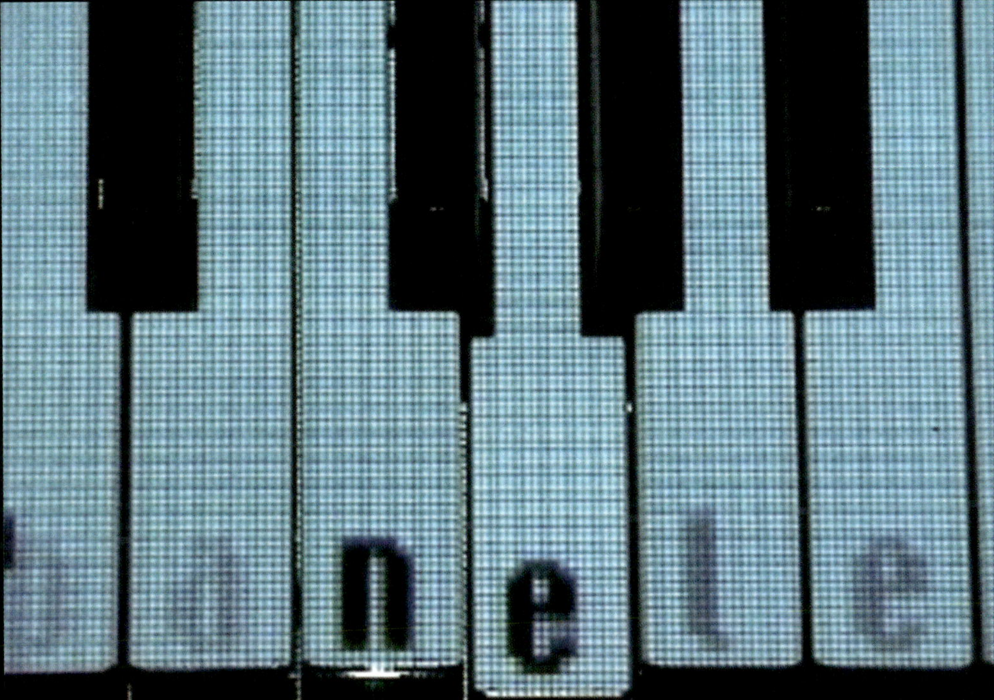

___ **Louise Déry** est commissaire, auteure et professeure d'histoire de l'art et de muséologie. Elle a travaillé avec de nombreux artistes depuis les années 90, tels que Dominique Blain, Françoise Sullivan, Roberto Pellegrinuzzi, Monique Régimbald-Zeiber, Nicole Jolicœur, Nancy Spero, David Altmejd, Michael Snow, Giuseppe Penone, Sarkis, etc. Elle a créé une pratique de commissariat appuyée sur le principe de la conversation entre les œuvres et avec les artistes, privilégiant un rapport à l'art nourri d'incertitude, vécu comme le centre de sa réflexion. Elle prépare en ce moment un projet avec le philosophe Jean-Luc Nancy, de même que des expositions monographiques de Rober Racine, Raphaëlle de Groot et David Altmejd.

___ **Donald Pistolesi** a fait ses études à l'Eastman School of Music de l'université de Rochester (New York), où il a obtenu un diplôme en interprétation (violoncelle). Il s'installe à Montréal en 1975 et depuis 25 ans, il fait partie de l'Orchestre des Grands Ballets canadiens. Pendant 12 ans, il occupe le poste de traducteur-réviseur au Service des publications du Musée des beaux-arts de Montréal. Il travaille maintenant comme traducteur indépendant, spécialisé dans le domaine des beaux-arts. Il a traduit de nombreuses publications en art contemporain pour la Galerie de l'UQAM et le Musée national des beaux-arts du Québec.

___ **Marc-André Roy** est diplômé de l'École de design de l'Université du Québec à Montréal et enseigne depuis trois ans le design graphique à l'Académie internationale du design. Dans le cadre du concours Grafika 2004, il s'est vu décerner le grand prix catégorie « étudiant » ainsi que le grand prix catégorie « catalogue d'exposition », distinction qu'il partage avec Judith Poirier et Roxana Zegan. En juin 2004, il a reçu avec mention le titre de MISTD (Member of the International Society of Typographic Designers) à Londres. Récemment, il obtenait le prix Grafika 2005 dans la catégorie catalogue d'exposition pour l'ouvrage *Peter Gnass. Couper/Coller*, publié par la Galerie de l'UQAM.

—— **Jocelyn Robert** est né en 1959 ; il vit à Québec. Après avoir expérimenté le domaine de la pharmacie, il s'oriente vers l'architecture et poursuit en ce sens une formation à l'École d'Architecture de l'Université Laval à Québec. Au cours des années 80, il participe à quelques études et projets en urbanisme, notamment pour la Ville de Québec et pour le ministère de la Culture et des Communications. Or, son intérêt pour la création fait en sorte qu'il se consacre, depuis le début des années 1990, à la production artistique. En 2001, il s'inscrit au programme de maîtrise de la Stanford University, aux États-Unis, diplôme qu'il obtient en 2003.

Ses explorations singulières allient les arts et les nouvelles technologies et empruntent des voix aussi versatiles que contiguës : l'art audio, l'art informatique sont, tour à tour ou en simultané, investis à l'intérieur de performances, d'installations, de textes, de manœuvres... en solo, en duo, en « complot ». L'épistolaire, la télématique et l'interactivité sont des modes d'expression qu'il affectionne particulièrement. Ses œuvres ont été présentées au Canada, ainsi que dans divers pays, notamment aux États-Unis, au Mexique, au Chili, en Pologne, en Allemagne et en France. Il a fait plusieurs résidences d'artiste, principalement au Canada mais aussi en Angleterre. Il a œuvré à l'intérieur du collectif Bruit TTV, a performé avec Diane Landry et Laetitia Sonami et a collaboré avec Émile Morin et Daniel Jolliffe à la réalisation de plusieurs installations. En 1993, il fonde Avatar, un centre d'artistes en art audio, et en est le président jusqu'en 2001. Artiste et théoricien, ses textes ont été publiés dans plusieurs publications et revues spécialisées, telles *Espace*, *Inter*, *Musicworks* et *Semiotext(e)*.

NOTES BIOGRAPHIQUES_

Présentée à la Galerie de l'UQAM, à Montréal, du 24 février au 2 avril 2005, l'exposition *Jocelyn Robert. L'inclinaison du regard* a été produite par la Galerie de l'UQAM, grâce au soutien financier du Conseil des arts et des lettres du Québec, de l'Université du Québec à Montréal et du Conseil des Arts du Canada.

Commissariat de l'exposition et direction de la publication : Louise Déry
Rédaction des textes : Louise Déry et Jocelyn Robert
Établissement de la biobibliographie : Eve-Lyne Beaudry
Révision : Micheline Dussault
Traduction : Donald Pistolesi
Révision de l'anglais : Donald Pistolesi
Lecture d'épreuves : Julie Bélisle
Conception graphique : Marc-André Roy
Impression : Transcontinental
Photographies : Toutes les photographies sont de Paul Litherland à l'exception des pages suivantes :
Jocelyn Robert : 46, 48, 50-52, 54, 62 (gauche) et 114-117 ;
Diane Landry : 38, 39, 53, 128, 129, 133 (haut), 134 et 135 ;
Émile Morin : 114-117 ;
Daniel Jolliffe : 126 et 127 ;
Kyle Knobel : 14 et 17.
Les autres images ont été prises directement à partir de la documentation de l'artiste.

ISBN 2-920325-90-6

Dépôt légal – Bibliothèque nationale du Québec, 2005
Dépôt légal – Bibliothèque nationale du Canada, 2005

Galerie de l'UQAM
Case postale 8888, succursale Centre-Ville
Montréal (Québec) H3C 3P8 CANADA
Téléphone : (514) 987-8421
Télécopieur : (514) 987-6897
galerie@uqam.ca
www.galerie.uqam.ca

Distribution
ABC Livres d'art Canada
372, rue Sainte-Catherine Ouest
Montréal Québec H3B 1A2 Canada
tél : 514-871-0606 / fax : 514-871-2112
tél. sans frais : 1-877-871-0606
info@ABCartbookscanada.com

Reproductions sur les couvertures : Jocelyn Robert, *Centaure*_1990, ready-made aidé. Photos : Jocelyn Robert

Le défilement alphabétique des pages 36 à 85 est une création de Jocelyn Robert et Marc-André Roy.